神示に学ぶ日本の天命

河合浩三

たま出版

本書は、『神示に学ぶ』（二〇一七年刊行）を改訂・増補したものです。

はじめに

現代文明は巨大な矛盾をはらんだままでスピードを増し、いかなる未来に突進しているのであろうか。かつてはフロンティアに富んだ大いなる地球も、いまや、グローバル化した高消費・工業化文明によって生態系に多大な影響を受ける小さな宇宙船地球号と化した。その有限な地球号のなかで、物質的繁栄の陰に放置された危機。それは人類ばかりか地球そのものの存続が問われる核の脅威、人口爆発の世界がかかえる食料・資源・エネルギーの不足、環境破壊等々。これらの解決を未来に押しやり、その矛盾を周辺と底辺に転嫁しつつ肥大化する物質文明。それは太古からの蓄積である諸資源をたかだか数世代で蕩尽《とうじん》しようとしている。

けれども、このような矛盾が衆知される現況こそ、人類がそれを解決しうる存在へと成長すべき時代を迎えていることを象徴している。人類が地球全体の調和を回復し、それを将来にわたり維持できる文明を築くためには、人間一人一人の精神革命が要請されているようだ。これらの危機を深めて文明を崩壊させてしまうか、それとも破局への軌道を転換できるか、人類はいま、その選択の岐路に立つ。

問題解決の第一歩が問題自体を鮮明にすることなら、予言を研究することは、この不確実性の時代にあって重要な意味をもつ。それは人類の深層意識の発掘であり、時代の精神分析だとも言えよう。予言的未来とは、太古以来人類が積み重ねてきた行為の記憶再生作用、いわゆる業想念としてのカルマ的世界の反映である。無論、予言的未来は、自由意志をもつ人間がそれに効果的に対処することにより、転換しうるはずのものである。予言研究は、人類がそのカルマ的世界を超えてゆくためにこそ必要なのだ。

さて、ノストラダムスは今から四百年の昔に聖書の予言を解く鍵を与え、さらに、エドガー・ケイシーをはじめとする欧米の予言者たちが聖書予言の内意を明かしている。このように、キリスト教系譜の予言が一貫した整合性を示すばかりでなく、周到なステップを踏んでこの時代に警告を発していることは、数千年来のメッセージのすべてが、この時代を生き抜くべき私たちの世代のためにこそ準備されてきたことを如実に示している。

それは、道院のフーチや神道系のシャーマンたちも異口同音に告げるごとく、一つの文明の絶頂期にあるこの時代が、物主文明から霊主文明へ向けての一大転換期を迎えているからである。私たちは霊的ルネッサンスの時代を生きているのだ。

ところで、予言には希望的なプラス・イメージと悲観的なマイナス・イメージのものという二つのタイプがある。前者は宇宙の創造エネルギーの未来設計図、いわゆる神の経綸への導きであり、愛と協調の時代の到来を告げて、霊的進化をうながす勧告的なものである。後者は人類の業想念、いわゆるカルマ的世界の反映であり、地球異変や人類絶滅戦争を告げる警告的なものである。

私たちは神の計画を神と共に成し遂げようと努力することによって、そのカルマ的な人類破滅の道から次第に遠ざかることができる。次のごとく強調されているゆえんである。

「神のご意志は一つの導きでしかない。それは一つの計画であり、人間がこれをやり抜く責任を負わなければならない」

あるいは、

「あなたがたが為すべきことを行っており、また自分の周囲との間に不調和を起こしていないならば、心配すべきことは何もない」


本書では、多方面からの諸予言を多角的視点より比較検討し、このような時代的意味を解明しようと試みる。巷に終末が叫ばれ、一方では新時代が予告される予測不能な今日、このささやかな報告書が、この時代と未来を洞察し、実りある生を築くために、なんらかの資料と指針になれば幸いである。

目次

第一章　聖書の予言

欧米では今日、聖書の予言への関心がとみに高まっているという。それはなぜか。聖書が千有余の言語で地上あまねく伝えられる時代こそ、「御国の福音が全世界に宣《の》べ伝えられた後に終わりの日が来る」（「マタイ伝」二十四章）という、終わりの日にほかならぬからである。見よ、聖書の故郷である中東は世界の火薬庫と化し、世界の日時計と称されるユダヤ民族のパレスチナ帰還の波紋が、世界をハルマゲドンの戦に誘いかねない火種としてくすぶっている。まず、聖書の民ヘブル民族の生いたちからながめていきたい。

1 イスラエルの民

その誕生と出エジプト

創世紀の神話的記述は、天地創造から失楽園、大洪水とノアの箱舟、バベルの塔の物語と続く。そこで、ヘブル民族がアブラハムに率いられて登上する。アブラハムは神の声に聞き従い、メソポタミアの出生地ウルから約束の地カナンに移住し、そこで二人の息子イシュマエルとイサクを持った。このイサクの息子、兄エサウがアラブ人の祖となり、弟ヤコブがのちにイスラエルと改名し、その十二人の息子がイスラエル十二部族の名祖となる。

カナンにしばしの安住の地を見出したヘブル民族も、その地に大飢饉《ききん》が起こると、さらにエジプトへと下っていった。そこでは、ヤコブの末子ヨセフが夢判断の非凡な才により宰相に出世していた。それがため、イスラエル民族は豊かな土地を与えられ歓迎されたが、王朝がかわるとその繁栄をねたまれ、奴隷としての労役に苦しむことになる。この四百年に及ぶエジプトの圧政から民族を解放したのが、映画『十戒』で知られるモーセである。

モーセは民を率いて故郷パレスチナ（カナン）へ向かう途中、シナイ山で神から「十戒」を授かった。この際のシナイ契約はヤハウェ信仰の始まりとなったばかりでなく、キリスト、イスラム二大宗教の基本教理ともなっている。しかし、荒野漂泊四十年、まさにヨルダン川を渡って約束の地へ入らんとする時、百二十歳の誕生日を迎えたモーセはネボ山上でかの地をながめながらこの世を去った。この時の訣別《けつべつ》演説は、その後今日に至る数千年にわたるイスラエル民族の受難を予告し、その意味を明かすものである。

ではここに、イスラエル民族の予言の原点とも言うべき「申命記」の予言を掲げよう。

「聞きなさい。イスラエル。主は私たちの神。主はただ一人である。心をつくし、精神をつくし、力をつくし、あなたの神を愛しなさい。……あなたは、あなたの神、主の聖なる民だからである。……主を愛し、主の命令を守る者には恵みの契約を千代まで守られるが、主を憎む者には、これに報いて、主はたちどころに彼らを滅ぼされる」（「申命記」六―七章）

「主は、地の果てから果てまでのすべての国の中にあなたを散らす。これら異邦の民の中にあって、あなたのいのちは危険にさらされ、あなたは夜も昼もおびえ、自分が生きることさえおぼつかない」（「申命記」二十八章）

「私があなたの前に置いた祝福とのろい、これらすべてがあなたに臨み……あなたも、あなたの子どもたちも、主に立ち返り、御声に聞き従うなら、あなたの神、主がそこに散らしたすべての国の中から、あなたを再び集める」（「申命記」三十章）

ダビデ王国とその分裂崩壊

モーセの死後、イスラエル民族はヨシュアによってパレスチナに導かれ、そこでは異民族ペリステとの民族闘争の中から王制を選びとっていった。ＢＣ一〇〇〇年頃、最初の王サウルを継いだダビデはエブス人の要害エルサレムを攻略して、イスラエル史上最大の支配領域を打ち立てた。このパレスチナ定住は人々の生活様式を都市生活に変え、土着の退廃的偶像崇拝へと堕落させた。次王ソロモンはエルサレムに神殿を建造し、神政的中央集権国家を形成した。しかし人民は栄華の陰で重税に苦しみ、各地に反乱が起こった。ソロモンの死後、ＢＣ九二二年、国は南北に分裂し、統一王国は三代百年あまりで崩壊した。

そして、北王国はエジプトの異教信仰を取り入れ、極端な堕落のすえＢＣ七二一年、アッシリアに滅ぼされた。

一方、ダビデ王国を継ぎ、首都エルサレムを宗教政治の中心とする南王国ユダも次第に堕落の道をたどり、BC六〇五年から三回にわたる新バビロニア王ネブカドネザルの攻略を受けて、ついにBC五八六年滅亡した。

その際、BC六〇五年には預言者ダニエルを含む捕囚民が、BC五九七年にはエホヤキン王と預言者エゼキエルなど一万人が、さらにBC五八六年には農民と貧民を除く民のすべてがバビロニアに連れ去られた。

その後、新バビロニアを破ったペルシャのクロス王の勅命により、BC五三六年の春、四万人を超える人々がエルサレムに帰還した。

すでになじんだバビロニアの地に留まった人々も帰還民と密接な絆を保ち、第一期の離散民とみなされる。彼らは、「モーセ五書」と新たに結集した予言書などを民族の結束と生活規制の手段とし、これから後、ユダヤ人と呼ばれる。

予言されていた受難

このイスラエル民族の衰退期、エルサレム滅亡前後の四百年間には預言者が相次ぎ現れ、民族の危機を訴えては、悔い改めてモーセの教えに立ち戻るよう警告した。大預者イザヤやエレミヤは、「ああ、アッシリア、わたしの怒りの杖」(「イザヤ書」十章)あるいは、「北から獅子が国を襲う」（「エレミヤ書」四章）と南北両王国の滅亡を告げ、さらに迫りくるバビロン捕囚を予言した。また、預言者イザヤは解放者クロスを「油そそがれたる者クロス……彼はわたしの町を建て、わたしの捕囚民を解放する」（「イザヤ書」四十四章）と予告している。

なかでも、エレミアがバビロン捕囚の期間を正確に予告したのはあまりに有名である。

「この国は全部、廃墟となって荒れ果て、これらの国々はバビロンの王に七十年仕える。……バビロンに七十年の満ちるころ、わたしはあなたがたを顧み、あなたがたにわたしの幸いを果し、あなたがたをこの所に帰らせる」（「エレミヤ書」二十五章&二十九章）

民たちは、神がアブラハムやモーセに与えた数々の予言を思い出したに違いない。神はアブラハムにエジプトでの四百年の苦難とそれからの解放（「創世記」十五章）を告げ、モーセは、ダビデ王国とその滅亡（「申命記」三十八章）ばかりでなく、その後の長く厳しい受難を予告していたのだ。思えば、BC六〇五年からのエルサレムの滅亡とバビロン捕囚は、その後二千五百年にもわたるユダヤ民族受難の歴史の始まりだったのである。

2 ユダヤ民族の受難

ネブカドネザル王によるBC六〇五年のエルサレム攻略に始まる、ユダヤ民族受難の歴史。ここでは、それを大きく二つに分けて見ていこう。その一つは、三つの「荒らす忌むべきもの」についてであり、もう一つは、キリスト教のローマ国教化に始まるユダヤ民族の本格的離散、いわゆるディアスポラについてである。

三つの荒らす忌むべきもの

「ダニエル書」は万有引力の発見者ニュートンがすべての予言を解く鍵だと言明したことで知られるが、聖地エルサレムを占領してユダヤ民族に宗教的迫害を加えるものを「荒らす忌むべきもの」として三回予言している。それは長い受難の中でも三つの節目をなすものである。

八章では、ペルシャ帝国を雄羊、ギリシャ帝国をその軍旗の山羊《やぎ》で示し、ギリシャがペルシャを降《くだ》すことを予告している。さらに、ギリシャの第一の王アレキサンダーを山羊の眉間にある大きな角で示し、大王死してのち帝国が四分することを、その大きな角が折れて四つの小さな角が生えることで象徴的に予告した。そして、その四分した国の一つに横暴で狡猾《こうかつ》な一人の王が現れ、ユダヤ民族に大迫害を加えるという。それが、シリアのセレウコス朝のアンテオカス四世である。

この迫害者アンテオカス四世は、王国の支配強化のためにヘレニズム化を推し進めた。BC一六七年には、安息日、割礼、律法書携帯というユダヤ教三大原則を死刑をもって厳禁し、ヤハウェ大祭壇上をはじめ各地に異教の祭壇を建造した。そのため、ユダヤ教祭儀は中止のやむなきに至り、マカベヤ家に指導される独立抗戦が勃発した。BC一六四年、ユダヤ軍はエルサレムを奪還した。この間、ヤハウェ大祭壇がけがされた期間も「二千三百の夕と朝が過ぎるまで」と予言されている。ちなみに、ユダヤでは毎夕毎朝犠牲の小羊を供えるのが祭司の重要な務めだったことから、これは千百五十日を意味する。ユダヤ史上類をみない宗教弾圧を加えたこのアンテオカス顕神王の治世はユダヤ民族の大転換期となったのである。

九章には、有名な「七十周の予言」というものがある。それは、アルタクセルクセス王によるBC四五七年のエルサレム神殿再建命令を基点とする七十周、すなわち、一日を一年と数えて四九〇年における、エルサレム神殿の再建、救世主イエスの来臨と十字架刑など、キリスト教が異邦人伝導に至るまでを予言している。そしてさらに、その後に荒らす忌むべきものが神殿に現れると予言しているのである。それは、ユダヤ民族の二度にわたる決死の反乱を誘発したローマ帝国とその宗教弾圧をさす。

史上最大の世界帝国ローマに対するユダヤ民族の大反乱はAD六六年に起こった。歴代ローマ知事の長年にわたる暴政と皇帝礼拝にみられる異教性が、壮大な神殿完成に伴う多大な失業からくる政情不安と相まって、ユダヤ民族の憎悪を爆発させたのである。しかし、結果は明らかであった。ＡＤ七〇年、皇帝ネロが派遣した六万のローマ精鋭軍との死闘は、聖地エルサレムを廃墟と化し、百万を超えるユダヤ人が殺害された。そして、ＡＤ七三年には死海西岸の岩塞マサダも全員自決で陥落し、さしもの大反乱も幕を閉じた。

だが、人口と経済が回復した一世紀末にはまた反乱の気分がパレスチナにみなぎり始め、ハドリアヌス帝が宥和《ゆうわ》政策から転じて新ヘレニズム傾向を示すや、ＡＤ一三二年ユダヤ人の怒りは再び爆発した。メシアと宣言されたバルコホバはエルサレムを解放し、このバルコホバの乱は三年半に及んだ。しかし、その結果、ローマ遠征軍によって五十万人ものユダヤ人が殺され、エルサレムはローマの新都市として神殿跡にはジュピター神殿が建設された。そして、ユダヤ人のエルサレム市内立ち入りは年一度だけ神殿跡の嘆きの壁に集まる時以外、死刑をもって禁止されてしまったのである。

十一章には次の予言がある。

「彼の軍隊は立ち上がり、聖所ととりでを汚し、常供のささげものを取り除き、荒らす忌むべきものを据える。彼は契約を犯す者たちを巧言をもって堕落させるが、自分の神を知る人たちは、堅く立って事を行う」

十二章では、この「荒らす忌むべきものが据えられる時」から終わりの時まで一二九〇年があると予言されている。この節は前節との関わりから、新たな勢力がローマ支配領域に立ち現れるものと解釈でき、これは、アラブ・イスラム帝国の勃興を意味する。

ところで、ノストラダムスはアンリ二世への手紙の中で次のように述べ、ＡＤ六二四年を強調している。すなわち、「キリストの人類のあがないの時から、サラセンの呪うべきそのかしまではおよそ六二四年、それから幾時が過ぎたかは明確です」と。これこそ、終わりの時がいつ始まるかの基点となる「荒らす忌むべきものを据える時」を指すものなのである。では、AD六二四年がどういう年なのか調べてみよう。

マホメットは、AD六一〇年メッカ郊外のヒーラ洞窟で瞑想中に神の啓示を受け、その数年後、大衆伝導に踏み切った。しかし、彼の教えの根底にある社会正義感は当時の大商人階級との対立を引き起こし、その争いはカーバ神殿を中心とする多神教との宗教闘争の様相を呈して、相つぐ迫害が加えられた。ついにAD六二二年九月、マホメットはメッカ北方五百キロのメディナに移住し、そこで指導者として迎えられた。この聖遷（ヘジラ）を記念するヘジラ暦はイスラム世界の公式暦として、今日も宗教的行事に用いられている。

立教当初のマホメットの態度はむしろ親ユダヤ的なものであった。例えばマホメットは聖典コーランの中で「このコーランは以前恩寵として与えられていた啓典をアラビア語で確認するものだ」と言明し、「われわれはアブラハムとイシュマエルとヤコブ、そしてモーセとイエスに与えられたものを信ずる」と述べている。しかるに、ユダヤ教徒はマホメットを預言者として認めず、旧約聖書を楯に論争をしかけた。アラブの一神教イスラムはこの理論闘争を通じて次第に確立し、ついに、自らの教えこそアブラハムの宗教の復元であると宣言するに至ったのである。

さて、問題のAD六二四年には、紅海沿岸のバドルの戦いで、わずか三百人のイスラム勢が千人のメッカ勢を打ち破った。この勝利を契機としてイスラム教への改宗者が続出し、コーランではこれを救済の日と呼び、神の最大の恩恵と意義づけている。この年は、マホメットがユダヤ教との対決を決意し、礼拝方向キブラをエルサレムからメッカに変え、断食月を変更するなど従来の親ユダヤ的な態度を一変した年である。その後数年間は周辺のユダヤ勢力の一掃に精力を傾けたが、和平の成立したAD六三〇年以後、ユダヤ人は人頭税を払うことによって寛大な条件での生活が保証されることになった。

このイスラム教確立後、正統カリフ四代の治世が終わる七世紀中頃までに、イスラム帝国はエジプトからメソポタミアを越える広大な領土を手中にし、その後間もなく、ソロモン神殿跡にオマールのモスクと呼ばれる岩のドームを建設した。これがため、後にキリスト教側からの十字軍を招来し、ひいては唯一神であるはずのものが、ヤハウェから天なる父へ、さらにアッラーへと分裂した。このようにノストラダムスはイスラム教の確立したAD六二四年を強調しているのである。

ユダヤ民族の離散……ディアスポラ

「私の神は彼らを退ける。それは、彼らが神に聞き従わなかったからだ。彼らは諸国民のうちに、さすらい人となる」（「ホセア書」九章）

「わたしは、彼らの知らない国々に彼らを追い散らす。この国は、彼らの去ったあと、荒れすたれ、行き来する者もいなくなる」(「ゼカリア書」七章)

四世紀初頭にキリスト教がローマ国教となると、ユダヤ人は次第に高まる圧迫を受けて、父祖の地パレスチナから離散した。彼らは迫害を受けては諸国を流浪し、中東からアフリカ、ヨーロッパへと広まり、各地で共同体を形成した。

十一世紀に十字軍が始まると迫害は激しさを加え、AD一〇九六年の初回十字軍の熱狂は八万五千人ものユダヤ人を葬った。十三世紀になるとカトリック教会の反ユダヤ政令の影響で、ユダヤ人は英・仏などのヨーロッパから追放されていった。またAD一三四八年のペスト大流行の際には、それが呪われたユダヤ人のせいだとして百万人以上が殺害されたという。

ところで、スペインでユダヤ人追放令の出たAD一四九二年は、コロンブスが新大陸発見へと出航した年であるが、このような背景から、ユダヤ人は物心両面からコロンブスを激励し、医師や言語学者をはじめとする多くのユダヤ人が加わったのである。

宗教改革期に入ると、領民の宗教統一を図るため、ユダヤ人は差別部落(ゲットー)に隔離された。またユダヤ人嫌いで有名なマルチン・ルターは晩年、ユダヤ人に苛酷《かこく》極まる扱いを勧告するパンフレットを発行している。キリスト教が歴史に刻み込んだこれらの数々の悲惨、それは人々に宗教的頑迷の恐ろしさを思い知らす、愛の宗教キリスト教の大いなるパラドックスといえる。

さて、キリスト教国から東欧へ移ったユダヤ人が、ポーランドでの四十万人に及ぶ大殺戮《さつりく》（ポグロム：ＡＤ一六四八—一六五八年）にあって西欧に戻る頃には、差別も緩和され始めていた。しかし、この時代にユダヤ人を寛大に扱ったのは、イスラム教を奉ずるオスマン・トルコだけだったのである。

フランス革命が生んだ自由平等思想は、ユダヤ人に大きな影響を与えた。十九世紀に入ると、西欧から東欧へと、ユダヤ人に市民権が与えられた。そして、「高い教育水準を誇る奇妙な貧民」であったユダヤ人は、ゲットーから解放されるや、続々とヨーロッパで高まる自由主義革命に参加していった。

しかし、十八世紀後半に民族国家が反動化すると、異邦人集団であるユダヤ人に対する排斥運動が再発した。これはビスマルクの国家主義ドイツから広まり、ゲルマン人のイデオロギーと化していった。一方、スラブ民族主義の高まるロシアでは、ユダヤ人はアレクサンドル二世暗殺の罪をかぶせられ、ロシアから東欧の各地でポグロムが頻発した。

ロシア革命の間もポグロムは続き、二十五万人ものユダヤ人が殺された。ユダヤ人はこうした排斥追放やポグロムを避け、あるいは、ソ連新体制下でのユダヤ人農民化策にも順応できずに、第二次大戦までに四百万人もが新大陸に渡ったという。まさに「夜も昼もおびえ、生きることもおぼつかなくなる」これらの迫害に耐え、ユダヤ人は第二次大戦までに千六百万人にまで増加した。しかし、ナチス・ドイツの大殺戮はその三分の一を超える六百万人におよび、中欧と東欧のユダヤ人は絶滅に瀕した。

大迫害のたびに多くの者がメシアを名乗って立ち現れたが、そのたびに民衆の期待は裏切られ、この世界のさすらい人に救いが実現することはなかったのである。

3 ダニエル書と世界帝国の興亡

「ダニエル書」は、BC六〇五年にバビロンに捕囚された王族ダニエルによる。彼はネブカドネザル王の養育のもとでバビロンの教育を受け、後に夢判断の才を発揮して、バビロンの知者の長官に任命された。この書は、バビロン捕囚から今日まで、実に二千五百年にわたる諸世界帝国の興亡を予言する希有の書だが、歴史を引き写したかのような詳細かつ正確な予言が含まれていることから、偽書との疑いすら持たれてきた。その疑いも、一九四七年に発見された「死海文書」の年代測定により晴らされている。

七つの時

「ダニエル書」は、BC六〇五年のネブカドネザル王によるエルサレム攻略の記述で始まる。「ユダの王エホアキン王の治世の第三年に、バビロンの王ネブカドネザル王が来て、これを攻囲した。主がユダの王エホアキンと神の宮にある器具の一部を彼に渡されたので、彼はそれをシアヌルにある彼の宮に持ち帰り、その器具を彼の宝物庫に納めた」

バビロンははるかの昔にバベルの塔が築かれた町で、地上最初の権力者ニムロデはそこに王国を打ち建て、天まで届かんとする塔の建築を指導した。彼はのちに神格化され、時に、マロダク神と同一視されるようになった。ネブカドネザル王はこのバビロンの創建者ニムロデにあやかろうと、エルサレム神殿から奪った宝物をマルダク神殿に奉献したのである。

ところで、神の国の対極にある地上国家は、人間の本質である霊性をまどわす物質的感覚的なものの象徴として、聖書にひそむ重要なテーマである。バベルの塔の物語はその始源をなすもので、それ故、ニムロデの末裔ネブカドネザル王自身が地上国家を代表するシンボル的存在である。従って、「ダニエル書」冒頭のこの記述は、神が不信の民イスラエルに対してモーセの予告した「懲らしめの呪い」を下すためにネブカドネザル王を用いたことを示しているのである。この解釈の正当性は、神が王に諸世界帝国とその持続期間に関わる重要な夢を二度にわたり授けていることからもうかがえる。

ではここで、地上国家に関わる言及を聖書から二、三掲げよう。

「さあ、河馬を見よ。……これは神が作られる第一の獣。……山々は、これのために産物をもたらし、野の獣もそこで戯れる。……

あなたは釣り針でレビアタンを釣り上げることができるか。……これがあなたと契約を結び、あなたはこれを捕えていつまでも奴隷とすることができようか。……地の上には、これと似た

ものはなく……それは、すべての誇り高き獣の王である」（「ヨブ記」四十&四十一章）

「主よ。立ち上がってください。人間が勝ち誇らないために、国々が御前でさばかれるために。主よ。彼らに恐れを起こさせてください。おのれがただ人間にすぎないことを、国々に思い知らせてください」（「詩篇」九章）

「エジプトの王パロよ。……あなたは海の中の龍のようなものである」（「エゼキエル書」二十九章）

「その日、主は鋭い大きな剣で逃げ惑う蛇レビアタン、曲がりくねるレビアタンを罰し、海にいる龍を殺される。……時が来れば、ヤコブは根を張り、イスラエルは芽を出し、花を咲かせ、世界の面に実を満たす」（「イザヤ書」二十七章）

神が終わりの時に罰するレビアタンとは何か。それこそ、「ダニエル書」で興亡が予告される地上国家なのである。今から三百年あまり前の政治学者ホッブスもその著書「リヴァイアサン」で、「人間は自然を模倣して自動機械という人工動物をつくるに至ったが、さらに人間自身を模倣して国家という人工人間を創造した」と説き、その国家を聖書の怪獣レビアタンに例えている。すなわち、レビアタンとは国益至上主義的国家存在、今日風に言えば国家的集合無意識の象徴である。

第四章のネブカドネザル王の夢では、それはバベルの塔のように天まで届かんとする巨木で象徴される。その木は、地の果てのどこからも見えるほど高く、地の中央にそびえ立ち、すべての食料を実らせて、すべての肉なるものを養う木であった。そして、夢の中では、天から降った聖なる者が大声で次のように叫んだ。

「その木を切り倒し、枝を切り払え、……ただし、根株を地に残し、これに鉄と銅の鎖をかけて、野の草の中に置き、天の露にぬれさせて、地の草を獣と分け合うようにせよ。その心を人間の心から変えて、獣の心をそれに与え、七つの時をその上に過ごさせよ」

この夢を見て一年後に、王が、この大バビロンは自分の威光を輝かすために己が権力によって建てたものではないかとおごり高ぶるやいなや、これらのことが文字通りに王の身に起こった。そして、その七年が過ぎて、王が天を仰ぐや、理性が戻り、神を賛美したという。

王の身に起こったこれらの事柄は、次のような象徴的意味をもつ。ネブカドネザル王で象徴される地上国家が、神のみこころから離れた野蛮で利己的な状態で七つの時の間持続し、その期間が終わったのち、人類は神の霊の洗礼を受け、自らの霊性にめざめ、そのような人類によって栄光の時代、神の国が実現するということである。

ここの七つの時とは、「ダニエル書」が一貫して一年を一日で示し、また当時の陰暦の一年が三百六十日でそれが一時と呼ばれることから、結局二五二〇年を意味する。そして、神がネブカドネザル王に王権を委ねたBC六五〇年からこの期間を正確に数えるなら千八百三十年となる。

四大世界帝国の興亡

この地上国家は「ダニエル書」の二章と七章で新バビロニア、ペルシャ、ギリシャ、ローマの四大世界帝国の興亡として予言されている。

前者は、ネブカドネザル王がBC六〇三年に見た巨人像の夢である。その像は、頭が金、胸と両腕が銀、腹部とももは青銅、そして、すねは鉄、足は一部が鉄、一部が粘土で出来ていた。ダニエルはこの像の夢を、金の頭はネブカドネザル王の新バビロニア帝国で、そのあとに銀と青銅と鉄とで示される三つの国が起こることだと説き明かした。これらの金属は帝国権力の質の推移を象徴する。すなわち王権の強さは新バビロニアの独裁的君主制から次第に低下し、ペルシャでは大臣や王族の干渉を受け、ギリシャは四分し、ローマに至ると帝権は民衆の声に左右されるようになった。

後者は、ダニエルがBC五五三年に授かった四怪獣のビジョンである。地上国家を象徴する怪獣は「ヨブ記」では河馬、「イザヤ書」では、海にいる龍、レビアタンで象徴され、ともに水中に住んでいた。ダニエルのビジョンでは、そのレビアタンが四怪獣として海から上ってく

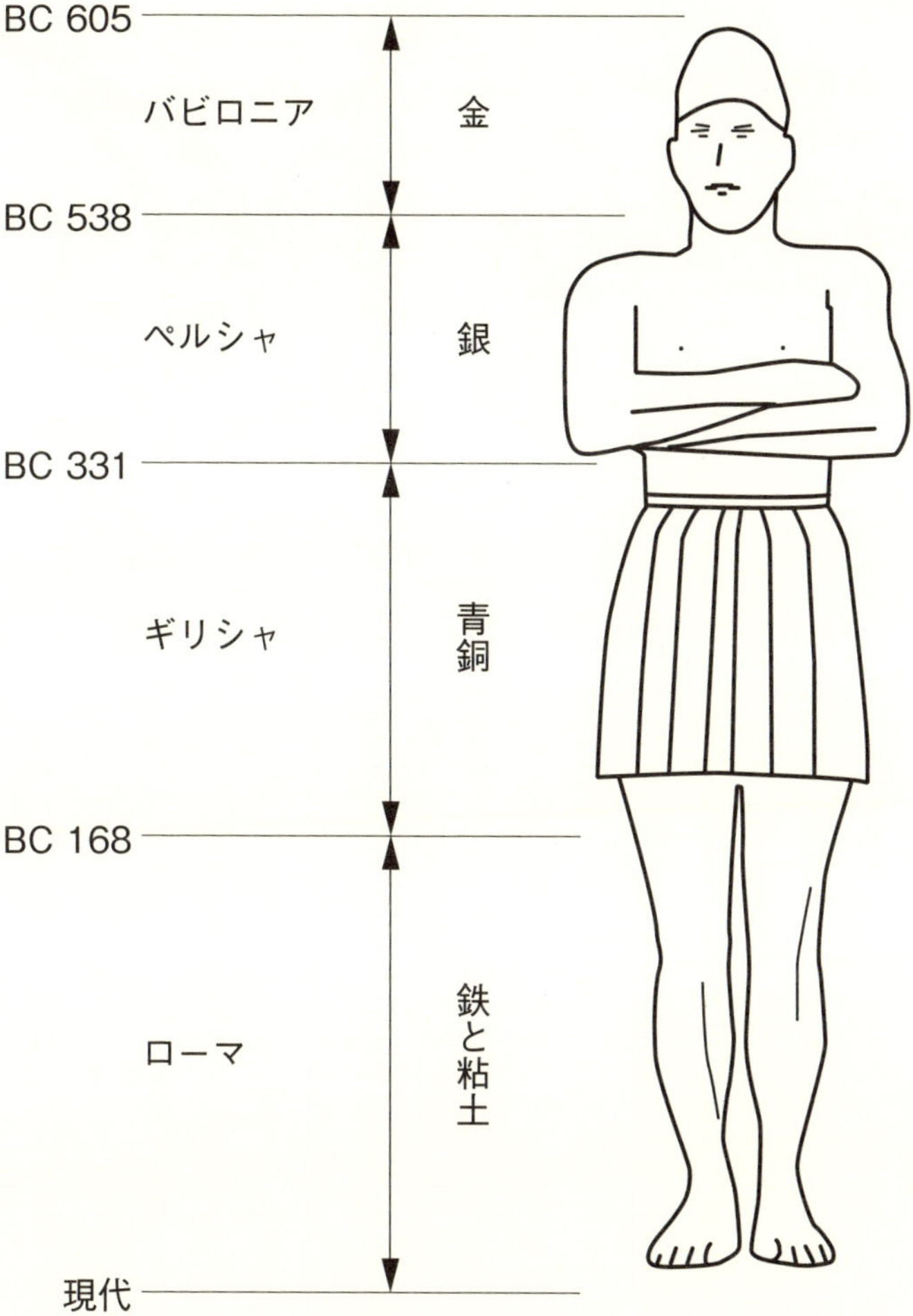

図1　4大帝国

図２　第１の怪獣

図３　第４の怪獣

る。それは国家的集合無意識が無意識の大海から顕在化して猛威をふるう姿である。

　第一の怪獣は鷲の翼を持つ獅子のようで、その翼が抜きとられ人間の心が与えられた。第二の怪獣は熊のようで、横ざまに寝て三本の肋骨を咥えており、多くの肉を食らえと命ぜられた。第三の獣は、ヒョウに似ており、四つの翼と頭を持っていた。第四の獣は、十本の角と大きな鉄の牙を持つ巨獣である。

　では、第一のレビアタンとは何か。それはバビロニア帝国である。バビロンでは、この帝国の象徴である鷲翼の獅子像や壁画が発掘されている。金は金属の王、獅子は百獣の王である。その獅子のような専制的強権を誇ったこの帝国も、ネブカドネザル王が死ぬやその活気を失い、衰退の一路をたどった。その翼が抜き取られ、猛々しい獅子の心も失われたからである。

　第二のレビアタンとは何か。ＢＣ五三八年に新バビロニア帝国を滅ぼしたペルシャ帝国である。リディアとの連合がごく当初に限られたことが、身体の一方をあげていることに示される。三本の肋骨はペルシャが征服したリディア、バビロニア、エジプトの三国である。多くの肉を食らえと命ぜられたこの国は貪欲な領土欲を満たさんと征服にあけくれ、実に百二十七州を支配するに至った。

　第三のレビアタンとは何か。ＢＣ三三一年にペルシャを滅ぼしたギリシャ帝国である。弱冠二十歳でマケドニアを継いだアレキサンダーは二十二歳の若さで兵を起こし、ＢＣ三二二年勝利の祝宴の大酒がもとで、首都に定めたバビロンに死んだ。ヒョウのごとき敏速な世界征服であった。大王の死後、帝国は四人の将軍に分割され、それが四つの翼と頭に示される。

　第四のレビアタンはローマ帝国である。鉄の牙で示される鉄のローマは、ＢＣ一四六年マケドニア属領化からアウクトトゥス帝の治世が終わるＡＤ一四年までに、ライン以北のゲルマンの地を除く全ヨーロッパを征服し、名実共に世界帝国となった。そして巨人像の二本のすねは東西ローマへの分裂を予告し、西ローマはＡＤ四七六年、東ローマはＡＤ一四五三年に滅んだ。

　しかし、キリスト教やローマ法、ローマ字などに代表されるローマ文明はその後のヨーロッパに深い痕跡を残し、ローマ帝国は十本の角に示される多くの民族国家に分裂し、今日ではＥＵに引き継がれたともいえる。だが、巨人像の足の指がなじみ難い鉄と粘土で造られているように、各国間の利害が民族の差異と相まって、それら諸国の団結を難しいものとしている。

さて、四大世界帝国の興亡はこれで終わるのではない。ダニエルのビジョンは次のように続く。

「十本の角は、この国から立つ十人の王。彼らのあとにもう一人の王が立つ。彼は先の者たちと異なり、三人の王を打ち倒す。彼は、いと高き方に逆らうことばを吐き、いと高き聖徒たちを滅ぼし尽くそうとする。彼は時と法則を変えようとし、聖徒たちはひと時とふた時と半時の間、彼の手にゆだねられる。

しかし、裁きが行われ、彼の主権は奪われ、彼は永久に絶やされ滅ぼされる。国と主権と国々の権威とは、いと高き聖徒である民に与えられる。その御国は永遠の国。すべての主権は彼らに仕え、服従する」

ここの「もう一人の王」とは「第三の荒らす忌むべきもの」、すなわちアラブ・イスラム帝国である。七世紀からの中間期には、このイスラム帝国とローマ帝国とが並立していた。そのイスラム帝国はＡＤ六四〇年代にはシリアとエジプトを東ローマから奪取し、八世紀のはじめにはイベリア半島を征服して、ここに三地域、三王を打ち倒したのである。

また、「ひと時とふた時と半時」とは三時半で、結局一二六〇年を意味する。それらをヘジラのＡＤ六二二年あるいは聖地エルサレムを征服したＡＤ六三七年を起点に数えれば、ＡＤ一八八二年とＡＤ一八九七年となる。これらは、いみじくもユダヤ民族のパレスチナ帰還に関して重要な年にあたり、前者は、第一波移民が始まった年、後者は、第一回シオニスト会議の開催年にあたる。この三時半の後に、ユダヤ民族のパレスチナ帰還の動きが起こっているのである。

そして、今日も存続している地上国家、第四のレビアタンも滅ぼされ、そのかわりに主権を打ち立てるのが永遠の国、すなわち神の国である。つまり、「時が来れば、ヤコブは根を張り、イスラエルは芽を出し、花を咲かせ、世界に実を満たす」のである。ここでのイスラエルとは、地上国家で象徴される物質的感覚的傾向に幻惑されることなき、この試練の時代に続々と生をうける霊的求道者を意味する。彼らこそ聖なる民なのである。このイスラエルの意味や永遠の国については後章で検討する。

南北両王国の対立

クロス王の治世のBC五三六年、年老いたダニエルが三週間の喪に服し、神に祈りを捧げていると、終わりの時に関わる幻を授けられた。それが十一章から十二章に記される。当時から今日に至る空前の予言である。

「見よ。なお三人の王がペルシャに起こり、第四の者はほかの誰よりも富み……すべての者を扇動してギリシャに立ち向かわせる。ひとりの勇敢な王が起こり大きな権力をもって治め、思いのままにふるまう。しかし、彼のまさに旺盛なる時に、その国は敗れ、天の四方に分割される。……彼の国は子孫以外のものとなる」(「ダニエル書」十一書二―四節)

ペルシャ帝国には、解放者クロスの後、カンビヤス、偽バルジア、ダリウス一世の三人の王が起こり、それに続く第四の王がクセルクセス大王である。彼は、BC四八一年、ギリシャに侵攻した。ヘロドトスによれば、その軍勢は五百五十万人に及び、その船隊は四千隻をしのいだという。しかし、この大軍もBC四八〇年のサラミス海戦で、国の存亡をかけて戦うギリシャ軍の前に惨敗した。

その後ペルシャは衰え、ついにBC三三一年、勇敢なる王アレキサンダーにより征服された。大王の死後、王の一族は相ついで殺され、BC三一〇年頃にはその血統は断絶した。そして帝国は四人の将軍に分割されたのである。

「南の王が強くなる。しかし、その将軍のひとりが彼よりも強くなり、彼の権力よりも大きな権力をもって治める。何年か後、彼らは同盟を結び、和睦するために南の王の娘が北の王にとつぐが、この女と彼女が連れて来た者、その頃彼女を力づけた者は、死に渡される」(「ダニエル書」十一章五―六節)

ここでの南北はエルサレムを中心に定められている。南の王はエジプトを治めるプトレマイオス家で、ＢＣ三二〇年エルサレムを占領してその勢力を拡大した。アレキサンダー時代のバビロンの大守セレウコスは一時このプトレマイオスの部下となっていたが、その後バビロン王に返り咲き、故大王の領土の七割を支配するに至った。それが北の国シリアのセレウコス家である。

この両家はたび重なる戦争のすえ、プトレマイオス二世が娘ベレニケをアンテオカス二世に嫁がせ、両国はＢＣ二五〇年に和睦を結んだ。だが、プトレマイオス二世がその数年後に死ぬや、アンテオカス二世は前妻ラオデケと復縁し、ベレニケを離婚してしまう。ここに至り、ラオデケはおのが身の安泰を図るため、夫アンテオカス二世を暗殺したうえ、ベレニケの一党を皆殺しにするという暴挙をやってのけたのである。

このように、正確無比な驚くべき予言が続き、十五節に至って、ＢＣ二〇〇年頃のシドンの攻防戦が予告されている。その後は次第に長い時間経過を示す予言に変わり、西ローマ帝国の滅亡とローマ法王権の確立、それにすでに検討した「荒らす忌むべきもの」や宗教的混迷と諸列強の時代を経て、終わりの時の予言に至る。これらの解釈は「ダニエル書研究」のそれに準じ、ここでは省略する。

終わりの時

「終わりの時に南の王が彼と戦を交える。北の王は戦車、騎兵、および大船団を率いて、彼を襲撃し、国に侵入し、押し流してゆく。彼は麗しい国に攻め入り、多くの国が倒れる。しかし、エドムとモアブ、またアモン人の主立った人々は彼の手から逃れる。彼は国々に手を伸ばし、エジプトの国ものがれることはない。彼は金銀と秘蔵物と、エジプトのすべての宝物を手に入れ、ルブとクシュ人が彼につき従う。しかし、東と北からの知らせが彼を脅かす。彼は多くのものを絶滅しようとして、激しく怒って出て行く。彼は海と聖なる麗しい山の間に本営の天幕を張る。しかし、ついに彼の終わりが来て、彼を助ける者はひとりもいない」(「ダニエル書」十一章四十―四十五節)

「その時、あなたの国の人々を守る大いなる君、ミカエルが立ち上る。国が始まって以来、その時までなかった程の苦難の時が来る。しかし、その時あなたの民で、あの書にしるされている者はすべて救われる。地のちりの中に眠っている者のうち、多くの者が目をさます。ある者はそしりと永遠の忌みに、思慮深い人々は大空の輝きのように輝き、多くの者を義とした者は世々限りなく星のようになる」(「ダニエル書」十二章一―三節)

ここであの書というのは、民に対する記憶の象徴とされる「生命の書」をさす。その書にもとづき「いのちか呪いか」の審判を受けるというのだから、すべての行為が虚空に記録されるという、あのアカシック・レコードのことであろう。さらに、ダニエルがこの不思議なことはいつ終わるのかと問うたのに対し、次の答が与えられた。

「それは、ひと時とふた時と半時である。聖なる民の勢力を打ち砕くことが終わった時、これらすべてのことが成就する。（十二章七節）……常供のささげ物が取り除かれ、荒らす忌むべきものが据えられる時から千二百九十日がある。幸いなことよ、忍んで待ち、千三百三十五日に達する者は」（十二章十一―十二節）

すでに示したように、この「荒らす忌むべきものが据えられる時」とは、イスラム教が確立したＡＤ六二四年であり、それから千二百九十年を経た一九一四年から終わりの時が始まる。十九世紀末からのシオニズムの動きはその前兆であり、その後の両大戦の混乱期を契機として、ユダヤ民族が奇跡的ともいえるパレスチナ帰還を果たし、私たちは、ますます極まる終わりの日々を生きているわけである。また一三三五年ののちのＡＤ一九五九年は宝瓶宮時代に向けての試練期であり、私たちはこの宝瓶宮時代に栄光の時代を期待できるのである。

４　終わりの時

「世の終わりが来るまでには、救世主を名のる者が何回となく立ち現れては人々を惑わします。終わりはすぐに来るのではありません。その前に、人々はあなたがたをわたしの名のために迫害し、会堂や牢に引き渡し、王や総督の前に引き出すでしょう。

しかし、エルサレムが軍隊に囲まれるのを見たら、ユダヤにいる人は山に逃げなさい。都にいる人はそこから立ち退きなさい。この地に大きな苦難が臨み、この民に御怒りが臨むからです。人々は剣の刃に倒れ、捕虜となってあらゆる国に連れていかれ、異邦人の時が終わるまで、エルサレムは異邦人に踏み荒らされます。

そしてのち、民族は民族に、国は国に敵対して立ち上り、大地震があり、方々に疫病やききんが起こり、天からすさまじい前兆が日と月と星に現れます。地上では、諸国の民が海と波が荒れどよめくために不安に陥って悩み、人々は、その住むすべての所を襲おうとしていることを予想して恐ろしさのあまり気を失います。天の万象が揺り動かされるからです」(「ルカ伝」二十一章)

このようにイエスは、ローマのキリスト教迫害から、大反乱やバルコホバの乱によるエルサレムの陥落、あるいは民族の離散など、ユダヤ人のその後の運命をはっきりと予言している。ここの異邦人の時とは、聖なる民の勢力を打ち砕く「ひと時とふた時と半時」、あるいは世界帝国の興亡する「七つの時」にほかならない。その異邦人の時も終わり、ユダヤ民族のパレスチナ帰還もかなない、私たちは今や「民族が民族に、国が国に敵対する」終わりの時のまっただ中を生きているのである。

ユダヤ民族のパレスチナ帰還

「見よ。その日が来る。その日、わたしは、わたしの民イスラエルとユダの捕われ人を帰らせる。……終わりの日にあなたがたはそれを悟ろう。

見よ。わたしは彼らを北の国から連れ出し、地の果てから彼らを集める。その中にはめしいも足なえも、妊婦も産婦も共にいる。彼らは大集団をなして、ここに帰る」（「エレミヤ書」三十─三十三章）

「見よ。わたしは、わたしの民を日の出る地と日の入る地から救い、彼らを連れ帰り、エルサレムの中に住まわせる。このとき、彼らはわたしの民となり、わたしは真実と正義をもって彼らの神となる」（「ゼカリア書」八章）

「わたしはおまえを諸国の中に追い散らし、おまえの汚れを全く取り除き、諸国民の民の見ている前で、おまえにゆずりの地を与える。このとき、おまえは、わたしが主であることを知ろう」（「エゼキエル書」二十二章）

「終わりの日に……主は国々の間をさばき、多くの国々に判決を下す。〈彼らはその剣を鋤に、その槍をかまに打ち直し、国は国に向かって剣をあげず、二度と戦いのことを習わない〉来たれ、ヤコブの家よ。私たちは主の光に歩もう。……

主は国々のために旗を掲げ、イスラエルの散らされた者を取り集め、ユダの追い散らされた者を地の四隅から集められる」（「イザヤ書」二章&十一章）

ロシア皇帝暗殺に始まる熱狂的ポグロムはユダヤ人のシオニズムをかき立て、その旗の下に多くの知識階級を集めた。そして、はるかな神殿の丘シオンを慕う宗教的民族感情としてのシオニズムがパレスチナにユダヤ人の社会を築くことによってユダヤ人問題の最終的解決を図ろうとする政治的色彩を加えていった。

一八八二年にはユダヤ学生はビイルウと称する運動を始めた。このビイルウとは「イザヤ書」二章の「来たれ、ヤコブの家よ、私たちは主の光に歩もう」のヘブル語頭文字を組み合わせたものだという。その前の〈　〉中の文字は国連の目的として国連ビル正面に刻まれるものである。次に八方塞がりの民族的状況を解決せんとする、青年の悲壮な心情あふれるビイルウ宣言からの引用を掲げよう。

「いずこにおいても、われわれは拒否され、閉め出され、外国人とみなされている。何の望みもないのか。

否、ユダヤは再起せねばならぬ。……外国における生活を打ち切り、祖先の地の確固たる土台の上に立とう。シャベルと鋤に手を伸ばそう。……われらは人民の模範となって生きよう」（『ユダヤ人と中東問題』）

それから二十年ほどの間に、およそ一万人のインテリ青年がパレスチナに入植した。しかし彼らは、パリの慈善家ロスチャイルドの経済援助を受けるうちに、いつしか植民地経営者と化している現状に失望し、多くの者が東欧に戻るか、アメリカに向かって立ち去った。一八九七年には第一回シオニスト会議がスイスで開かれ、パレスチナでの民族郷土建設をその目的として採用した。その頃の西欧のユダヤ人はそれぞれの国に同化し始め、その多くはシオニズムに冷淡だった。他方、東欧ではポグロムが再開し、ロシア第一革命の失敗がきっかけとなり、第二波移民が始まった。

彼らは、一九〇八年には原野にテルアビブの建設をはじめ、キブツと呼ばれる生活共同体農場はシオニストの重要拠点として各地に広がった。その後、第一次大戦前夜にかけて二万人の青年が入植し、この第二波移民がシオニズムの基礎を固め、ひいては一九四八年のイスラエル建国をもたらした。

イスラエルとアラブの対立の元凶――「バルフォア宣言」

第一次大戦たけなわの一九一七年、英国外相バルフォアは世界経済を牛耳るユダヤ人の戦争協力を求めて、シオニズム指導者ワイズマンの要請を受け入れ、パレスチナにおけるユダヤ民族郷土建設を支持するとの約束を与えた。これが当時のパレスチナ人口の九割を占めていたパレスチナ・アラブ人の激怒する「バルフォア宣言」である。しかもこの宣言は、一九一五年に英国高等弁務官マクマホンがハシム家フセインと交した。中東におけるアラブ人独立の保証とも相いれぬものであった。

第一次大戦後の委任統治下で、パレスチナ・アラブ人は周辺アラブ諸国同様の独立を求め、他方ユダヤ人は「バルフォア宣言」を楯に、組織力と経済力にものをいわせて、ユダヤ人弾圧の高まるヨーロッパから一九四〇年までに四十五万人もの移民を送り込んだ。この移民の大量流入はパレスチナ・アラブ人の経済的・社会的自立を脅かし、しばしば暴動が爆発した。この対英、対シオニズム闘争の中からパレスチナ民族運動が育っていった。

一九三九年からはユダヤ人移民も制限されたが、戦後トルーマン大統領が十万人のヨーロッパ・ユダヤ人の入国を求めて介入するに及んで、苦境に陥った英国は委任統治を返上した。一九四七年十一月、国連総会がパレスチナ分割、エルサレム国際管理案を採決してイスラエル建国への道を開くと、アラブ側はその日を「服喪と圧制の日」として闘争を開始した。

それは当然でもある。その分割案によれば、人口の三分の一以下、土地の六パーセントを占めるにすぎない新来者のユダヤ人が、地中海沿いの大部分を含むパレスチナの約三分の二の土地に主権を持つことになる。アラブ側が好意をもっていた連邦国家案は、当時主として西欧諸国と中南米諸国で構成されていた国連に対する米国政府の多数化工作により葬り去られたのである。

こうして、パレスチナ全土に内戦の広がる一九四八年四月九日、ディル・ヤシン村の老若男女二百名ものパレスチナ・アラブ人がユダヤ人テロ集団に皆殺しにされた。そのため、パニックが起こり、三十万人ものアラブ人が隣国に脱出したという。そして一九四八年五月、英国が撤退するやイスラエルは独立を宣言し、一方、パレスチナ解放軍には周辺アラブ国が加わり、猛攻撃を開始した。そして、イスラエルは国連介入による停戦期間を悪用して、チェコスロバキアから大量の武器を密輸入し、当初の苦戦にもかかわらず、国連案の国境をはるかに超える地域を確保するに至った。

この第一次中東戦争が生んだ悲劇が、百万人にものぼるパレスチナ・アラブ難民である。彼らは理由なく故郷を追われ、その多くが今もなお難民としての状態を続けている。著名な歴史家A・トインビーは「パレスチナ・アラブ人に対してシオニズム・ユダヤ人が犯した罪業は、ナチスがユダヤ人に犯した罪業に比肩する」と非難した。

そして今や、「繰り返される自治区への軍事侵攻と苛酷な破壊、止むことのない自爆テロ。パレスチナ問題はますます混迷の度を深めている」（『パレスチナの声、イスラエルの声』）

終わりの日とエドムびと

「ウツの地に住むエドムの娘。楽しみ喜べ。だが、あなたにも杯は巡ってくる。あなたも酔って裸になる。シオンの娘、あなたの刑罰は果たされた。主はもう、あなたを捕え移さない。エドムの娘。主はあなたの咎《とが》を罰する。主はあなたの不義をあばく」（「哀歌」四章）

「あなたの兄弟の日、その災難の日を、あなたがたはただながめているな。ユダの滅びの日に、彼らのことで喜ぶな。その苦難の日に大口を開くな。主の日はすべての国々に近づいている。あなたがしたように、あなたもされる。あなたの報いはあなたの頭上に返る」（「オバデヤ書」）

「おまえはいつまでも敵意を抱き、イスラエルが災難にあうとき、彼らの最後の刑罰の時、彼らを剣に渡した。それゆえ、わたしは必ずおまえを血に渡す。エドム全体もそうなる」（「エゼキエル書」三十五章）

「その日、わたしはダビデの倒れている仮庵を起こし、その破れを繕い、その廃墟を復興し、昔のようにこれを建て直す。これは彼らがエドムの残りのものと、わたしの名がつけられたすべての国々を手に入れるためだ。……わたしはわたしの民イスラエルの捕われ人を帰らせる」（「アモス書」九章）

「天の万象は朽ち果て、天は巻物のように巻かれる。その万象は朽ち落ちる。……天ではわたしの剣に血がしみこんでいる。……見よ。これがエドムの上に下り、わたしが聖絶すると定め

た民の上に下るからだ。……それは主の復讐の日であり、シオンの訴えのために仇を返す日である」（「イザヤ書」三十四章）

旧約聖書を読み進む時、私たちは、ユダヤ民族を主題とする記述の合い間に見え隠れするエドム人との対立の歴史に気づく。終わりの日に重要な役割を果たすエドム人とは何なのか。まずこの民族の由来から調べてみよう。

アブラハムの子イサクは、父の故郷からアラム人ベトエルの娘リベカをめとった。

「すると主は彼女に仰せられた。『二つの国があなたの胎内にあり、二つの国民があなたから分かれる。一つの国民は他の国民より強く、兄が弟に仕える』出産の時が満ちると、見よ、ふたごが胎内にいた。最初に出て来た子は赤くて、全身毛衣のようであった。そこで、その子をエサウと名づけた。そのあとで弟が出て来たが、その手はエサウのかかとをつかんでいた。それで、その子をヤコブと名づけた」（「創世記」二十五章）

兄弟が成長すると、ヤコブは臨終の床にある父イサクをたばかり、長子としての祝福を受けて、兄エサウの長子権をだまし取ってしまう。このヤコブが後にイスラエルと改名し、その息子たちがイスラエルの十二部族の名祖となる。一方、兄エサウは原地人カナン族の娘を妻としたが、それが父の気にいらぬと気づくと、アブラハムの子イシュマエルの娘マハラテをも妻として迎えた。「創世記」三十六章では、このエサウの子孫エドム人がセイルの山に住みつき、族長により治められていたと記している。

さて、イスラエルの民がエジプトを出てカナンに向かう途中、モーセはエドムの王にその領土通過の許可を求めた。しかし、エドムはそれを拒否し、大軍勢を率いて威嚇した（「民数記」二十章）。それがため、ホル山からエドムの地を迂回して葦の海の道を通らねばならず、民はがまんできなくなり、神とモーセに不平を並べたてた（「民数記」二十一章）。この険しい道中、イスラエルの民はエドム人はじめモアブ人やアモン人に妨害され続けた。これが、エドムとイスラエルの対立の始まりである。

このようなことから、サウル王はこれらの氏族と戦い、ダビデ王はエドム人一万八千人を打ち殺して征服し（「サムエル記」二章）、その将軍ヨアブは六カ月かけてエドム人一万人を殺したうえ、捕虜一万人を岩山の上から墜落死させたのである（「歴代誌」二章）。ここに至っては、ネブカドネザル王がエルサレムを攻略した時、エドム人が「破壊せよ、破壊せよ、その基いまでも」（「詩篇」百三十七章）と狂喜したのもうなずけなくもない。

かなり後の時代だが、ユダヤのハスモン朝の崩壊に一役買ったエドム人策士アンティパテルの子ヘロデは、ユダヤ人独立運動を鎮圧してローマから王位を受け、その後もヘレニズム政策による宗教弾圧を加えた。このヘロデ家は、イエスの出生時にはユダヤ幼児の絶滅を図り、洗礼者ヨハネを断首しているのである。また、マホメットはカーバ神殿がアブラハムとその息子イシュマエルによって建設されたと言明し、その末裔たることを宣言してイスラム教の地歩を固めた。

　このように、「創世記」に描かれた肉親兄弟間の不和が旧約時代を通して氏族間の相克に発展し、それがユダヤとイスラムの宗教対立を経て、この終わりの時に燃えさかっている。聖書は予言と民族の歴史とに織り込んで、因果応報の理法を示しているともいえよう。それゆえまた、この時代にユダヤとアラブの対立が極限に達し、ハルマゲドンの戦いさえ誘発しかねないとも予測されるのである。

ハルマゲドンの戦い

「見よ。わたしがユダとイスラエルの捕われ人を返す、その日、その時、わたしはすべての国民を集め、彼らをヨシャパテの谷へ連れ下り、その所でわたしの民、わたしのゆずりの地イスラエルにしたことで彼らをさばく」(「ヨエル書」三章)

「メシェクとトバルの大首長であるゴグよ。今、わたしはあなたに立ち向かう。わたしはあなたのあごに鉤をかけ、あなたの軍勢を出陣させる。ペルシャとクシュとプテも彼らとともにおり、ゴメルと北の果てのベア・トガルマ、それに多くの国々の民があなたといる。……多くの日が過ぎて、あなたは命令をうけ、終わりの年に一つの国に侵入する。その国は剣の災害から立ち直り、その民は多くの国々から集められ、久しく廃墟であったイスラエルの山々に住んでいる。……

あなたは、北の果てのあなたの国から多くの国々の民を率いて来る。あなたはわたしの民イスラエルを攻め上り、終わりの日に、あなたは地をおおう雲のようになる。……その日には必ずイスラエルの地に大きな地震が起こる。……その日、わたしはイスラエルのうちにゴグの墓場を設ける」(「エゼキエル書」三十八&三十九章)

「見よ。わたしはエルサレムを、その周りのすべての国々の民をよろめかす杯とする。ユダヤについてもそうなる。エルサレムの包囲されるとき、その日、わたしはエルサレムをすべての国々にとって重い石とする。すべてそれをかつぐ者はひどい傷をうける。地のすべての国々はそれに向かって集って来よう。……

全地はこうなる。その三分の二は断たれ、死に絶え、三分の一がそこに残る。わたしはその三分の一を火の中に入れ、金をためすように彼らをためす。……その日、主の足はエルサレムの東に面するオリーブ山の上に立つ。オリーブ山は、その真中で二つに裂け、東西に延びる大きな谷ができる。山の半分は北へ移り、他の半分は南へ移る」(「ゼカリヤ書」十二―十四章)

「その日、エッサイの根は国々の旗と立ち、国々は彼を求め、彼のいこう所は栄光に輝く。……主をほめ歌え、主はすばらしいことをされた。これを全世界に知らせよ。……見よ。まことにわたしは新しい天と新しい地を創造する」(「イザヤ書」十一、十二、六十五章)

ヨショパテの谷とは神の裁きの谷を意味し、メギドの丘から見渡せるカルメル山東方の南北三十二キロ、東西二十キロの大平原をさす。この地は『旧約聖書』に三度にわたる雌雄を決する大戦闘が記されていることから、古来ハルマゲドンと呼ばれてきた。それは大量虐殺の山を意味し、聖書終巻の「ヨハネ黙示録」で人類最終戦争の地として予告されている。かのナポレオンも世界中の軍隊の大演習ができると言ったという。だから今日、その平原には準備万端あちこちに予告看板が立てられ観光地となっている。

また、「メシェクとトバルの大首長であるゴグ」は、文語訳では「ロシ、メセクおよびトバルの君たるマゴグの地のゴグ」で、ロシ、メセク、トバルがおのおのロシア、モスクワならびにロシア最大の州トボルスクの語源だという。そして、ペルシャ、クシュ、プテはそれぞれ現代のイラク、エチオピア、リビアをさす。ゴメルはむかしコーカサス山脈地方に住んでいたヤペテの子孫をさし、ベテ・トガルマはカスピ海と黒海の間のアルメニア地方をさす。これは北の果てと記されることから、現在ではロシア周辺のより広い地方をさすのであろう。そのゴグこそ「ダニエル書」にいう終わりの時の北の国である。

ここの大地震もありうべきことである。油田開発会社によって、オリーブ山を東西に走る大断層が発見されている。それは、世界最大の大地溝帯の果て、死海へとつながっているのだ。

さて、ここまでの検討を終えて、あなたは聖書の予言を虚構だとして無視することができるだろうか。今日この終わりの時にあって、私たちは次のような聖言をかみしめなければならない。

「預言者が主の名によって語っても、そのことが起こらず、実現しないなら、それは主の語られたことばではない」(「申命記」十八章)
「わたしのはかりごとは成就し、わたしの望むことすべてを成し遂げる」(「イザヤ書」四十六章)
「人々が平和だ、安全だ、と言っているそのような時に、突如として滅びが彼らに襲いかかります」(「テサロニケⅠ」五章)

では、私たちはこのような未来を座視するしか為す術を持たないのだろうか。それでは予言に何の価値があるだろう。もし、人類が手をこまねいて、これらの惨事を来たらすなら、いつの日にかまた同様の惨事を繰り返すカルマを積むことになるのだ。このようなカルマをどこまで浄化できるかこそ、この時代に生を受けた人類の課題であり、試練なのである。そうでなくして、どうして全世界に「主はすばらしいことをされた」と宣べ伝えることができようか。

第二章　いま甦るノストラダムス

1 試練期へのメッセージ

文豪ゲーテが傑作『ファウスト』の中で神秘の書と呼び、巨人ファウストをして、「こういう標を書いたのは神ではないか」と驚嘆せしめた『諸世紀』。大世紀末とともに生誕五百年も過ぎ去った今日、ノストラダムスに新しい光を当てようとする気運が徐々に高まりつつあるといわれる。

大予言者の霊よ。
天使により霊感を授けられた神の人よ。
ペストで墓地化した町々で
その救済に奔走した献身の人よ。
あの異端審問厳しく、教権と王権の絶大なる時勢に
死への危険も顧みず、反キリストの到来と王権の崩壊を予言した、公義の人よ、
先見者であるが故に
未来世界の悲惨と苦悩を味わった十字架の人よ。
あなたは今を去る五百年の昔に、それだけ大いなる犠牲を払って
この宇宙的大転換期にある、来るべきわれら世代に

いかなるメッセージを伝えんとされたのか。

心ある人は見よ。ここに、大予言者ノストラダムスの一生がある。

「全世界の未来の出来事を記す資格のある、唯一の人物――後世の人々よ、この人の安らぎを妨げてはならない」（墓銘碑より）

それでは、ノストラダムスをして「諸世紀」を後世に遺《のこ》させた真意は何だったのであろうか。彼はそのために異端の嫌疑を受けて高等法院に召喚され、あるいは八年間の放浪生活を余儀なくされたばかりではない。アンリ二世の死の予言が実現するや、大衆はノストラダムスの人形を火あぶりにし、喚問を要求したのだ。それにもめげず、彼は高位の人の保護に身を託して、世界の運命の行く末に没頭したという。

その意図するところを、まず「百詩篇集（諸世紀）」の序文と献呈文である「セザールへの手紙」、「アンリ二世への手紙」に尋ねてみよう。これらの手紙こそ、息子と王の名を借りて、来たるべき世代に彼が送るメッセージだからだ。

要約すると、それは遠い未来の人びとに語りかけるもので、後世の人々は、予言詩が実現する光景を幾度も目撃することによってその真実性を悟り、未来が実際にやってくるまでに心の準備ができるようになる。

そして、その予言内容は久遠の神に由来し、人類に益を与えるもので、それらが起こる時も聖書と天文学の知識を用いて確定できるという。さらに、究極的には、「神的意思によってサタンは千年の間しばられて、神と人との間に遍く平和が訪れ、人類は黄金時代を迎える」と言明されているのである。

また、成就が確認された予言詩の多くは、彼が未来的事象を目のあたりに透視していたか、啓示されていたかの証拠でもあるが、ここで予言の効用に関してパラドックスが生ずる。際立った予言の成就とはいえ、未来が定まっているなら予言的事象を回避する術はなく、人間の自由意志もありえず、生きる意味さえ見い出せなくなるのだから、そうであるはずはない。

実は、人は自分が自由だと思っているほど自由ではなく、何か大きな影響のもとに生きている。それがカルマ、過去の行為の記憶再生作用、仏教的にいう業である。のみならず、人類教導カリキュラムの一環として神から降る預言のような場合には、神的力が介入し、預言を寸分たがわず実現させることもあるだろう。

したがって、過去の予言の成就は、人類に特定の事態に気づかせるためのプログラムであって、これからの予言的未来は、人類が効果的に対処することにより、好転しうるはずではあるまいか。このような考察によって、私たちは人類絶滅戦争というが如《ごと》き法外なカルマさえ避けうべき一条の光明を見出す。

それでは、この時代の目的地はどこで、その過程はいかなるものであろうか。私たちはノストラダムスのメッセージに応えて、その解明に努力してみようではないか。そうすれば人類は、カルマの現象化の渦中にある試練期を、未来の光明をめざして乗り切ることができるであろう。

2　ノストラダムスの時間枠

「アンリ二世への手紙」と「セザールへの手紙」には、古代宇宙論と聖書年代学に関する記述が繰り返し現れるが、それらは相呼応して、ノストラダムスの予言の時間的枠組を明らかにしている。

古代の宇宙論は神話や占星術とも分かち難いもので、グノーシス神話では、まず至高神が造物主たる第八恒星天を造り、次にその造物主が七つの遊星天を造る。この遊星天は七人の支配者と呼ばれ、地上万物はそれにより運命的支配を受けるものと考えられた。

また、何人もの研究者が指摘していることだが、ノストラダムスはトリテミウスの惑星周期時代区分法（レボリューション）に従っており、世界は遊星天を司る七大天使によってそれぞれ三五四年余の期間ずつ支配される。すなわちＡＤ一五二五年までは火星（サマエル）に、ＡＤ一五二五年からＡＤ一八八〇年までは月（ガブリエル）に、ＡＤ一八八〇年からＡＤ二二三五年までは太陽（ミカエル）に、そして、ＡＤ二二三五年から土星（オフィエル）に支配されるという。

それでは、「セザールへの手紙」からレボリューションに関わる箇所を引用してみよう。

〔C1〕（節番：エレーネ本区分による）この覚え書は……神の本質が私に知らしめたことを人類の普遍的利益となるように、天文学的レボリューションを用いることにより明らかにするものです。

〔C31〕私は先述のレボリューションによって、今や死の刃が疫病やここ三世代みたことのないほど酷い戦争や飢饉という形をもって近づいてくるのを知りました。

また、「アンリ二世への手紙」にも次のような言及がある。

〔E41〕私はそれらの予言を天文学的知識と生来の直感を考慮に入れつつ、レボリューションの一連の順序にあてはめて算定しています。

〔E56〕このようなことが続いたのち、土星の支配が始まり、黄金時代が訪れます。

そして、聖書年代学に関しては、「アンリ二世への手紙」のはじめで次のように述べている。

〔E5〕それらの事件は、特に一五八五年や一六〇六年に起きるでしょう。私の天文学的推計とほかの研究によって、キリストとその教会に対する敵が増え始める七千年期のはじめに起こる、それらの事件をはるかに越える時まで及んでいます。

これらの引用から、ＡＤ一六〇〇年前後の年代が七千年期のはじめの百年か二百年程の間にあることと、前記のレボリューションによってノストラダムスの予言の時間枠の大略を知ることができる。

それだけでなく、彼は「月の周期」に関わる予言詩を「百詩篇集」の初章に四編も掲げて、この時代区分法に注意をうながしている。また、この「月の支配」の年代（ＡＤ一五二五～一八八〇年）が、三日月旗を掲げるオスマン・トルコの勢力にヨーロッパが悩まされた世紀と重なることは注目に値する。

ここに、それらの予言を掲げてみよう。

〔1：25〕大変長らく隠されていたものが発見される。
　かのパスツールは神のごとく称えられる
　月の大いなる周期を終える前に
　彼の名誉は別の風説で傷つけられよう。

〔1：62〕ああ、学問になんという損失か
　ラトナの周期の終わる前に
　火と大洪水、それ以上に無学な王権によって
　ずっと長い間、回復するまい

右記中のルイ・パスツールが一八七九年ワクチン接種による伝染病予防法に成功したのは衆知のとおりである。次詩中のラトナは月の女神ディアナの母でここでは月を指す。ノストラダムスの時代には人文主義的なフランソワ一世から武断的なアンリ二世へと代わり、その後、宗教改革の争乱を通して絶対王制へと移っていった。それらの時代には今に名を残す文化的偉人たちが現れたとはいえ、厳しい言論統制のもとでその影響もごく一部の知識階級に限られた。

〔1：48〕月の支配から二十年が過ぎて
七千年期に他のものが王国をきずく
太陽が天命を選び取るとき
わが予言も役目を果たし終える

前章で検討したように、一八八〇年頃から異邦人の時が衰え、次第にユダヤ人のパレスチナ帰還の動きが高まり、ひいては他のもの、つまりイスラエルの建国となったわけだが、それはまた、人類の試練期の始まりでもある。ノストラダムスの意図が、終わりの時にあるわれら世代に黄金時代への道を示すことなら、この予言詩は太陽の国、日本のこの時代における使命の重大さを示すものではあるまいか。というのも、次のような予言詩もあるからである。

〔5：53〕太陽と金星の法は
　　きそって予言の霊を用い
　　どちらもよく理解されず
　　太陽によって、大いなる救世の法は果たされる。

この詩の太陽は日本、金星は星の国アメリカをさすのだろうか。後章で検討するように、日本の神道系神示でも、アメリカのキリスト教系譜にあるリーディング（霊読）でも、この時代の灯となるべき天啓の情報がおろされ続けている。

最後に「セザールへの手紙」から結びの数節を引用しておこう。

〔C－24〕世界に大火災が起こる前には大洪水が頻発し、水におおわれない国は少ないでしょう。これは大変ながく続くので、記述的人種学や地誌だけが過去の名残となるでしょう。……これは終局の天変地異の少し前に起きるのです。

〔C－25〕というのも、火星がその軌道の果てを極めて周期を全うし、新たなる周期が始まるからです。……

久遠の神のご意志により、現在、私たちは月に支配されており、それは月がその周期を終えるまで続きますが、そうすると次に、太陽（の支配）が、その後には土星（の支配）がやってきます。天空のめぐるにつれ、全て計算通りに土星の統治が到来して、世界はanaroganicなレボリューションに近づくのです。……〔C－26〕……

〔C－27〕……現在、私たちは七千年期にあって、それが終わると八千年期となります。そこは第八の天球であり、それは自由な次元で、神がこの周期を終える処なのです。

3 アンリ二世への手紙 解説

(A) はじめの挨拶と導入部

最も強力、無敵できわめて優れたキリスト者であられる仏王アンリ二世へ。王の最も忠実で従順な僕である臣民ノストラダムスは王の勝利と幸福を願うものであります。


〔E－1〕……最も優れたキリスト者であられる陛下のご尊顔を拝しましてから、私は断え間なく、その素晴しい光景を思い出し、目もくらむばかりです。……〔E－2〕……この終わりの三章を献呈いたしますと千詩となり完結いたしますが、決意するのに時間がかかりました次第です。熟慮のすえ……大胆にもお便りを致しております。

〔E－3〕……これらの予言の大部分は……ヨーロッパにある多くの町や市に一致しますが、

何らかの形でアフリカにも、また部分的にはアジアにも触れ、情勢の近づく地方の変化や自然の様相が述べられています。〔E－4〕……それ故、おお最も人間的な王よ。予言詩のほとんどが難しく、解釈する術もないのであります。

〔E－5〕ではありますが、私は事件が多く起こるだろう町や市について記しておくことを望んだのです。それらの事件は一五五七年三月十四日の現在から始まり、特に一五八五年や一六〇六年に起こるでしょう。さらに、私の天文学的推計とほかの研究によって、キリストとその教会に対する敵の増え始める七千年期のはじめに起こるそれらの事件をはるかに越えた時にまで至っています。

〔E－5〕ノストラダムスは宗教改革の行末に多大な関心を寄せている。ここの一五八五年はフランスのユグノーがカトリックへの改宗か国外追放かの選択を迫られ、また、新教派のナヴァール王アンリが法王シクスツス五世により破門されて、三アンリの戦いが始まった年である。そして一六〇六年は逆に、英国でカトリック抑圧令が成立。また、ベネチアが破門された年でもある。

〔1：56〕国々はすぐ大きな変化をみる
　極度の恐怖と復讐
月が守護天使に導かれ

天はアンクリネゾン（かの傾き）に近づく

D・オバァーン（ノストラダムス大全）はこの詩がまさしく月の支配期のはじめに起こった三アンリ、つまりアンリ三世、ナヴァール王アンリ、キーズ公アンリの三つどもえの奇妙な内戦と相互復讐の結末をさす詩だとして、関連する数詩とともに占星学的解析を加えて、詳しく解説している。

〔E-6~9〕予言集の世間での影響に関する危惧などを述べ、この書簡では、真のカトリック信仰に反するようなことは何事も述べるつもりはないとして、王の理解と保護を求めている。

〔E-10〕アダムからこのかた人類の父祖たちの年代につきましては（計四千七百五十七年にわたる聖書年代の記述：略）これらの推定は正しくないでしょう。……

しかし、キリストの人類の贖《あがな》いの時からサラセンの呪うべき異端の主張まで、およそ六二四年が過ぎ、それから幾時が経過したかは明白です。

ここの六二四年（ロバーツ本による）を強調する文意が次節の予言〔E-13以下〕へ引き継がれる。その全体テーマはダニエル書の検討から推測されるように、七つの時が過ぎて始まる両度の大戦の争乱を経て、イスラエルの民の不毛の時代が終わりを告げるとともに、この混迷期を通して、光明の時代が徐々に開けてくるということである。

〔E－11〕予言的事象を表現することの難しさなどを説明している。

〔E－12〕……私の予言はおおむね、天体の運行と結びついていて、信仰者たちの痛ましい事件や恐るべき災厄の迫る様子がレンズの像が幻影のように見えるのですが、それはまず神殿の上に見え、次に地上での多くの災厄が起きるのが見え、また、これらの事が時の兆しと共に示されるのです。

(B) 両度の大戦から世紀末へ

〔E－13〕と申しますのも、神は、後に主要な二つの子どもを身ごもる大いなる婦人の長い不妊に目を留めておられます。この婦人は十八歳にして命を懸けて産みます。そして三十六歳までに三人の男子と一人の娘を残します。こうして、神は決して同じ父を持つことのない、二つの子どもを持つのであります。

〔E－14〕三人の兄弟たちは相違がありますが一致団結しており、それはヨーロッパの三国と四国が震えるごときものでありましょう。数年のうちにキリスト教会は増えます。分派が起こり、それも程なく抑えられます。アラビア人は押し戻されるでしょう。国々は連盟して新しい法ができます。

〔E－15〕ほかの子どもたちはと申しますと、最初は、足を楯にかけ王冠をかぶった猛り狂う獅子を手に入れます。〔E－16〕それから、ラテン人に仕えられ、獅子たちの中に深く侵入し、第二の震えと激しい攻撃を起こさせ、ピレネー山脈へと南下するでしょう。古代の王国は譲渡されずに、第三の人類の血の大洪水が起こります。また四旬節の間しばらく、軍神火星は姿を現さないでしょう。

〔E－13〕ここの「大いなる婦人の長い不妊」は、イエスのいう「産みの苦しみ」とも連動して、終わりの時を示す。神の二つの主要な子どもは、男子のファシズムと社会主義で、男子はドイツ、イタリア、スペインの三国、娘はソ連で、婦人の産む年は二十世期における年代を示す。ソビエト政権は一九一八年樹立、また一九二二年にイタリアのムッソリーニ、一九三三年にはドイツのヒトラー、一九三六年にはスペインのフランコが政権を掌握して、ここにファシズム三国が誕生した。〔E－14〕そして、ヨーロッパのみならず世界を震撼させる第二次大戦を引き起こしたのである。「平安に過ごしていた人々が圧迫され、世界は三人の兄弟により動乱に陥る。海沿いの都市は襲われ、飢え、砲火、流血、疫病など全ての悪が幾重にも」〔8・17〕

バルカン戦争の結果、トルコは一九一三年コンスタンチノーブルを除くヨーロッパ領のほとんどを放棄し、第一次大戦によるオーストリア・ハンガリー帝国の解体もあって、東欧やバルカン地方では少数民族が続々独立した。しかし、トルコもケマルの民族革命の余勢で一時は領土の幾分かを回復した。つまり、キリスト教国が増え、イスラム・アラビア人が押し戻されたのである。そして一九一九年のヴェルサイユ会議で国際連盟の設置が決まった。

〔3：97〕新しい法が国を占める
　シリア、ユダ、パレスチナに向けて
　異教の大帝国にひびがはいる
　月の女神がその時を終える前に

一八七〇年代のバルカン地方ではトルコに対する相次ぐ反乱から露土戦争を誘発し、バルカン諸国が独立し始めた。一方、中東では第一次大戦中に、アラブ民族が独立を求めて立ち上った。大戦後、国際連盟の決議で、シリアはフランス、ユダとパレスチナは英国の委任統治となった。

〔E－15～16〕第二次大戦でドイツは、一九四〇年四月デンマークを攻略し、西に転じてはルクセンブルグ、オランダ、ベルギーを降し、フランスに侵入してはパリを陥して、六月末にはピレネー山脈へ百キロのボルドーに達した。ここのラテン人、つまりイタリアの参戦はフランス戦中の六月十日である。

ところで、獅子を国章に持つ国は英国のほかベネルクス三国からデンマーク、スカンジナヴ

図4　獅子の図が入った国章（スウェーデン）

ィア半島に広がっている。そのうち、ここの記述通りの国章を持つ国はスウェーデンである。それゆえ、この予言はドイツの西方侵略として文字通りに実現したのである。

第二次大戦が「第二の震え」と示されるから「第三の人類の血の大洪水」とは第三次大戦をさす。

〔8：77〕第三の反キリストによって三つ
　のものが絶滅する
　戦争は二十七年続き
　異教徒は死に　囚人は追放され
　る血まみれの死体で川は赤く染
　まり大地は揺れる

また、イスラエルは強引に領土を拡張したが、現在に至るも、先住民パレスチナ・アラブ人から「古代の王国」に関して何らかの譲渡を受けたわけではない。この両者の対立がハルマゲドンの戦いの引き金となりかねないものと読み取れよう。

ここの四旬節は、イエスの荒野での試練の四十日を記念する行事で、ここでは、第二次大戦後の四十年間、軍神で表されるほどの大戦が起きないという。この期間は人類が時代の意味を洞察し、自らの浄化を果すべき時と考えられる。

けれども、私たちは不確かな平和の夢にまどろんでいるかのようなこの頃である。「平和と協調、また変化があるだろう。身分と職業、やがて低きが高きに……戦いは止み、市民訴訟や闘争があるだろう」〔9：66〕「わざわいが過ぎ世界は狭くなる。長い平和、地上には人があふれ人は空や海そして波の中を旅する。やがて新しい戦争が始まる」〔1：63〕。だが、聖言によれば、人々が「平和だ、安全だ」と言っているその時に、突然として滅びが襲いかかるのである。

〔2：46〕人類の大苦難ののちに　さらに大きな苦難が迫る
大いなるモーターは　時代を刷新し
血や乳のような雨　飢餓　銃火　疫病
空には長い炎を引く　飛ぶ火が見える

〔E－17〕娘は教会の保存のために与えられますが、その支配者は不信仰者の分派に落ちてゆきます。そしてカトリック教会から見れば、一人は信仰深く、他方は不信仰なものとなりましょう。〔E－18〕他の子どもたちはその娘を滅ぼそうとして、自らの混乱と後悔を味わうのですが、その同盟の広がりとして三つの地域を持つでしょう。つまり、ローマ人、ドイツ人、スペイン人の地域であります。

そして、北緯五〇度から五二度にある、見捨てられた地域に軍事力を用いるのであります。〔E－19〕四八度以北にある遠隔の地は空しい恐怖におののき、そのとき、その西と東と南の地域はその力の故に震撼するでしょう。そこで使われる力は軍事力では滅びないのです。〔E－20〕これらは本質的には同じなのですが、その信条において大いに異なっています。〔E－21〕このうち、不毛の婦人は第二のものよりも大きな力をもって二つの国によって受け入れられます。それは、ほかの国々に支配をもつ第二の国によって強められた第一の国とその勢力範囲を東欧に広げる第三の国です。その勢力はそこで止まって、屈してしまうでしょう。〔E－22〕一方では海から、シシリー島とアドリア海へ用心棒とともに攻撃を加えます。ドイツは敗れ、野蛮人の党派はラテンの国々から完全に追い払われるでしょう。

〔E－17～20〕社会主義はキリスト教倫理を社会的に実現するという面を多分に持っている。その支配者的ソ連が無神論国家になるという。その社会主義が、例えばキリスト教信仰を堅持するものと無神論的なものに分かれていくという。次の詩はマルクス主義をさすのだろうか。「新たな哲学の党派は死や名誉や財貨をさげすみ、ドイツの山々に自らをとどめない　彼らは権力

と追随者をうるだろう」〔3：67〕

ファシズム勢力は第二次大戦でソ連を滅ぼそうとして、後悔も及ばぬ壊滅的敗北を味わった。その同盟の地域はここに示されるとおりである。

ところで、チェコスロバキアのズデーデン地方は北緯五〇度と五二度の間に位置し、当時、約三百万人のドイツ系住民が居住していた。ドイツはヴェルサイユ条約の民族自決の原則を楯に、一九三八年ミュンヘン調停会議でその地域への進駐を認めさせ、ボヘミアなどの独立運動をたきつけて、チェコスロバキアを解体に追い込んだのである。

このことは、ソ連や中東欧諸国にナチス・ドイツの際限のない領土拡張に対する恐れを抱かせた。しかし、「四八度以北にある遠隔地」ソ連が大戦中バルト三国を併合し、ポーランドをドイツと分割したことは、事実上、ファシズムの侵略主義と同じものであった。

〔E－21～22〕ここの不毛な婦人は、ファシズム三国の二番目に示されるナチス・ドイツに反撃する勢力として二つの国が立ち、結局、それを駆逐することを受けている。また、ナチス・ドイツが史上最大のユダヤ人虐殺者であることを考えると、ユダヤ民族の不毛な状態をも含意するのであろう。

その二つの国とは、諸国に絶大な影響力を持つアメリカにてこ入れされる英国と、終戦まぎわに勢力を東欧一帯に広げるソ連である。確かに、その勢力拡張は東欧までにとどまった。そして、一九四三年七月、連合国は用心棒アメリカとともにシシリー島を解放し、そこを橋頭堡としてアドリア海からとの二面作戦でイタリア本土に進撃した。九月にはイタリアが降伏し、その後ナチス・ドイツも敗れ、ゲルマン軍団もラテンの地から追い払われた。ここに連合国の勝利が約束されたのである。

(C) 新しいバビロン帝国の興亡

〔E－23〕そののち、偽キリストの大帝国がアッチラの地に始まり、クセルクセスの大軍が降りてきます。そこで聖なる霊が四八度から甦《よみがえ》り、その偽キリストの醜行を追い払いますが、そのため偽キリスト帝国は法王とその教会に戦いを挑み、その支配はある期間、つまり、その期間の終わるまで続きます。

〔E－24〕このことの前には、世の創造以来、キリストの死と受難の後にあったことのほかなかったような日蝕があり、そして十月には驚天動地（直訳：地球が自然の運行をはずれ、永遠の闇に沈むかと思われるほど）の大きな変化が起きるでしょう。

〔E－25〕これに先立つ春には、大きな変化と覇権の交代、大きな動揺があるでしょう。これら全てが第一の大虐殺という醜行で成長した娘、新しいバビロンを生み出すのであります。そして、これは七十三年と七カ月しか続かないのです。

〔E－23〕アッチラとクセルクセスは、西方世界を脅かした帝王で、BC四八〇年ギリシャ連合軍はサラミス海戦でペルシャのクセルクセス一世の大軍勢を退け、その後盟主アテネは民主制を確立していく。一方、フン族アッチラは根拠地のドナウ河畔をさかのぼりアルプスからガリア（仏）に侵入し、AD四五一年六月西ゴート王国の北の果て、北緯四八度にあるアウレリアーナ（オルレアン）を攻囲した。

その際、市壁内の全住民は聖アニアヌスの指導のもと、援軍を求めて熱心な祈りを捧げた。まさにその絶望の極、市内に現れた西ローマの雄将アエティウスと西ゴート王テオドリックの軍勢により都市は解放され、アッチラは敗走した。この前哨戦の余勢を得て、続くカタラウナ平原の諸国民相対する欧州攻戦に勝利することができた。

当時のアッチラの支配領域は、ライン・ドナウ両川以東でウラル山脈をも越え、ソ連を頭とする東側陣営と主要部分が重なる。ここではクセルクセルスをしのぐ勢力を背景にした第二次大戦末期からのソ連の拡張が昔のアッチラの支配領域内に留まることをオルレアンの恩寵の故事にたとえ、また、ソ連が無神論国家としてキリスト教勢力と対抗しつつある期間存続するという。この間の東西冷戦は、かつて欧州連合がアッチラへの対抗上連合したごとく、ふたたび西欧諸国の統合をうながしたのである。

〔E－24〕この地球異変に関わる記述は、比喩的に、ソ連の十月革命前後の社会変動を暗示するのであろう。

〔E－25〕第一次大戦末期の一九一七年春、ロシアで二月革命が勃発、ニコライ二世が退位してロマノフ王朝は崩壊した。そして、十月革命直後に始まる赤色テロによる大量虐殺は百七十万人といわれ、さらにスターリン支配下での粛清は処刑者三百万人、逮捕者千五百万人に及んだという。両度の大戦を含め、これらの大殺戮の悲惨の中で、ソ連は古代の新バビロニア帝国のような独裁的専制支配体制を築いていった。

そのソ連は一九一八年三月首都をモスクワに移し、同年七月最初の憲法が制定された。それから七十三年後の一九九一年十二月最高会議はソ連邦消滅宣言を採択したのである。次詩中のドニエプル川の古称ボリステネスはボリシュビキ主義ともかけてソ連をさし、トーマス・モアゆかりの共産主義の成り行きを見通しているようである。

〔2：95〕モアの法則は衰えてゆく
　別のもっと人をひきつけるものの後に
　ボリステネスは最初に衰える
　別の魅力的な恵みと口舌で

〔E－26〕それから、長い間不毛であった民の中から、全キリスト教を刷新する人が五〇度から現れるでしょう。その時には、多くの国に分かれ、種々の思想をもつ人々の間に、大いなる平和と結合と調和とがみられます。けれども、それは軍部と煽動者や推進者が深いところで多様な宗教と結びつき、賢者を装おう怒り狂った王国が結びつけられるごときものでしょう。

〔E－27〕自らを解放するために捨て去りはしたものの、一層屈従することになった国々や市町や地域は、自由と全き宗教が失われたことに内心不満をいだき、左派を打倒し始め、再び右派が登場して、長い間抑えつけられていた聖なるものが先述のように立ち直されるでしょう。〔E－28〕その後マグとマゴグ（MagとMagog）がやってきて、過去に為されたことの全てを壊してしまうでしょう。教会は以前のように再建され、聖職者もその地位を回復しますが、偶像崇拝やぜいたくをはじめ、多くの罪を犯すようになります。

〔E－26〕十八世紀末から列強の狭間《はざま》で五次に及ぶ分割にあえいだポーランドは、大戦後の共産党政権下でも圧倒的なカトリック教国であった。その北緯五〇度の古都クラクフから法王に選ばれたヨハネ・パウロ二世は、東西冷戦に幕を引く立役者の一人で、キリスト教界の革命児となった。百三十カ国を訪れ、平和を呼びかけ、キリスト教各派をはじめ、ユダヤ、イスラム、仏教など諸宗教との対話と和解を試み、二〇〇五年五月世界中に感銘を与え続けた八十五歳の生涯を閉じ天国に召された。

しかしながら、世の大勢のグローバリズムの中で物質主義崇拝の流え止まず、国益至上主義の諸列強が諸宗教の対立に付け入り、世界政治の裏面で軍事支配権を争ってきたのも事実であろう。

〔E－27～28〕一九八五年ソ連書記長となったM・ゴルバチョフは新思考政策をとり対外的には東西緊張緩和を計り、対内的にも民主主義での社会主義の推進（ペレストロイカ）をめざした。けれども、それは東欧の民主化革命をさそい、また、ソ連内部でも急進改革派の台頭を招いた。

一九九一年ロシア大統領になった急進派の首相B・エリツィンは同年八月の旧勢力クーデター未遂事件を機とする連邦崩壊の流れに乗って権威を高め、一九九二年カリスマ的権力を背景に、急激な市場経済化に踏み切った。それはいわば、共産体制下での過去の全てを覆すもので、ひいては政治経済的なカオス状態を生み出し、諸民族独立運動の引き金となった。

後継者となったプーチン大統領は共和国の維持安定のため、多少とも強圧的な政治を余儀なくされた。また、ロシア正教も民主化過程の中でその権威を高めつつあるこの頃である。

(D) 不確かな未来　キリスト教の受難〔E29－E33〕略

(E) 不確かな未来　中東大動乱〔E34－E38〕略

(F) フランス革命への展開

〔E－39〕陛下、私はこの論証で予言を混乱させており、年代順も少ししか合わせていません。全てを整合させるには、天文学的手段と聖書に従って正す必要があります。私はどの予言詩にも時を定めることができたでしょうが、それを喜ぶ人は少いでしょう。

〔E－40〕（聖書年代の記述：十数行略）……このように聖書にもとづく私の計算では、天地創造以来、イエス・キリストの時まで、四千百七十三年と八カ月あまりとなりますが、多くの意見の相違もあり、私はイエス・キリスト以前については述べるつもりはありません。

〔E－41〕私はこれらの予言をレボリューションの一連の順序にあてはめ、天文学的知識と生来の直観により算定しておりますが、しばらくの後に次のような星相となる年を見い出しました。（原文十行にわたる占星術的記述：略）……この年は蝕もなく、平和の年となるでしょう。

〔E－42〕しかし、どこでもそうなのではありません。その年は長く続く出来事の始まりとなるのです。キリスト教会はかつてアフリカであった以上の迫害を受け、それが一七九二年まで続きます。その時には誰しも、それを時代の刷新だと思うでしょう。〔E－43A〕このの ちローマの人々は立ち直り始め、暗い影を一掃して往時の栄光を幾分とり戻しますが、大きな分裂や引き続き変化をもまぬがれないでしょう。

〔E－43B〕ヴェネチアはのちに、古代ローマと隔りなき勢力でその翼を高く挙げるようになります。その時にはビザンチンの大船団がリグニア人と同盟し、北の人と同盟して激しく邪魔をするので、クレタ島の人は信仰を守ることができなくなるでしょう。古代の戦士に造られた箱舟が海神ネプチューンの波間を航行します。

〔E－41〕当節の詳しい星相は、一六〇六年一月や一七八三年に何回か満たされたとされるが、次節との関わりから、一七八三年を指すのであろう。

〔E－42～43B〕この一七八三年はアメリカ独立戦争が終わり平和になった年で、当時、英仏両国は植民地戦争の渦中にあり、七年戦争の敗者フランスは報復のため、この独立戦争では植民地側に立って戦った。これらの度重なる戦争により、国家財政は破綻状態に陥り、ひいてはそれが大革命への導火線ともなったのである。

そしてフランス革命では、旧制度と結びついていたカトリックとの対抗上、宗教的権威の一切を否定し去り、その代用としての理性信仰にのめり込んでいった。まず一七九二年にはキリスト生誕紀元のグレゴリオ暦を共和暦に改め、教会を国有化して、反抗僧を続々処刑していった。

追放された聖職者も五世紀前後の北アフリカのヴァルダン族の五千名もの砂漠追放をしのぎ、実に三万五千人に及んだ。そして、オペラ女優を理性の女神として議事堂に連れ込み、「今よりのち理性以外の神を信ずるなかれ」と宣言し、ノートルダム寺院をその祭壇に献じたのである。

けれども、一七九九年十一月のナポレオンのクーデターで大革命が終わると政教協約の和解が成立した。旧教皇領も間もなく大部分が戻り、各国のカトリック復興運動と相まって、ローマはその威信を回復していった。しかしながら、教皇領国家はナポレオン帝国への併合やイタリア独立運動の中で揺れ動き、ついに一八六九年イタリア統合の折、終焉した。

今日、この大革命を時代の大刷新であったことを否む人はいない。なお『ノストラダムス大全』によれば次詩中の星相はまさしく革命勃発の一七八九年を指すという。

〔1：16〕土星（鎌）が双魚宮（池）　人馬宮の近く
火星が高揚の座　磨蠍宮で合
疫病、飢饉　軍事活動による死
時代は刷新に近づく

〔E－43B〕ノストラダムスの晩年、地中海でのオスマン帝国の勢力は頂点に達し、かつての覇者ヴェネチアは劣勢に甘んじていたが、一五七一年のレパント海戦の勝利で勢力を挽回した。しかし、ヴェネチアは教皇庁との対立で一六〇六年に破門されたのち、次第にイタリア北方や北西（リグリア）を治めるカトリック勢力の圧迫をうけ、ついに一六六九年勢力の要であったクレタ島をトルコに譲渡するに至った。それ故、島民は信仰を守るのも難しかったであろう。

（G）反キリストの繰り返す波

〔E－44B〕アドリア海で大いなる不和があり、結ばれたものがバラバラになり、以前大きな市であったものが家になります。また、ヨーロッパのメソポタミアと列強を巻き込み、四五年にほかのものは四一年と四二年、さらに四七年に起こるでしょう。

〔E－45〕そのときこれらの国々では、悪魔のような力がイエス・キリストの教会に逆らって立ち上がります。それは第二の反キリストで、その時世の王たちの力が教会と真の法王を迫害するのです。この王たちは無知のゆえに、狂人の手にする剣のような鋭い言葉によって煽《あお》り立たされるでしょう。

〔E－46〕前述の反キリストの支配は、その時代のはじめに生まれた彼とリヨンのもう一人が死ぬまで、モデナとフェルラーラから選ばれた人と結ばれ、アドリア、リグニアと大シシリー近隣によって保たれるでしょう。〔E－47A〕そして、ガリアのオグミウスは大軍を率いて、大サン・ベルナール峠を越えて行き、その帝国のかなたでも大いなる法が示されます。

〔E－44B～E45〕第一次大戦はサラエボでのオーストリア皇太子暗殺に端を発し、アドリア海を中心に全ヨーロッパに波及した。その結果、オーストリア・ハンガリー帝国はバラバラに解体し、国々が続々と独立した。また、ローマ法王はこの大戦を機に、平和調停者としての威信を高め、一九二九年ラテラノ条約でローマのバチカン丘を中心とするバチカン市国がローマ法王の家となった。

そしてヨーロッパのメソポタミア、すなわちエルベ川とオーデル川に挟まれた地域では、一九四五年第二次大戦の大詰めベルリン攻防戦を迎えた。

さかのぼれば、一九四一年夏、ヒトラーは対ソ連戦を宣告し、電撃攻撃をしかけた。しかし、ソ連の焦土作戦と例年にない寒波にはばまれ、モスクワの垣間見る地点から涙をのんで徹退した。その翌一九四二年夏のスターリングラード進攻も失敗し、この両度の攻防戦がドイツ軍をして致命的な危機に直面させたのである。

最後の一九四七年という年は、共産主義封じ込めを意図するマーシャル・プランが発表され、他方、共産側でもコミンフォルムが結成され、いわゆる東西冷戦が始まった年である。その雲行きの中で、中東ではパレスチナ分割案の成立が内戦を誘発し、インドシナ半島では反動化したフランスがベトナム侵略戦争を進め、極東では朝鮮問題が国連に持ち込まれた。すなわちこの年は、中東戦争、ベトナム戦争、朝鮮戦争の種がまかれた年である。

〔E－46〕ナポレオン帝政下の警察大臣ア・フーシェは恐怖時代には解放市リヨンでのジャコバン派遣代表として、二千名にのぼる大虐殺で名を轟かせた。彼は皇帝出陣中、パリ政府を指揮する実質的な首相として振舞い、後の百日天下から王政復古と五度も警察大臣に返り咲くなど、この時代を通してその権力を行使し続けた。一代の英雄と陰謀策士たるこの二人は一八二〇年暮れから翌春にかけて相次ぎ死去し、ここに激震の時代も幕を閉じた。

〔E－47〕顧みれば、かのエジプト遠征中にイタリア攻略の実をオーストリア軍に奪われんとする中、急きょ、帰還したナポレオンはクーデターで政権を握り、一八〇〇年五月雪残る大サン・ベルナール峠を経てアルプスを越え、マレンゴの決戦で奇勝して帝冠への道を固めたのであった。なお、オグミオスはケルト民族の英雄神である。そして、帝国盛期のイタリアは英艦が守るサルディニア、シシリー両島のほかはことごとくナポレオンに服属する衛星国にされてしまった。

すなわち、革命に共鳴する市民運動を煽って倒したモデナ公国と教皇領北部のフェルラーラからなるイタリア王国は自ら王となり、アドリアの主ヴェネチアには親仏王権を据え、リグリアの主ジェノバはリグリア共和国として併合し、半島南部のシシリー島近隣のナポリ王国には兄ジェセスが国王として封ぜられた。そして、これら諸国にはナポレオン法典をはじめ、フランス流の諸制度が導入されたのである。

(H) 不確かな未来　第三の反キリスト

〔E－47B〕ある期間の後、権力にのし上った罪人《つみびと》により、罪なき人々の血がおびただしく流されます。それから大きな変動によって、物事の記録が失われる程の損害がアキロン（北風）の人々に起こります。

〔E－48〕神のご意志によってサタンが縛られ、人々の間に普遍的な平和が訪れます。実利主義が有害な誘惑でかき乱そうと致しますが、イエス・キリストの教会はすべての苦難から解放されます。これらのことがおよそ七千年期に起こるのですが、もはやイエス・キリストの聖所はアキロンから来る無信仰者によって踏みにじられることはありません。世界は大動乱に近づきますが、私の計算によれば、時の進行はいっそう進んでゆくのです。

〔E－49〕数年前に息子セザール・ノストラダムスに宛てた手紙でも、私は予言的なことは別としてこれらの点を明らかにしたのですが、陛下、この文書では来たるべき世代が目撃するだろう驚くべき事件をいくつも含んでおります。

〔E－50〕この天文学計算によりますと、聖書と合致しているのですが、聖職者への迫害はオリエントの人々と結ばれたアキロンの王たちの権力で始まり、それはアキロンの第一の王が衰えるまで十一年くらいの間続きます。

〔E－51〕そのあと南の国々でも同様なことが起こり、そこでは三年の間、悪と戦う信者の上に絶対的権力を握る人の使徒的誘惑により、教会の人々への迫害がひときわ激しくなります。神の聖なる民や神聖な掟の遵守者も厳しい迫害に苦しみ、それがため、真の聖職者の血がいたる所で流されるでしょう。

〔E－52〕その時世の恐ろしい王は追随者によって、潔白な聖職者の血を誰も飲み干せぬブドウ酒の量ほど流したと称えられるでしょう。この王は教会に対し途方もない罪を犯し、人々の血が公の道や聖堂でまるで豪雨のように流され、近くの川は血で赤く染まります。一方、海戦でも水面が赤くなるので、ある王は他の王へ、戦いで海が染まったと報じるでしょう。

〔E－53〕この年と続く何年かの間に発生する極めて恐ろしい疫病が、それに先立つ飢饉とで被害を拡大し、キリスト教創始このかた類のなき惨状がラテン一帯に蔓延《まんえん》し、スペイン地方にも爪痕を残すでしょう。

(1) 不確かな未来　ハルマゲドンの戦い

〔E－54〕そのときアキロンの第三の王は人々の基本的権利に関わる不平を聞き入れて大軍を

起こし、近来の先人の窮境をものとはせず、ほとんどのものを元の状態に戻します。聖衣の法王は前の地位に復しますが、やがて孤立し見放され、異教徒による破壊された至聖所に戻ります。それから、新・旧聖書も投げ捨てられ、燃やされてしまうでしょう。

〔E－55〕そのあとで、反キリストが地獄の王となります。さらに最後ではありますが、キリスト教国の全てが、不信仰者でさえも、二十五年にわたって震撼します。いっそう悲惨な戦争が起こり、都市や城、聖堂などがみな破壊され炎上してしまうのです。婦女子は暴行され、乳飲み子が町の壁に投げつけられるでしょう。地獄のサタンによりあまりの悪事が犯されるので、全世界が荒廃し、ほとんど破滅してしまいます。

これらの前には、異相の鳥が「今だ。今だ」と叫びますが、それも程なく姿を消すでしょう。

〔E－56〕このようなことが長く続いたのち、再び土星の支配が始まり、黄金時代が訪れます。創造の神は人々の苦悩を聞き、サタンを奈落の底に幽閉するよう命ぜられます。そうして、神と人との間に遍く平和が訪れます。サタンはおよそ千年間しばられ、その後にまた解放されるでしょう。

〔10：8〕グリフォンのようにヨーロッパの王者が来る
アキロンの国々を伴い
赤と白と大軍団を指揮する
そして、バビロンの王と対決する

〔8：77〕反キリストが三つのものを滅ぼし
戦は27年も続く
異端者は殺され捕囚は追放
屍の血は流れ　山河を染めん

〔10：65〕おお広大なローマよ　汝《なんじ》に破滅が近づく
汝の城壁でなく汝の血統と本質が失す
辛らつな言葉が分裂を生み
鋭い剣が袖まで貫くだろう

〔10：42〕天使的子孫の人類の治世
平和と協調のもとに統治する
紛争を半ば封じ込め
平和が長く維持されるだろう

(J) 結びの挨拶

〔E－57〕これらの様相のすべては、聖書と目に見える空の様、つまり土星、木星、火星ならびに他の惑星の合相と正しく一致しておりますが、いくつかの四行詩において、一層はっきりとご理解いただけるでしょう。より詳しく予測し、相互に関連づけた方がよいのですが、ご覧ください陛下、あのものたちが非難し、厄介を起こそうとしますから、私はこのあたりで筆をおき、夜の休息に向かわせていただきます。

〔E－58〕最も力ある陛下、間もなく異常な出来事が起きてまいりますが、全てをこの書簡で述べるつもりはありません。

〔E－59〕慈悲深い王様、陛下の類まれな思慮深い人間性のゆえに、光輝あるお姿に接してよりこの方持ち続けております、陛下の卓越したご尊厳に従順でありたいという、私の心からの願いをご理解いただきたいばかりです。その時こそ、私のこの労も栄誉あるものとなりましょう。

ミカエル・ノストラダムス
サロンより　一五五八年六月二十七日

4 フランス革命

ここでは、ノストラダムスが「その時には誰しも、それを時代の変革だと考えるだろう」と評したフランス革命に関わる予言詩を調べてみよう。

〔3：49〕フランス王国　汝は大いに変わる
主権は　ほかの身分に移され
新しい法や慣習が取り入れられる
ルーアンとシャトルではあたう限りの暴挙がなされる。

〔1：3〕駕籠が一陣の風で倒され
人々の顔がマントで覆われる
共和国は新しい人により悩まされ
そこでは白党と赤党が反対の判断を下すだろう

〔6：23〕王は侮辱され　貨幣の価値が下がる
人民は王にさからい

和解　新たな事件　立派な国法
かくもひどい騒乱は　いまだかつてパリになかった

これらの詩は、フランス革命を全般的かつ正確に予言している。一章三番では貴族階級を支える旧体制が上流階級専用の駕籠で示され、それが革命の風で倒されるという。赤と呼ばれた共和派と白の王党派が対立する熱狂の渦の中で、恐怖政治が法律という隠れマントの保護のもとで猛威をふるう。

一七八九年五月、今や活力に溢れる第三身分会は進歩派貴族や下級司祭の協力で国民議会を成立させた。パリ市民も七月には五万人に及ぶ抵抗組織でこれを守らんと立ち上がり、バスチューユ牢獄を陥落させた。ここに至り、ルイ十六世はパリ市役所に新任市長を訪れ、革命の象徴である三色帽章をつけて、パリ市民との和解を示した。しかし、パリの革命は全国各地に波及していった。ここのルーアンとシャトルは共にパリ西部の激戦地である。

国民議会は、一連の英仏植民地争奪戦の相つぐ戦費で破算状態にあった財政を立て直すため、国有化した教会財産を担保とする債券アッシニャを発行した。「聖なる掟は全く荒廃し、全キリスト教は他の法の下におかれる。そのとき金銀の宝庫が見つかるだろう」〔1：53〕なるほど、教会財産はかなりの宝庫であった。しかし、発券銀行が手持ちのアッシニャ処分のため、商品の投機的買い付けに及ぶと貨幣化したアッシニャの減価が民衆の生活をおびやかし、革命の急激へ導く原因ともなったのである。

ここに、新たな事件が発生した。一七九一年六月二十日ルイ十六世が灰色の僧服に変装し、王妃とオーストリアへ脱走を企てたのだ。「灰色の服を着た黒い（noir）修道僧がバレンヌへ選ばれた首長たちが大騒動　血、火、ギロチンを招く」〔9：20〕ここのバレンヌは王が国境地方に逃げようとして捕えられた地で、千人足らずの山村である。また、（noir）は王（roi）の綴り変えである。帰還した王室からはもはや人心も離れ去り、心理的にはこの日すでに共和制が始まったといえる。

それから一年後、民衆は諸要求を掲げてチュイルニー宮殿に集結した。その際、王が僧帽と呼ばれる、革命的市民がつけた赤色帽を被ってみせると、民衆は喝采して揶揄したという。「夫は一人僧帽をかぶされ帰還　五百人によって戦闘がチュイルニーで起こる」〔9：34〕

ついに一七九二年八月十日、人民のデモがチュイルニー宮殿を襲い、その際、五百三名のマルセイユ連盟兵が王宮になだれ込んだ。その結果、国王一家はタンプル寺院に幽閉され、ここに王権の停止が宣言されて、ユーグ・カペー以来八百十三年続いた支配が倒れたのである。「大都市の共和制は　苛酷で容赦せず　王は都市の扇動家に連行される」〔3：50〕

その翌八月十一日国境のプロシャ軍が進軍を始め、九月二日朝にはパリを守るべき砦ヴァルダン包囲の報が伝えられた。「武器を取れ、敵軍が市内に迫った。マルス練兵場に集結せよ」その二十日後、ヴァルニー勝利の報が届く。激しい砲撃のひびきをつく、全フランス軍の「国民万歳」の叫びにプロシャ軍歩兵の足も止まり、折しもおそう夕刻の豪雨に戦意もくじかれ、プロシャ軍は翌朝早々退却していった。革命精神の勝利である。プロシャ軍中で観戦していた文豪ゲーテは「この日より、世界史の新しい時代が始まる。」と書き残している。
しかし、革命十二人委員がこの危機に際し設けた国家公安委員会のもとで、一年ほど後から恐怖政治が始まるのである。「十二人の赤い人が　その布（Cappe）を汚し、殺人につぐ殺人が犯される」（4：11）ここのCappeはHuge Cappeの子孫の王と王権を表す。また、敵軍の接近と警鐘の乱打は市民の良心をマヒさせた。市民達は急きょ模擬裁判所を組織し、反革命的扇動者や反抗僧に死刑を宣告しては、続々と処刑していった。

〔8：19〕苦難のCappeを保つために
　赤い派は王を盛り立てて進み
　死によって、王の一族のほとんどが滅ぶ
　赤の赤い派は　赤い派を打倒する

ヴァルミー戦勝ののち、王権は廃止され、九月二十二日が共和暦一日とされた。そして、翌一七九三年一月にルイ十六世が、次いで十月には王妃アントワネットが断頭台の露と消えた。その息子の最期はさだかでないが、ノストラダムスは、「若いルイは王宮をはなれ……復活祭の日に寺院で殺される」〔8：45〕と記している。こうして王一族は王女一人のほか、王の愛人ベリー夫人も死すべき運命をたどったのである。「継承した支配権力は王を有罪とし、王妃もくじで選ばれた陪審員により死に付される　彼らは王妃の息子にも生命を拒み、また愛人も

配偶者としての運命を分かつ」〔9：77〕

　恐怖政治が次第に高まるとともに、一七九三年にはキリスト教が廃止され、理性信仰が掲げられた。そして、王を救おうと望んだ穏健的赤派ジロンド党は、ロベスピエール率いる急進的赤派ジャコバン党により続々とギロチンに送られていった。赤の赤い派が赤い派を打倒するという表現以上の簡潔なフランス革命の成り行きについての要約はありえないだろう。

　そして、小ブルジュア独裁の恐怖政治に対する反動が起こり始めた。「反乱の町で、主だった市民が自由を回復せんと立ち上がり、男たちは首をはねられ　なんと不幸な争いか　ナントの泣き声と金切り声　見るも哀れな光景だ」〔5：33〕ナントに逃げ込んだ反革命のヴァンデ人六千人が銃殺刑と溺死刑で惨殺されると、その恐怖は市民の激しい同情をかきたて、自由回復を求める反乱が起ったのである。

　こうして、テルミドール派、ついで王党派が台頭する。「Pau, nay, Loron　血筋より戦さの人で　大いなる者　合流の地に逃げる　彼はカササギが入り混むのを拒み　パンポンデュランスが彼らを幽閉しつづける」〔8：1〕ここの地名を変換するとNAPALON ROYすなわちナポレオン皇帝の登場となり革命も終わりを告げるのである。

第三章　宝瓶宮時代《アクエリアス・エイジ》への道

1 宝瓶宮時代

宝瓶宮時代《アクエリアス・エイジ》とは

天文学上、春分点は年々移動し、二万五千九百二十年を経て一周する。このプラトン周年を十二等分したプラトン月が黄道十二宮の名を付して呼ばれ、おのおのが二千百六十年の独特の性格をもつ時代と考えられている。

これに関する心理学者ユングの言及は、無意識の深奥を生涯かけて探究した大家の言だけに、重要な意味をもつ。ユングは生涯の進路を第一次大戦の予兆的幻視によって決定づけられ、第二次大戦前の一連の講演では、集合的無意識が群集に与える影響の恐ろしさを指摘し、全体主義の行く末に的確な警告を発していた。その彼が第二次大戦後間もなく新たな大破局の切迫を告げ、それを時代の転換期として警鐘を鳴らしているのである。

すなわち、「時は次第に迫って来る。いまや一刻の猶予なく、文化を担った人類はその根源に思いを致し、生存か滅亡かの問題に立入った討議を加えなくてはならない。なぜなら、いま人類を脅かしているものは、先のヨーロッパの破局などはほんの開幕前の前奏として、いずれも舞台の片隅に押しのけてしまうからである」（一九四六年『ユングの文明論』）

さらに、「すでに、古代エジプトの歴史から知られるように、プラトン周年の一つの月が終わり、次の月が始まる際には、心理的な転換現象が起こるものである。どうやら、心理的優性形質、すなわち元型や神々の布置に変化が生じて、それが集合的な魂に長期的な変容を伴ったり、その原因となったりするらしい。

この変化は歴史の流れのなかで起こり、その痕跡をはっきり残してゆく。まず、金牛宮の時代から白羊宮の時代への、ついで白羊宮の時代から双魚宮の時代への移行のときがそうであった。そして、双魚宮の始まりはキリスト教の成立と時を同じくしている。われわれはいま、大きな転換期にさしかかりつつあるが、それは春分点が宝瓶宮に入るときと考えてよい」（一九五九年『空とぶ円盤』）

占星術からの説明では、この試練期は小宇宙、世界の穢《けが》れをきよめるべき使命の時にあたり、水と火による浄《きよ》めの時代だという。また、女流占星術者ルル・ラブアは宝瓶宮時代を次のように説明している。

「この時代は地上の悪が一掃され、世界に平和と人類愛が甦ってくる時代である。またこの時代には、今までの一切の思想や観念や宗教、国籍や人種の差異に影響されない、水晶のような清浄な魂と透明な精神をもった人類――水晶人種が出現すると言われている。それらの人々は、大艱難の時代にあっても幻惑されることも押しつぶされることもなく、目覚めた意識をもち、

図5　星座

人生の意義と自己の本質を認識し得た人々のなかから現れてくるだろう」

ここに、「二十世紀の預言者」と呼ばれたエドガー・ケイシーはじめ何人かのリーディング（霊読）を掲げよう。ケイシーは催眠下で一千万年の過去から未来へ、宇宙の果てから人体内部まで時空間を自在に透視し、多様な分野の学識豊かな人々の研究心を刺激するリーディング資料を残している。そして、世界各地に広まる千五百有余のグループが熱心な研究を重ね、多大な成果を引き出している。

ケイシーは古《いにしえ》の預言者の風格も濃く、私たちが生きている間に主の日、天啓時代、新秩序の時代、協調の時代を迎えることができると何回も述べてきた。また、「太陽活動の周期はいろいろな面で太陽自身の経路に関わっており、双魚宮時代から宝瓶宮時代の遷移期と全く重なる時期に、これらの変化が起こるだろう」と述べている。

問……アクエリアン・エイジは「白ゆりの時代」と述べられていますが、それはなぜですか。

答……純粋性、それが表す純粋性だけが、その道を見出さんとする人々の前にある、あの目覚めを理解できるだろう。

問……アクエリアン・エイジの始まりの時を与えることができますか。

答……これは経験する期間として、すでに示されたが、それは影響を与え始めた時である。一つの時代から次の時代へと部分的に重なっているのである。すでに示されたように、私たちは一九九八年には十分理解し始めるだろう。

問……約三百年前、ヤコブ・ベーメは魚座の時代から水瓶座の時代に移行するこの危機の時代に、アトランティス大陸が再浮上すると予言しましたが、それは何年頃起きるのでしょうか。

答……一九九八年に、今起こっているゆるやかな変化が形成してきた活動が大きく現れてくるだろう。これはつまり、太陽の活動周期が、太陽がさまざまな活動領域を通過することに関連する期間が、魚座と水瓶座の間で一番大きく変化する時期にあたるのだ。この時期の地球にとって、これは急激な変化でなく、ゆるやかなものである。

「一九九八年には、古の記録に示されるあの影響の支配が始まるだろう」あるいは、「地球の変化は一九五八年に始まり、大隆起と両極の転移に終わる。ところで、一九九八年にはエジプトのセム系寄留者たちが伝えた多くの記録に示されるあの影響の支配が始まるだろう」

「今日、地上に存在する人はすべて汝の同朋である。およそ神を忘れてしまった人は全く除外されてきた。また人々が〈主なる彼は神である〉という言葉を聞く機会のない場所が、この地上になくなる時期が来ている。そして、告げられてきたように、この時期が完了する時、新時代が始まる」

「世界が意識の時代、アクア・エイジ、新時代に近づけば近づくほど、古い時代が終わり、新しい時代が大いに力を振うことができるように、多くのことが急テンポで起こることになります」（A・アブラハンセン・リーディング）

「新時代の局面は、アクエリアン時代が七つの黄金の段階に引きあげられることから来る。これらの各段階は、求めている人々にとっては、その意識の到来をもたらす一連の発展的助力である。求めていない人々は、彼の意図であるものと彼らの原因そのものを表現するだろう。つまり、宇宙法則そのものがそれらの周期の完成を実現するだろう。もし、人が探究者であるなら、その時には、その周期の七つの光線、つまり、あの意識、言いかえると超意識、全てに及ぶ意識、しばしば神意識と呼ばれるものの達成となるだろう。従って、この時代は覚醒の時代

である」（アル・マイナー・リーディング）

聖書との関わり

「マタイ伝」で何回か使われる「世の終わり」の「世（アイオーン）」は一つの周期の時代という意味をもっている。それ故、「世の終わり」というのは太陽周期に従うプラトン周年、世界年ともいうべき大周期が転換する時期とも解釈できる。この解釈を確実にするのが聖書からの次の引用である。

「あなたがたが罪をぬぐい去っていただくために、悔い改めて、神に立ち返りなさい。それは、主の御前から回復の時が来て、あなたがたにメシアと定められたイエスを、主が遣わして下さるためなのです。このイエスは昔から聖なる預言者たちの口を通してたびたび語られた、あの万物の改まる時まで、天にとどまっていなければなりません」（「使徒行伝」三章）

すなわち、ここでの「万物の改まる時（アポカタスタシス）」が、天文学の文献では、星がその出発点に周期的に還帰することをさすという。だから、この引用文は聖書の「世の終わり」がまさしくこの天界現象の移行期であることを説明しているわけである。

聖書外典の黙示「エズラ第二書」は、このような時代的意味を明らかにしている。私たちは、次の引用が示すように、自分の家、つまり魂の器たる身体と自らの意識を整えるべき、宝瓶宮時代を迎えんとしているのである。

「さばきの日はしかと定められ、すべての真理をあらわさん。……その日はこの代の終わりにして、来たるべき不死の代の始めなれば、そのとき朽つる者は去り、罪の耽溺は終わり、不信仰は断たれ、正しきは増し加わり、真理は現れるなり。……これこそモーセの語りしことなり。生きんがために、みずからの命を選べと。……世に地震、民の騒ぎ、国の陰謀、指導者の動揺、君主たちの不安現れんとき、そは始めより、いにしえの日より、いと高き者の言い給いしことなるを悟るべし。……

世は若さを失い、代は古くなり始めたればなり、世は十二に分けられ、その九部まですでに去り、第十部の半ばに達せり。されば、第十部の半ばのほか、残りおるは二つの部分（双魚宮時代と宝瓶宮時代）なり。されば、汝の家を整えよ。……今よりのち朽ち果つべき命を捨てよ」

（エズラ第二書）

「見よ。全世界が拳闘場の剣士のように立ち上がり、ただ血を流さんばかりに戦うだろう。……そして、これまで見たこともない異変がその時天地に、日月星辰に現れるだろう。……しかし、闘争が水陸に荒れ狂っている間に、平和の君は空の雲の上に現れて言うだろう。〈平和、地に平和、人はみな剣を捨て、諸国民はもはや戦いを学ばないだろう〉と。

その時、水瓶を携えた人が天の曲がり角を横切って歩み、人の子のしるしと印が東天に現れるであろう。その時、賢き者は頭をあげ、世の救いが近いことを知るであろう」（「宝瓶宮福音書」百五十七章）

また、現在はいまだ双魚宮時代の最後尾にあたり、春分点が宝瓶宮に入るのは二百年程先のことである。それまで宝瓶宮の影響は高まり続け、これまでに積み重ねてきた悪弊の全てを浄化するのだから、ここ二百年ほどは社会的にも地殻的にもある程度の変化は免れないものと考えられる。

ところで、一九三三年に「ユダヤ人に対するヒトラーの態度を分析してください」と求められて、ケイシー・リーディングは「彼らの扱っていることの性格は……なんと古に与えられたみ言葉の表現どおりであろうか。……それらのとられている態度はむしろ、予言されてきたことの成就であり、地上あまねく訪れる帰還の始まりである」と説明している。

そして、第二次大戦が始まった一九三九年九月、その戦争の意味を尋ねられて、ケイシーを通しての声は「ダニエル書の終わりの二章を読んで理解しなさい。そのうえで申命記の三十一章を読めば分るだろう」と答えているのである。ここに私たちが「ダニエル書」をはじめとする聖書の検討を進めてきた意図が了解されよう。

では、ケイシー・リーディングが指摘する「申命記」（三十一章）は何を教えるのか。意図される箇所は、「七年の終わりごとに、すなわち免除の年の定めの時、仮庵の祭りに」という章句のほか見出しえない。それ故、仮庵の祭りの象徴的意味を理解せよということなのであろう。

さて、出エジプトの際、約束の地カナンを目前にしたイスラエルの民は、神の命で四十日間その地を偵察した。その報告で強力な民の存在を知ると、民は数々の力強い神の業を目撃していながら、約束の地への進入を拒んだ。それは神の怒りを招き、偵察に要した日数の一日を一年と数えて、イスラエルの民は四十年間の荒野放浪の間、仮庵に住むことになったのである（「民数記」十四章）。説明に必要な引用を重ねよう。

「あなたがたは七日間、仮庵に住まなければならない。……これは、わたしがエジプトの国からイスラエル人を連れ出したとき、彼らを仮庵に住まわせたことをあなたがたの後の世代が知るためである」（「レビ記」二十三章）

「その日、わたしはダビデの倒れている仮庵を起こし、その破れを繕ろい、その廃墟を復興し、昔のようにこれを建て直す」（「アモス書」九章）

この引用中の「ダビデの倒れている仮庵」の意味は、次の引用で明らかとなるであろう。「征服者は多くのアブラハムの子らを捕虜として外国に拉し去り、イスラエルの神を知らぬものが反ユダヤ時代の終わるまで、エルサレムの大道を闊歩《かっぽ》するであろう」（「宝瓶宮福音書」百五十七章）。ここでの「反ユダヤ時代」がイエスのいう「異邦人の時」であり、また「ダビデの仮庵の倒れている期間」を意味することは明らかであろう。

「さて、仮庵の祭りが終わりの大いなる日に、イエスは立って大声で言われた。〈誰でも渇いているなら、わたしのもとに来て飲みなさい。私を信じる者は聖書の言っているとおり、その人の心の奥底から、生ける水の川が流れるようになる〉」（「ヨハネ伝」七章）

すなわち、免除の年を迎えた今日、生ける水である神の霊性が豊かに注がれるに違いない。このような、人類にとっての最重要事をこの時代にまで伝えるためにこそ、イスラエルの人びとはオリーブやなつめやしなどの野性の木の枝で造った仮庵に一週間も住むなどという、他愛のない祭りを生真面目に守り伝える必要があったのである。

「汝ら覚者は過去の人間ならず、久遠在住現在者《くおんにましますうつそびと》、世界の種智者にして、万人内在《うち》にて持ちたもう、それ心王におわすなれ。視よ。この衮龍《ころも》、かつては釈迦牟世尊とイエス・キリストと、またマホメットと老祖とも呼ばれたるなり、汝ら真人《かれ》は人類の原型人の象徴《シンボル》なり。真たり善たり美たる鏡なり。真に真人は汝の直日霊《なおひだま》の、汝のために汝の生命本源より現れ来たるものなり。……

汝ら、天地の初発のとき高天原になりませる。イザナギの尊、イザナミの尊は人類根源の霊人なり。人類内在の久遠に不死なる理念の人なり。永遠に大宇宙に鳴りわたる生命名樹の言、生命成実の言なり。われは凡ての人の真人なり。人間はわが宮居、わが軀《みま》なり。汝はわれの差別身、われは汝の普遍身。われは全愛の生命の象徴にして叡智の光明の来現者なり。

汝ら、正に聞くべし。われの此の世に来れるは、永遠の霊の王国を、汝らの心の世界に建てんとて来るなり。われは永遠の平和、天の国の訪れにして、永遠の国をロゴスのうちに秘めて、これを汝らの心に与う。こはすなわちメシアの再臨、みろくの下降の世とぞなりにし証果《しるし》なり。その再臨のキリストも下生の弥勒なるも、凡ては宇宙の生命《ち》神格《ち》の智恵と慈悲との御手なれば、世に来たりては恩寵と真語を語りて、救霊の光となるも聖旨《みむね》なり」(「スフィンクスの聲」天祖光教聖典抄約)

ファティマの予言とイエスの講話

リスボン北方の山村ファティマで第一次大戦たけなわの一九一七年、聖母マリアが三人の牧童に六回にわたり出現された。その三回目の出現の際には警告の予言が与えられ、奇跡が予告されていた最後の出現の時には、五万人を超える大群集が太陽の乱舞する大奇跡を目撃したという。警告予言は「戦争は近づいていますが、ピオ十一世の時代にもっとひどい戦争が起こります」というもので、それは第二次大戦として実現した。

レイ・スタンフォードは、これに関する興味深いリーディングを与えている。それによれば、太陽の奇跡は三日三晩続く宇宙的大異変を予告するものだという。そして、法王の受難とともにあまり衝撃的なため公表されなかった指箴《ししん》の主要内容が次のように明かされているのである。

「人類が霊性に立ち戻らないならば、人類の三分の二が絶滅するほどの戦争が起こります。そしてのち、戦争と暴動、憎悪と侮べつの歯がみに疲れ果て、人類は霊性を再評価し、心と身体や物質面で正常な状態に復するでしょう。その苦難に打ち克ち、長寿に恵まれた人は、円熟した老境を迎えるように、人類のうちに光明と相互理解と平和とが一新して現れる時代を迎えるでしょう」

けれども、聖母マリアは次のように求められた。

「いろいろな宗教にあって指導的立場にある人々が、さらに、どのような信条であれ、誠実な人々が祈りをもって自ら沈潜し、主を知ろうと一意専心することです。そうして、これらのことが起こらずに済むよう祈りなさい。まだ、その望みがあるからです」

また、リーディングによれば、イスラエルは人類の意志を表象し、他方アラブは生命力の自然な発現を表象するという。そして、まずはじめに意志が愛に立ち戻り、諸々の苦悩の故に生命力をこぼちとがめることを中止する必要があると告げたのち、次のように述べている。

「全体としての人類の意志が愛に立ち戻るならば、宇宙―太陽異変は避けることができる。また、イスラエルが愛に立ち返るならば、ファティマの指箴が警告している戦争を避けることができる。しかし、人類はカルマと呼ばれる心と記憶との再生作用にとらえられ、恩寵と悔い改め、ならびに愛と祈りに立ち戻ろうとしない傾向にある」

その後、パウロ六世が世界各国の教会首脳に送ったという、未公開部分の抜粋によれば、二十世紀後半に神が人類に大試練を下すという。国の最高部がサタンに支配され、世相もサタンに導かれる。そして大戦争が起こり、ロシアがいましめの苔となる。天からは火が降り、太洋の水は蒸気のようにわき立つ。このような大艱難ののち、やっと人類は神に立ち戻るというのである。

このファティマの聖母出現から三十年ほど後の一九四八年、イエス・キリストが南ア連邦のマクドナルド・ベイン博士に神懸りされ、実に十四話に及ぶ講話をされた。その内容は真理の核心を解き明かすもので、数人の証言を添えて、『心身の神癒』（霞ヶ関書房）として刊行されている。その中から、この時代の意味に関わる短文を引用しよう。

「今日、世界で起きていることは、人類の裡なるみ霊の湧きあがる動きによるものである。わたしは扉を開いて、無限の生命なる大河が流れ出で、すべての国民に溢れるようにする。それはダニエルが霊視したことだが、あなたたちの間で演じられつつあるからである。……各天体が地球にいろいろの影響を及ぼしている。すべては、宇宙の大築造主によって定められている。ダニエルの霊視像はこれらの太陽天使の表現の一つである。波長の映像である。太陽天使はこの地球そのものと地球に生存するあらゆるものの発展と向上のために働いている。その終局とするところは平安と愛である。

新しいエルサレムを先触れするもろもろの前兆が天空に出ている」（第十一話）

このような聖母マリアやイエス・キリストの出現は、私たちがまさに聖言成就の高まりゆく時を生きていることを示し、この試練期をいかに生きるべきかを示唆するものである。

「天は古い昔からあって、地は神のことばによって水から出て、水によって成ったのであって、当時の世界は、その水によって洪水におおわれ滅びました。しかし、今の天と地は同じみことばによって、火によって焼かれるためにとっておかれ、不敬虔な者どものさばきと滅びの日まで保たれているのです」（「ペテロⅡ」三章）

つまり、この試練期にあっては、神の霊性の影響が強まり、浄化としての業火をあおり立てる役割を果たすものと考えられる。それ故、自らの浄化に努力することが必要とされるのであろう。ここにケイシー・リーディングの引用を掲げよう。

「神のみこころとは何であるのか。一個の魂も滅びないようにということである。そのため、すべての魂は火によるごとく試されるであろうし、また、試されているのである。自然の火とは何か。それは放縦であり、自己優越感である。それ故誰しも、愛の律法に立ち戻り、汝自身の如く、隣人を愛しなさい」

「何と珍しい記録であろう。この実体は方舟に乗っていた八つの魂の一つである。大洪水はアトランティスの時代に、人々が創造的諸力に立ち戻るように起こされたものである。この実体は、それが再び地上に起こる時、選民たちが再び地上を満すために、どこにどのように守られるか指示される人々の中にいるだろうか。水によるのではない。それは地上の生命の母たる、火という元素によるのである」

諸教による予言

この人類の大転換期を予告しているのはキリスト教関係に限られるものではない。仏教や道教、あるいは日本の神道などが例外なく告げるところでもある。

仏教には、五・五百年という予言がある。釈尊は大集経で、「わが滅後に於て、五百年は解脱堅固、次の五百年は禅定堅固、次は多聞堅固、次は多造寺堅固、その次の五百年はわが法中に於て闘諍言訟し、自法隠没して損滅堅固なる」と予言された。

ところで、南アジア諸国では、一九五六年から一九五七年にかけて、釈尊入滅二千五百年の記念式典が盛大に行われた。つまり、この予言の五・五百年が過ぎ去ったのである。

しかし、法華経をはじめ般若系経典などには、しきりと「後の五百年」という言葉が記され、さらに「一切の人々は末の世に定めてこよなき覚りを得るであろう」との経文もある。この後の五百年こそ、かの弥勒菩薩下生、マイトレーヤ降臨の時代と解釈されねばならない。その時代を私たちは迎えようとしているのである。

また、道教で至福千年期は、天道の天的秩序が地上に実現する理想社会、大同和の世として知られている。その大同和の世を迎えんがための大試練がフーチに下壇された諸聖がたより告げられ、それは「最後の審判」の一書として、一大警鐘を湖江に鳴らしているのである。その一部を引用させていただこう。

天唯一神にして至聖先天老祖たる太己老人は「下元末至らば、数多くの大災劫の頻発する時代に入る」と告げ、中華八仙の一人呂祖師は「現在の劫は……是れ乃ち六万年の劫であり、世界最大の災厄である」と告げられた。さらに、イエス・キリストも下壇され、「現在はすなわち下元末を告げ、上元開始の日なり。この日は即ちわが以前に説きしなり」と明かされた。この下元末が一九八三年にあたるという。

日本では、何と言っても大本教の予言が有名である。教祖出口ナオのお筆先は、日清、日露の戦争から両度の大戦のことごとくを予告し、聖師出口王仁三郎はすでに明治三十六年に、「ろこくばかりか亜米利加までが末に日本を奪う計画、金と便利にまかせつつ。……にしに亜米利加、北には露西亜、前と後に敵ひかえ、四方海なる日本国」と第二次大戦の結末を予言し、その大戦も終わりに近づいた昭和十九年には「広島は戦争終末期に最大の被害を受け、火の海と化す」と信者達を指導しているのである。

この大本教の予言・警告のキー・ポイントは、「……三千世界を大洗濯して、新たに立て替え立て直して、世界一つに丸め、万劫末代続く神国の世にいたす。しかし、そこにいくまでには越えねばならぬ大峠があるから、人民は一日も早くまことの一つの神にめざめよ。改心できずば、世界の人民が三分の一になるような絶対絶命の世にいたるであろう」というものである。

その大本教の流れをくむ、世界救世教や世界真光文明教も、「夜昼転換」、あるいは「火の洗礼」の到来を次のように告げている。

昼の世界が近づくにつれ、過渡的現象として、いままでの世に内在していた、いろいろな不合理な面が白日のもとにさらされるであろう。あるいは、「人間界に大峠来たるなり。故に神裁き・物滅の世、ミロク下生、メシア降臨の世が参ると申し聞かせておくなり」(一九六一年)として、今や神界の天意の転換が始まり、人類の神裁き、火の洗礼期に突入していると警告しているのである。

2　玉光神示　神の国の実現まで

お代様

昭和七年二月六日、宇宙創造の神、玉光大神が初めてご降臨になり、「吾は天津神、玉光大神なり、五年の後に天地四方が逆しまになる大戦あり、そを救わんために降りたる神なり。この後、汝を我の代人として世を救わしめん」というご神言があった。それより教祖は、若い女性の身にありながら、小豆島でご神言のままに、夜となく昼となく、山に登り、海に入り、また奥山の滝に入り、ひたすら祈り、代人としての行を尽くされた。

そのうち、昭和十二年には日支の戦が起こり、昭和十六年には大東亜戦争に拡大した。お代様はご神言により、いよいよ全国各地を巡り、戦勝祈願とお潔めの祈りに徹せられた。昭和二十年の終戦前のある日、皇踏の山に登り一心に祈っておられると、朝陽が昇り、「代よ。今より三百年の後には世界が一つになって、太陽もかくのごとくあまねく照らし、真の平和の世界が来るであろう」とのご神言を頂かれた。

空にいでたる月のいぶかしく

その三日月は　三つに割れたり　昭和二十六年

「代よ、今見し月のごとく、この戦争の終わりて後、世界は三つに割れゆかむ。その前に東西の大相模あり、日本はふんどしかつぎの役を免れざらむ。土俵の場所によりては思わぬ苦労をせむ」とのご神言あり。数年の後、朝鮮戦争が勃発し、日本はアメリカの軍需品製造に追われた。

昭和二十九年、玉光大神御降臨され、「世界平和の見通しもついた。よって、この所に社を建てて鎮まることに定めた」とのご神言あり。早速準備にかかり、程なく地鎮祭を行い、神社を建設した。

そして、日ソ平和交渉、朝鮮戦争終結、米・英・ソ核停条約あるいはキューバ危機、ベトナム戦争終結の折など、ご神言により個人の祈願は一切やめて行に入り、十日を二十日を断食され、ひたすら世界平和を祈られた。また、ご神徳を慕い集いくる信者の因縁を解くためにも祈られ、信徒の悲しみを共に悲しみ、信徒の喜びを共に喜び、慈母のごとく尊くあらせられた。

大前に　ひれふしゐれば　自から
　永遠《とわ》の心にかへる我かも

その後、世界は米・ソ二陣営と第三世界、あるいは米・中・ソ三陣営に分かれて競い合ったとはいえ、著《いみ》じく争うことなく、日本も七十年にわたり平和のうちに繁栄を築いている。これ一重に、世界の心ある多くの人々の祈りとともに、大神様のお護りとお代様のお徳によるところ大なるものと思われる。

そして、「世が平定すれば、代は里におれぬ」とのご神言通り、昭和四十九年神去られた。

教えにも　我なきわれにかへりなば
　玉の光の身にぞ　かがやく

地球社会の実現に向けて

法嗣本山博宮司は幼少の頃からお代様に連れられて行をし、長じてはヨガ行を厳修して神人合一の境に達し、希有の霊覚を得られた。その後、神の世界があることを科学的に実証しようと、いろいろの学問をし、何種かの器機も発明し、実験を続けられた。そして、地球社会実現の基礎となる世界宗教のもととなる学問の樹立のため、ＩＡＲＰ（国際宗教・超心理学会）、カリフォルニア人間科学大学院大学を創立され、学長として尽力された。

玉光神社では長年にわたり、元旦祭の折、その年の指針となるご神言に関する講話をされるのがしきたりになっていた。その記録が四十年分ほど残っており、前半二十年分は『啓示された人類のゆくえ』（宗教心理出版）として出版されている。その本からと後半二十年分をＩＡ

RP・マンスリーから引用したい。

○民主主義とか共産主義とか社会主義とかいうふうなイデオロギーは変わらないけれども、政治的にも、文化の上でも、これからだんだん大きな変化が起きてくる。制度上は民主主義の国は社会主義化していくだろう。それから、社会主義の国は、ちょうど今のソ連がだんだん民主的な方向に向いているように、制度の上では、社会主義の国は民主化して、だんだん一つになるように歩みよるだろう。

そうしたら、地球の一つの社会化ということが達成されるようになる。しかし、それまでには、あと数十年を要する。（一九八九年）

○国際的資本主義体制というのは次第に大きな国際的な制約を受けて、一企業や個人の利益と存在発展を追求する資本主義でなく、社会全体に利益を還元して、社会と共存する資本主義に変わるだろう。（一九九二年）

○経済も金利を追う資本主義は衰退し、霊性、相互依存、思いやりをもった道徳、人間性を包含した経済に変化していく。金もうけだけの経済は潰れる。（二〇〇七年）

○向かう千年は、はじめの百年、二百年は民主主義、個人主義ないし資本主義が優勢となるが、それが行き詰まり、人間の個人性と社会性、個人の個人性と社会性を両立させる、地球規模の政治経済組織が二百年ぐらいすれば確立されるだろう。（二〇〇〇年）

○世界的には民族・宗教間の混乱が増加する。今世紀の五十年とか百年の間はこういう民族間・

宗教間の混乱が増加するだろう。
○原子力の利用に伴う、生命の危険以上の環境破壊や副作用が生じて、人間の生存を危うくするいろいろな事柄が生じるだろう。（一九九一年）
○人間の魂を忘れた、また自然の魂を忘れた、人間のためだけの物質的な豊かな暮らしの追求は、地球を滅ぼすことになる。（一九九三年）
○戦争やテロを未だやめることのできない人類は、百年ないし二百年の後、一つの破局を迎えて浄化される。それは原子力の悪魔的な使用とか、テロによる爆発等、それから地球の温暖化、そういう自然災害で何十億かの人間が死ぬ。そして百年ほど後、物質文明に偏った科学とか資本主義の限界が明らかとなり、今世紀の終わり頃にはそういう限界がさらにはっきりする。（二〇〇五年）
○ここ一、二年前から地球にとっても人間にとっても、大きな、地球的規模での転換の時期に入っている。その転換というのは、物の時代から心の時代への大きな宇宙的な転換であるが、その転換の始まった初期として、物の力と心の力、あるいは悪なる神と善なる神が共に強く働いて、だんだん不安定な、少し騒々しい世相が生まれてくる。それは今後二十年、三十年あるいは五十年くらいかかるかもしれない。（一九八七年）
○一人一人の人間、国と民族、宗教もくるめて、自分を超えて霊的に成長することが世界共同体を支えていくうえで、一番根本となるものだと思います。霊的成長というのは、自分を持たないで、自由で新鮮な心で物事をありのままにみられるようになり、カルマの法則に従って自

然に動きながら、超作をしてカルマを果しつつ、カルマにとらわれなくなることである。（一九八六年）

○超作とは、人間や自然が成り立つように、愛と智恵をもって、対象である人や自然に働くことである。そこでは、人をも自然をも助け成り立たせることができる。このような人間は、人に頼らず自ら生き、その広い、大きな個人性を保ちつつ他の人を助け成り立たせ、かつ共存できる社会性を成就できる。（『愛と超作』）

○人間も自然も、元は神様のお力、魂がそれぞれいろいろな形で顕れて出来ているのだから、本質的には自然も人間も同質であると自覚するように。神様の大きな力が動いて物の世界が出来、自然が出来ているのだから、自然の中の神性を尊んで、自然と共存することを心がけるようにしないと、地球社会というものも成り立たない。（一九九三年）

○世界各国の個人が、人間を身体と心と霊の全体で成り立っている、そういうふうに人間を理解して、アメリカ人、日本人というのではなく、人類の一員としての自覚をもつことが大事で、そして、霊界とか神様の世界と共生、一緒に住んでいるのだということを自覚し霊的成長することが大切である。これからの人類社会にとって、これから百年、二百年の間、それがますます重要になるだろう。（一九九五年）

○心の自制力、自分自身を自制する力、それから無執着、自分にとらわれない、物にとらわれない、真の自由、智恵、愛がますます重要な社会にこれからなる。（一九九六年）

○自らの能力の限界を知らないで、自らの欲を良心に従ってコントロールできない地球人類は試練に遭うようになるだろう。試練が生じるであろう。清く正しい信仰をもった人間は試練を乗り越えて、平和な地球社会を築く礎となる。（二〇〇三年）

○人間が次第に霊性に目覚め、その目覚めた人たちが生き残って、平和な地球社会のための、宗教と科学、政治と経済の統合したような地球社会が出来るのには、百年から二百年かかる。（二〇〇五年）

○神と人間に正直であれ。そして、今の自分の仕事を通して人の役に立つことを精いっぱい行い、人も自然も包み込めるような大きな魂に目覚めよ。そしてお互いに思いやりのある人に成長すれば、自然に魂に目覚めることができる。そういう霊性に目覚めた人、魂に目覚めた人が地球社会を実現できる。（二〇〇五年）

○アジアの生き方、すなわち人間が互いに和を尊び、さらに、自然と共存する生き方、そういうアジア的生き方が、この百年増えて、世界が大きな転換をするであろう。

神の国をめざして

○霊界、人間の霊世界において、この先数百年、多分百年、二百年ないし三百年の間に加速度的に急速な進化が起きる。人びとが霊的に進化した霊界とのつながりにおいて、調和をもって平和に健康に暮らしてゆく、それをキリスト教では千年王国というふうに呼んでいるが、そういう世界が数百年、あるいは百年か二百年のうちに近づいているのかもしれない。（二〇〇八年）

○今のままの人間では、世界の本当の神の国は実現しない。要するに、感情とか自分の考えとか、あるいは感覚的な欲望とか、そういうものにとらわれているわれわれの世界やアストラルの次元の世界ではない世界、すなわち、自己愛から離れて心が自由になり、人を助ける智慧と愛が働いている、人間としては最も優れた次元の霊の世界（カラーナ界：浄土）の霊たちの誕生、再生が徐々に始まって、新しい種の人類による神の国の実現が達成されるだろう。それは千年か二千年ぐらい先になるけれども、今の感情とか物の原理に支配された人類の再生は次第に少なくなる。

第四章　免れたか予言的未来

1 ジーン・ディクソンの予言

一九八〇年までの予言

ここでは、エリアの再来かとも言われたジーン・ディクソン女史の予言とケイシーの地殻変動の予言を紹介しよう。ディクソン女史は各国の政変やソ連の人工衛星打ち上げのほか、ガンジーやハマーショルド国連総長あるいはケネディ大統領など何人もの著名人の死期を予知しているが、未来が避けられることを強調し、それだからこそ、悲惨な未来さえあえて告げるのだという。ケイシー・リーディングも、未来は確定しているのではなく、人間の自由意志や祈りの効果で変化するものだと強調している。

ディクソン女史著『栄光への招き』（一九七一年）では、まず一九八〇年までの各年ごとの予言が続き、その後は一九八〇～一九九九年、二〇〇〇～二〇一九年、二〇二〇～二〇三七年という三段階の予言として展開している。彼女はそこで、私たちが遠景を眺めるのと同じで、後の予言ほど不明瞭になるのだと断っている。

○アメリカで想像を絶する未曾有の政変劇と不正事件が起こり、数千人がそれに巻き込まれるだろう。
○一九七五年はわが国の内乱の年で、暴動を伴うサボタージュ闘争が起こる。対立陣営は東南アジア、南アメリカ、それにアフリカに次第に勢力を伸ばすだろう。
○一九七六年には、米国政権の激変をみる。この政府は部分軍縮と緊張緩和に関わる。
○一九七七年には、ソ連は三大陸での地歩を固めるべく、公然果敢な活動を始める。
○一九七八年には、アメリカは広範囲な政治的暴露と国内問題による不景気の苦痛に陥るだろう。
○一九七九年には、ロシアはその全注意力を中東に向ける。イスラエルに対する隣国からの攻撃が続こう。

冒頭に予言されるのは、一九七四年にニクソン政権を退陣に追い込むウォーター・ゲート事件で、アメリカ史上最大のスキャンダルである。それは、多国籍企業内閣と言われたニクソン政権の堕落と悪徳ぶりを全国民ならず全世界にさらすことになった。

一九七五年には、東のニューヨーク市では、清掃ストと消防サボタージュで市内の火災危険度が極度に高まった。西のサンフランシスコでは、警察と消防ストで高まる無法都市化の恐れに、アリスト市長の非常事態宣言が発動された。そして、「アジア、アフリカ、中南米では大小さまざまな紛争が相つぎ、まさに天下大乱の形勢で、そのいずれにも超大国米・ソの影響が及んでいた」（『朝日年鑑』）のである。この年はまた、世界地図から植民地のほとんどが姿を消す、第三世界独立の総仕上げの年でもあった。

一九七六年、人権外交を旗印とするジミー・カーター政権の誕生は、「ジミーって誰のこと?」という流行語が示すほどの劇的な政変であった。この政権は米中国交と対ソ部分軍縮条約SALTⅡを成立させ、イスラエルとエジプトを平和条約締結に踏み切らせた。

次いで、ロシア革命六十周年一九七七年は、ソ連が改めて国際路線を確認し、アフリカ諸国の民族解放戦線をはじめとする多方面にてこ入れする多角的外交を展開した年である。すなわち、三月にはポロゴルヌイ議長がアフリカ諸国を歴訪する一方、四月にはキューバのカストロ首相やアラファト議長をソ連に招き、六月には、副首相が北朝鮮を訪問している。

一九七八年は円の超高値がアメリカ経済の危機的状況を象徴し、アメリカはドル防衛に懸命な年であった。その経済危機下で航空機売買に関わる韓国政財界との汚職等が暴露され、その余波は日本でもロッキード事件を明るみに出した。

では、一九七九年はどうであろうか。イランの反王制革命でイラン共和国が成立するかたわら、イスラエルとエジプトの平和条約が発効に至った。この中東情勢の激変に際し、ソ連はアラブ諸国との関係強化を進め、シリアとともに同条約反対の共同声明を発して、絶大な関心を示している。そして、エジプトがアラブ諸国から国交断絶の制裁をうける緊張のなか、イスラエルとパレスチナ解放戦線とは、それぞれレバノン居留地空爆と爆弾テロでもって相互報復を重ねたのである。

このように、予言は文字通りに実現している。

それでは、以下にその後のディクソン女史の予言を概観してみよう。

人類最終戦争の勃発

「一九八〇年から私たちは、自らの過ちの報いを刈り取り始めるだろう。つまり、大苦難が始まる。この期間は、中東における自然災害によって引き金が引かれるだろう。主要地域をおそう地震が、イスラエルへその近隣諸国が攻め入るうってつけの機会となろう。戦闘は両陣営の力が尽きる一九八八年まで続く。その時ロシアと衛星国がその地域に進軍し、関係諸国を占領するだろう。より一層の流血と大虐殺、困窮と疫病などが一九九五年まで繰り返される。不安定な平和と動乱の時期が一九九九年まで続くだろう」

この際、イスラエルは全滅に瀕し、中東のあらゆる宗教が一掃される。この頃にはアメリカも弱体化しており、英・独・仏・伊など日本を加えた十カ国の連合が成立し、その司令部がローマに置かれる。そして一九九五年、ロシア軍勢を攻撃すべく大連合軍態勢が形成されるという。

核の大燔祭《だいはんさい》

「その時、ロシア軍勢はマーブ（個別誘導多核弾頭）とフォーブ（部分軌道爆撃システム）を準備するだろう。連合軍が中東へ進撃する一九九九年頃、ロシア軍のマーブとフォーブは核の大燔祭として、わが国東西沿岸都市に降り注ぐ。カルパチア山脈のミサイル基地からは、炎の豪雨がヨーロッパ諸都市に降りかかるだろう。わが陣営も報復する。全人類に生存の危機が訪れる。――無理からぬことである。

この破壊と混乱の最中に、イスラエルを救い、平和を回復するために神の仲介が到来する。……ものすごい衝撃波が地球を襲い、三日三晩の暗黒が生ずる。……人の子のしるしが天に現れるのはこの時である」

こうして、燃える十字架のしるしが大地溝帯の荒涼たる暗夜に輝くとき、ユダヤ人はイエスを真の救世主と悟るとディクソン女史は告げている。

バベルの塔の恐怖

「神の仲裁は戦場に達した。中東の共産軍は補給の道を断たれて完全に孤立する。彼らはローマから司令される連合軍によりたちまち壊滅されるだろう。……そして、ローマの司令官は救済者・支配者、偉大な勝利の英雄として歓呼をもって迎えられるだろう……

この局面は二〇〇五年頃急速に終わり、もう一方の共産主義の怪物が起き上るだろう。米・ソ両国とも強国ではなくなっているのである。中国は工業化の頂点に達し、本気になって世界支配をめざして進み始める。再び一連の戦闘が始まり、十九年間続く。それは二〇二〇年頃、黙示録の告げるハルマゲドンの頂点をきわめるだろう」
ディクソン女史は、神とまであがめられるローマのこの司令官こそ全世界を支配するアンチ・キリストだと告げている。そして、ノストラダムスも、この司令官を天まで届くバベルの塔として明確に予言しているのである。

ハンニバルのような魔神の一人が甦って
人類の恐怖を呼び起こす
これにまさる恐怖はなく　言い表すこともできない
それはバベルの塔によって　ローマ人に起こるだろう。〔2：30〕

大いなるシーレン（Chyren）が世界帝王となり
とても愛されたのち　恐れられて警戒される
彼への賞賛と評判は天まで届き
勝利者の称号にのみ　大満足する〔6：70〕

「二〇三七年を過ぎて、世界はあまねく更新されたイエスの精神の吉兆のもとで、人類の幸福と親善との先例のなき栄光の時代となるのを私は見た。……恐怖と荒廃のハルマゲドンの経験を経て、世界人口は再び、ゆっくりと増えていく。わたしは終わりと始まり――新時代、新しい生命、新たな世界――を見た」

神愛と世界中の心ある多くの人の努力と祈りもあって、幸いこのような悲惨な事態は避けられているとはいえ、今でも大国は膨大な核兵器をもって牽制し合うばかりでなく、コンピューターの誤作動により何回となく緊急非常態勢を招いているような現状なのである。

2 エドガー・ケイシーの予言

全般的予言

「間もなく、その変化を経験する人々に対する予兆としての自然界の変化について言えば、古から告げられているように、日は暗くなり、地はいくつにも切り裂かれるであろう。そしてのち、神への道を見出さんとする人々の霊的感応を通して、神の星が現れ、それが自分自身の裡にある至聖所に入らんとする人々に道を示すものと宣言されよう。

自然界の変化に戻れば、大地はアメリカ西部で裂けるだろう。日本の大部分が海中に没するに違いない。ヨーロッパの北部はまたたく間に変わるだろう。アメリカ東岸沖には陸地が出現しよう。北極と南極地方には大隆起が生じ、それが熱帯地方に火山爆発を引き起こすだろう。それから両極の移動が起こる。そのため、それまで寒帯か亜熱帯だった地域が熱帯的に変わり、こけやしだが茂るだろう。

これらの変化は一九五八年から一九九八年の間に始まるが、その時代は、再び神の光が雲間にかいま見られる時代と宣せられるであろう。年代と季節と場所についてては、かの名を呼ばんとする人々、すなわち、身体に神の召命のしるしをもつ人々にのみ示されるであろう。……

そして、暴動と闘争が始まるだろう。そこで、生命のみ座、光のみ座、不窮のみ座からの使者として、教師としての一群の人々が到来し、その人々が空気の中で暗黒の者どもと戦うとき、汝ら、ハルマゲドンの戦いの近きを知れ。

大地は多くの場所で砕けるだろう。はじめに、アメリカ西海岸の自然景観に変化を見ることになろう。グリーンランド地方に開水域が現れる。カリブ海に新しい陸地が生じ、乾いた土地が出現する。……南米は天辺から末端までゆさぶられ、フェゴ諸島の先の南極地方には、陸地と逆まく海峡が出来よう」（一九三四年）

「この国の変化は漸進的だが、アメリカ東岸の多くの地方も西岸や中央部と同様に乱されるだろう。来たる何年かのうちに、大西洋にも太平洋にも陸地が現れよう。そしてのち、多くの陸地の現在の海岸線が海底となるだろう。現在の戦場の多くでさえ、太洋や海、湾やいくつもの島となり、互いに新秩序の下で交易し合うことになろう。

ニューヨークの東岸部やニューヨークそのものが消え失せるだろう。けれども、これはのちの世代（一世代は九十年）のことである。一方、カロライナやジョージアの南の部分はそれより早く姿を消すだろう。五大湖の水はメキシコ湾に注いで空になろう。それから、バージニア・ビーチは、オハイオ、インディアナ、イリノイ各州などとカナダ南部の大部分や東部地方とともに安全な土地に含まれる。他方、この国の西部地方の多くはかき乱されよう」（一九四一年）

この地殻変動の予言には、通常のケイシー・リーディングとは違い、ハラリエルという天使からの霊界通信が含まれており、それを受けいれるかどうか、AREの中でも議論があったという。

米国土の変化というと、大西洋沿岸やメキシコ湾岸地帯はほぼ全域が沈下傾向にあるという。そして沿岸地質所が一九三三年以来ジョージア州サバンナ地域の著しい沈降を指摘し、一九七二年の「ジオタイムス」もヒューストンからガルベストンを結ぶ地域が、二十年間で一メートル半の割合で沈んでいると報じている。五大湖の水の流出も、その地域が傾斜を進めていることから、長期的に見ればその可能性があるという。

大地が西部で裂けるというのもありえないことではない。ユタ州の地震観測網責任者ケネス・クック博士は、海嶺がカルフォルニア湾からイエロー・ストーン公園まで広がっているとの見解から、アメリカ大陸がそれに沿って二つに分かれると予測する。また、リーディングはニューヨークより先にロサンゼルスやサンフランシスコが破壊されると予言しているが、サンドレアス断層付近で著しい隆起が観測されているのである。

変動の経過

「一九三六年には、外部の力による大きな変動が地球にやってくる。それは宇宙空間における地球自体の平衡状態の変化から生じ、その結果、この国や世界のいろいろな地域に影響が現れよう。その変動とは、戦争と地球内部の激変、それに北極星中心（Polaric Center）との位置関係における地球の転移である」（一九三二年）

「地球の変化は一九五八年から始まり、大隆起と両極の転移に終わる。ところで、一九九八年には、エジプトでのセム系寄留者たちが伝えた多くの記録に示される、あの影響の支配が始まるだろう」（一九三三年）

「一九九八年には、それまでの漸進的変化の累積に見合うほどの大きな変動を見ることになろう。太陽活動の周期はそれ自体の宇宙空間における経路に関っており、これらの変化は双魚宮時代から宝瓶宮時代への遷移期と全く重なる時期に起こるだろう。これはこの期間の地球の経験としては漸進的なもので、激変的なものではない」（一九三九年）

「二〇〇〇年から二〇〇一年にかけて、両極の転移が起こるだろう。言いかえれば、新しい周期が始まる」

「南太平洋になんらかの最初の破壊が生じ、それとほぼ反対側の地域、つまり地中海とエトナ地方にはっきりとした陥没か隆起が起こるとき、私たちは地球活動の変化が始まったことを知ろう」(一九三二年)

「もし、ベスビオ火山かペレー山により大きな活動が起こるなら、それに続く三カ月以内に地震による洪水がカリフォルニア南部海岸やソルト湖からネバダ南部に予想される。しかし、これらの活動は、北半球より南半球でいっそう起こりそうだ」(一九三六年)

では、ここに指摘される地域の様子はどうであろうか。まず、その地下に火の神・ウルカヌスが鍛冶場を持つというシシリー島のエトナ山。そのエトナ山は一九五〇年に大噴火し、山麓のレナッソ村を一掃するという前世紀最悪の事態を引き起こした。その後も何回か噴火し、一九七九年には過去三十年間で最大の噴火をしている。

一方、欧州最大のベスビオ火山はAD七九年ポンペイ埋没であまりに有名だが、一六三一年と一七九四年にもそれに匹敵する大噴火を起こし、溶岩流で周辺数ヶ村を破壊している。このベスビオも一九七三年に溶岩流を流し出し、そして一九八三年と一九九二年に溶岩流を爆破している。

ところで、ミセル・シカリクはケイシーの予言する四十年間の試練期を分析する興味深いリーディングを与えている。それによれば、おのおの七年間にわたる地球の集合的なチャクラ（霊的中枢）のテスト期が続き、一九八六年から七年間の意志の座・甲状腺のテスト期に人類がとる選択によって、予言される地球の変動は修正される可能性があるという。

この一九八六年から一九九二年の間には、東欧の民主化、ソ連の改革もあり、世界は冷戦構造を抜け出すという大きな変化があった。予言されている大変動も大きく緩和されたのであろうか。しかしながら、最近の世界の様子をみても、我々は地球の変動期を生きているといえそうだ。ケイシーは、海が西部のほとんどを覆う二一〇〇年のアメリカを透視して、世界の異変はその半ばを終わり、それから再調整の時代が始まると告げているのだ。

食料危機

ケイシーは、この地殻変動期が厳しい世界的な食料不足と重なることを示唆し、次のリーディングを与えている。「この国の苦難は、食料の需要と供給に関する限り始まっていない」（一九四三年）、あるいは「農場を買うことの出来る者は幸運なのだ。あなたが何かを育てたく、いつか来る日に飢えをつのらせたくないなら、それを買え」。さらに、世界人口のかなりの部分が土に帰すほどの食料不足に見舞われ、その時にはさまざまな分野の労働力をやりくりして、多くの人が農地に復帰する必要に迫られるという。

そして他界する前年のリーディングで、その困難な時代にも比較的豊かな状態を維持する地方を明らかにしている。「アルゼンチンのパンパ地域や南アメリカのいくつかの地域、あるいはカナダのサスカチワン地域、これらの豊かな地域はモンタナやネバダの若干の地域と共に、世界を養わなければならない」（一九四四年）

地球温暖化に伴い頻発する世界的異常気象、とどまるところなき人口の増加。人類には間違いなく、食料危機の時代が迫っているようである。

3 主の日

はじめに、三大宗教が異口同音に告げる主の日に関わる予言を掲げよう。

「主の日は近い。全能者から破壊が来る。見よ。世界はしおれ、衰える。天も地とともにしおれる。……天の窓が開かれ、地の基いが震えるからだ。地は裂けに裂け、地はゆるぎにゆるぎ、地はよろめきによろめく。……年に年を加えて、祭りを巡って来させよ。それはにわかに急におこる」（「イザヤ書」十三&二十四&二十九章）

「しばらくしてもう一度、天と地と海と陸とを揺り動かす。……わたしは天と地を揺り動かし、もろもろの王座をくつがえし、異邦の王国の力を滅ぼす。その日」（「ハガイ書」二章）

「主の日は近い。このようなことは昔から起こったことはなく、これから後の代々の時代にも再び起こらない。彼らの前では火が焼き尽くし、彼らのうしろでは炎がなめつくす。……その前面では地は震え、天は揺れる。太陽も月も暗くなり、星もその光を失う。……主の日は偉大で非常に恐ろしい。だれがこの日に耐えられよう」（「ヨエル書」二章）

「主の大いなる日は近い。わたしは必ず地の面から、すべてのものを取り除く。その日は激しい怒りの日、苦難と苦悩の日、荒廃と滅亡の日、やみと暗黒の日だ」（「ゼパイヤ書」一章）

「主の懲らしめは必ず起こる。大空がぐらぐら大揺れに揺れ、山々があちこちに動き出す日、その日こそ、天啓を嘘と見て、虚偽の泥沼に戯れていた人は哀れなものよ。彼らがゲヘナの火の中にぐいぐい突き落されるその日」（コーラン五十二）

「法が滅しようとする時、……大水がにわかに起こり、尽きることはない。世人は信じないので、常にこの世はある、と考えている」（「法滅尽経」）

イエスが天の万象が揺り動かされると予言した主の日。その日には異邦の民の王国が滅ぼされ、主の民が慰められるという。異邦人の時が終ったからである。そして、人類の傍若無人な歴史において蓄積された諸々の悪弊が燃え尽される大試練の時が来る。その時はまた、主の民、霊的求道者の救済への道が開かれる。その未曾有の天変地異が近づいているのだろうか。

「今、人類《ひとびと》の世界は正に大禍の兆を観せるに至れり。そは末法の終果にして、その予告の成就《なしとげ》らるる機《とき》の来れるなり。世の人類はいよいよ人間の美しき情操《みさお》を見失いて、正しき義を踏み破るべし。ああ、迷妄の時なるかな。かくて世に大いなる戦争は起り、天日暗雲《くも》に陰蔽《かくれ》て、地時破律《やぶれ》て逆転《みだ》れ、人は審判に会いて屍《かばね》を山と積み、罪を倉に累積して病魔の嵐津波の如く世を襲うなり。正に世は人間《ひと》と動物《けもの》の境目《さかい》を分たず、幾億の黄金の庫も平和のためならで、仇のために開けられて一夜に消えゆくなり。

人類、最後の審判はただなる審きにあらずして、諸悪滅して善化する真理を開顕《ひら》くさばきなり。視よ。悪鬼、羅刹そも何者ぞ。彼ら皆、いづらの審判によりて我執の呪阻による業因の力解けなば、迷妄無知の仮面は消滅して、とくさの秘厳をその身に成就し、天祖の栄光を告げる霊使なり。

天祖《かみ》は決して世を捨て給わず、津波は迫りて世の濁りを浄め雷は轟き人々の心を清め、地は震い動ぎて悪しき者の世にあるを戒むるなり。或時、海は猛りて黒潮轟、陸に迫りて丘を呑《の》まん。幾度か大地震動し天上震轟す。さながら日月転軌を破天《やぶ》りて、地に墜落するが如く思われるべし。汝ら、世路末日となりて、地軸の鳴動、雷鞭の如く轟きて、世の果より果に響き亘る時も、汝ら、心安《やす》穏く、救寿の本願に決定して、恐怖すること勿れ。

ああ、世の建て替えなり。汝ら、心に光を点し、世を照す者は幸福なり。世を愛し、人を愛する者は実に幸福なり。そは汝の上に末法の災害のあらざればなり。人の心、真実に目覚めて此の世に生き、道を践《ふ》み過誤《あやま》つことなくば、天災も汝らを害さず、疫病も侵さざるなり。汝ら、徒《あだ》なる世の有様は何時までも続かず。義なる人々挙《こぞ》りてこれらのものを打砕かん」（「スフィンクスの聲」抄約）

ここに参考のために、昭和二十年に降ろされた日月神示のいくつかを掲げておきたい。


「神はうそつきじゃと申して、悪い予言はうそにしたいので日夜の苦労。こらえるだけこらえているのであるぞ」

「悪い事待つは悪魔ぞ。何時、建替、大峠が来るのかと待つ心は悪魔に使われているのざぞ」

「天災待つは悪の心、邪と知らしてあるが、まだ判らんか」

「大難、小難にまつりかへる様、おろがみて呉れよ」

「大難、小難に祈れとくどう知らせてあろうがな。如何様にでも受入れてよきようにしてやる様、仕組みある神の心判らんか」

第五章　アトランティス大陸沈没期のカルマ的再来

1 アトラントローグたち

ケイシーやベーメは、この時代に古大陸アトランティスが浮上すると予言し、神智学では、この時代をアトランティス沈没期のカルマ的再来だという。一八八二年にドネリーがアトラントローグたちのバイブルたる「アトランティス　洪水の前の世界」を著すや、その後百年、この伝説の島をさぐる彼らのすさまじい探究心は、ありとあらゆる分野のぼう大な資料に立ち向かっていった。ここでは彼らに学びつつ、その諸資料をいくつかの分野に分けて概観してみよう。

伝承の世界

プラトンは晩年、二つの対話編『ティマイオス』と『クリティアス』のなかで、このアトランティス大陸に言及した。宇宙論を内容とする『ティマイオス』の導入部では、クリティアスが祖父ソロンから伝えられたアトランティス伝承を物語っている。それはエジプトのサイスの老神官が昔から神殿に保存されてきたものだと言明する、大略次のような話である。

「人類の滅亡はこれまで多々あり、今後もあるだろうが、その最大のものは火と水で引き起こされるのだ。太陽の子パエトンが父の馬車を軌道から外してしまい、地上のものを焼き尽くし、自分も雷にうたれ死んだという。このギリシャ神話は星たちの軌道の逸脱と大火による地上の事物の滅亡にほかならない。

ソロンよ、このような大洪水は過去に何回もあったのだ。アテネイの都市国家が全盛であった今から九千年前のことだが、大きな勢力が外海アトランティスの大洋から全ヨーロッパとアジアに向け、一挙に攻めてきたことがあった。何しろ、当時はあの大洋も渡航可能で、あなたがたがヘラクレスの柱と呼ぶジブラルタル海峡の先に、さらにあの正真正銘の大洋をはさんだ対岸の大陸へも渡ることができた。その大洋と比べれば、この地中海など狭い入り口を持つ港湾としか見えないのだ。

しかしのちに、異常な大地震と大洪水が度重なって起きたとき、あなたがたの国の戦士は一昼夜にして大地に呑まれ、アトランティスも海没した」

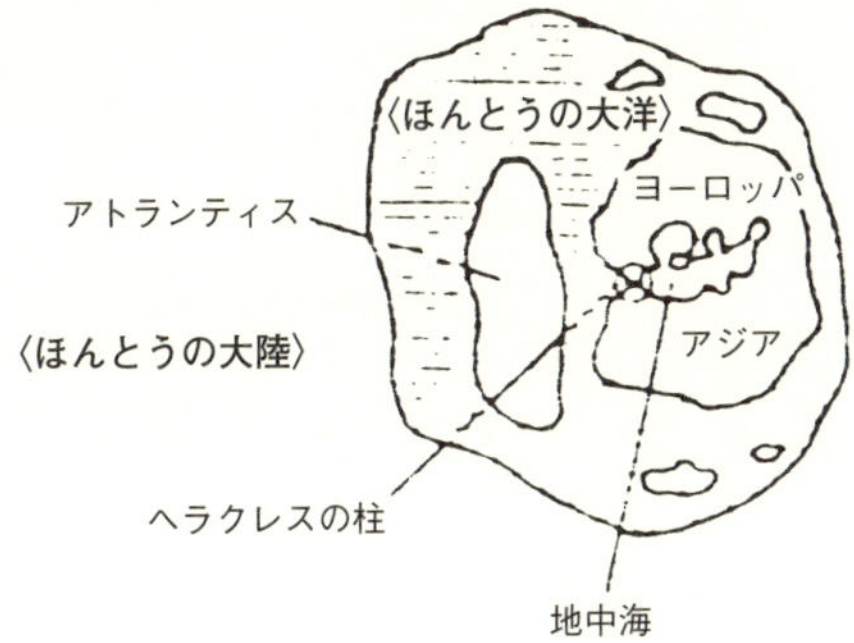

図6　アトランティス〈洪水の前の世界〉

『クリティアス』は、このアトランティスの様子を具体的に述べている。それによれば、当初はこの国も、高邁な精神をもつ人々からなる理想的な国だった。しかし、彼らに宿る神の性が弱まり、人間の性が優位を占めるにつれ、よこしまな欲望を欲しいままにするようになった。そして、アテネイ戦の頃には、その民も堕落しており、神ゼウスの懲らしめを受けるに至ったという。

『クリティアス』は残念なことに中断しているが、この伝承はプラトンに限られるものではない。プルタルコスはソロン自身にも「アトランティス」という未完原稿があったといい、「ソロンの生涯」の中に神官の名前すらあげてこの伝承を書き記している。そして、歴史の父ヘロドトスはじめ、ツキジデス、シチリアのディオドロス、ローマのマリケコスなどの歴史家が何らかの言及をし、アトランディス大陸の存在を歴史的事実と考えていたというのである。

世界のいたる所に伝わる洪水伝説にも重要な意味があろう。それらの無数の伝説が極めて高い類似性を示す。例えば、どの伝説でも、神が人間の堕落を懲らしめるために文明の邪悪を一掃するのだが、その際必ずといってよいほど、一組の男女を選んでその大異変を警告し、彼らはいろいろな動物を連れていて、その子孫たちがのちに繁栄するのである。

北米のインディアンや南米のインディオ、ピレネー山脈のバスク人、それにペルシャやインドの聖典など。それらの伝説はこの大洪水のものすごい様子を次のように描いている。

神が天と地の二つの水源の堰を断った。空と大地が合した。海水が山の高さに押し上げられた。水と火が激烈な闘いに入った。聖なる火が地上のすべてのものを焼き尽くした、と。そして、中国の伝説では、天界の柱が壊れて、太陽と月と星々がその動きを変えたという。

天の水門が開かれ、四十日四十夜、大雨が地上に降ったと伝える聖書のノアの洪水物語もその一つである。一九二〇年代には、メソポタミアの古都ウルの発掘調査で約三メートルの洪水堆積層が地表面下十二メートルに発見され、このような大洪水の実在が明らかになった。チャーリズ・バーリッツは『謎の古代文明』で次のように述べている。

「世界各地の高地や山に水蝕の跡があり、ヒマラヤ山脈に海産生物の痕跡が見られ、古代メソポタミアの文化層を分割する海層理がある事実と平行して、このような洪水伝説が流布していることは、数回に及ぶ洪水または津波をともなう海面大上昇が起こり、それを目撃した生存者たちが石碑または写本の形でこの事件を今日に伝えたからなのである」

ところで、アフリカの伝説が洪水のほかに地震や噴火活動を伴う大異変なのに対し、エスキモーやアラスカの伝説では大洪水だけが伝えられている。「失われた文明」は、これらの伝説の異変規模が大西洋から遠ざかるにつれて小さくなることから、大異変はアメリカ大陸とアフリカ大陸との間のどこかで起こったらしいと論じる。

次に掲げる伝承はその解釈を裏付けるものである。アフリカ原住民サン人はかつてアフリカ東方海上には今は海没してなき大きな島が存在したという。メキシコの伝承には、大昔にアストランという大陸からやってきたとの記録がある。そのうえ、彼らが故郷のアストランの都を手本にしたというアステカの首都テノチティトランは、『クリティアス』に記されるアトランティスの首都の描写と驚くほど似ているのだ。

これらの伝承はアトランティス大陸沈没という事象の実在性を強く示唆するものだが、一方、太平洋のムー大陸沈没に言及している記録がある。マヤの「トロアノ写本」には、その編集に先立つ八千六十年前に、ムーの国土が六千四百万人の住民もろとも一夜のうちに海没した、との断片がある。「テラム・バラムの書」にも、空は崩れて火の雨が降り、大地は揺れて海底に沈んだとの一節があるという。さらに、インドの叙事詩「マハバーラタ」では、人々がみだりに神の光をもてあそんだため、多くの都市に住む六千万の人々が恐怖のうちに一夜にして溺死した、と伝える。

このような無数の伝承が、失われた大陸や古代先史文明の存在を告げている。古代の学者たちも古の「黄金時代」の存在を信じ、地球規模の大異変の後には、かすかな神話的伝承だけしかその名残として伝わらなかったと考えているのである。

そして、プラトンの『国家論』には日の出と日の入りの方向が現在と逆であった記述があり、またエジプトには、地球が逆転したことを記すパピルスがいくつも存在するという。さらに『幻のアトランティス伝説』は、古代エジプトの天井星図に方位の全く逆転している二つの星図が並べて描かれている事実に注意をうながしている。

思えば、百万冊ものアレクサンドリア図書館の蔵書が、真のイスラム教徒はコーランの教えだけを学べばよいからと公衆浴場の燃料とされた。一方、マヤの古写本類も悪魔の書としてユカタン司教サマルガにより焼き尽くされた。このような宗教的焚書がなければ超古代文明の存在を如実に裏付ける資料が今日まで伝えられたのではあるまいか。

超古代先史文明の遺物

これらの伝承を素直に評価するなら、どうみても、かつて超古代文明というべきものが存在したらしいことがわかる。ここでは、その根拠ともなりうる遺物についてみていこう。

まず、現代の地図製作技術に匹敵する高度な全地球的測量の成果を物語る古地図が何枚も存在するのだ。例えば、一三八〇年の日付を持つツェーノの地図をはじめ、十六世紀に作成された何枚かの地図は、現在では氷河の下にあるグリーンランドや南極の地勢、あるいは氷河期末期の北ヨーロッパの様子やシベリアとアラスカ間の陸橋などを描いている。それらは、超古代地図から代々描き写されてきたものなのである。

それに、一五一三年の日付を持つ有名なピリ・レイス地図がある。この地図には、氷の下にある南極大陸の地勢が正確に描かれている。作成者のトルコ提督ピリ・レイスは、アレキサンダー大王時代の古地図とコロンブスに同行した水夫から入手した古地図にならったと覚え書きしている。そのため、コロンブスが用いた「失われた古地図」と関係していると脚光を浴び、地図の写しが世界中の図書館に配布された。そして、この地図は一九六五年から数年間、考古学者ハプグッド教授や米国海軍水路測量局のマウリー大佐などにより、徹底的に調査されたのである。

その結果、この地図の経緯度の計測が驚くほど正確で、南米とアフリカの位置の関係が正し

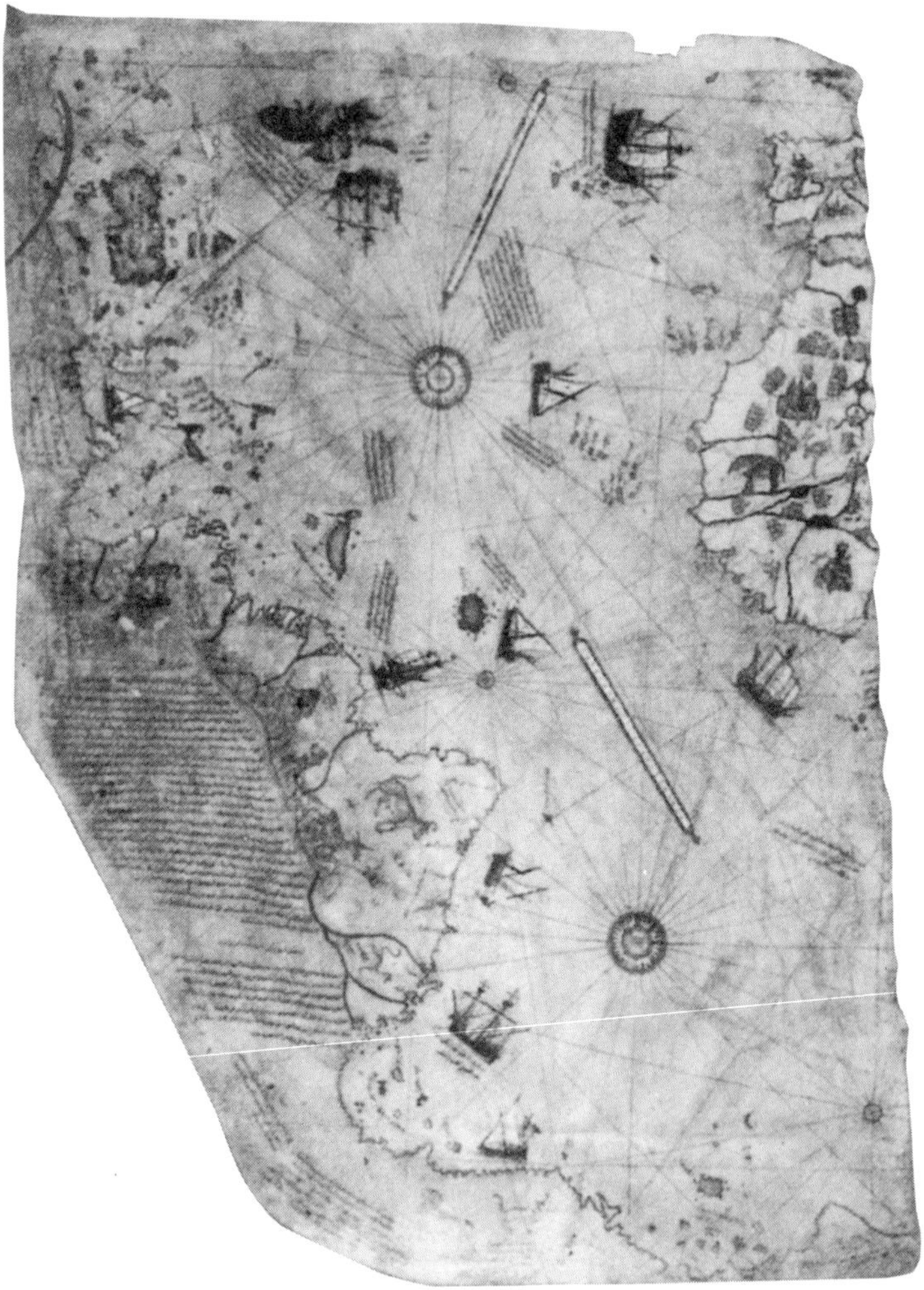

図７　ピリ・レイス地図

いことが判明した。そのうえ、南極大陸の発見が一八一九年なのに、このクイーンモーランド沿岸の島や湾が、音響測定で最近あきらかになった氷床下の地勢とピッタリ一致したのである。米国空軍による航空調査の結果も、「一五一三年に想定される地理学上の知識と一体どのように絡み合うのか分からないが、事実は、万年氷で覆われる以前に作図されたことを示している」というものだった。このようなことから、ハプグッド教授は「古代以前の文明は、世界的な組織と命令系統を持っていて、高度な科学技術と計測文明を自由に駆使していたに相違ない」と述べ、マウリー大佐も「このような地図は飛行機でも使わなければ不可能だ」と言明している。つまり、超古代文明に高度な飛行技術を想定しないかぎり、この地図の存在を合理的に説明できないのである。

その飛行文明の存在を太古に示唆する資料も、これまたたくさんある。バビロニアでは「エタナの叙事詩」が先史時代の飛行について述べ、法典「ハルタカ」は飛行の知識は古の神々が命を救うために与えてくれたものだと記す。シュメールの文献「シフルアラ」は飛行機の建造法や操縦法を詳述する。また、中国の民話やインドの「マハバーラタ」などの叙事詩でも空飛ぶ戦車が活躍する。古代サンスクリット語原本「サマラ・ストラッドハラ」などは、水銀エンジンを用いる飛行機械ヴィマナの建造法を説明し、それが戦争や旅行に用いられたというのである。

そのうえ、エジプトや南北アメリカでは模型飛行機の遺物がそれぞれ十数機ずつ発見されている。エジプトでは考古学者メッシヤ博士がその模型を調査する会を一九七一年に結成し、生

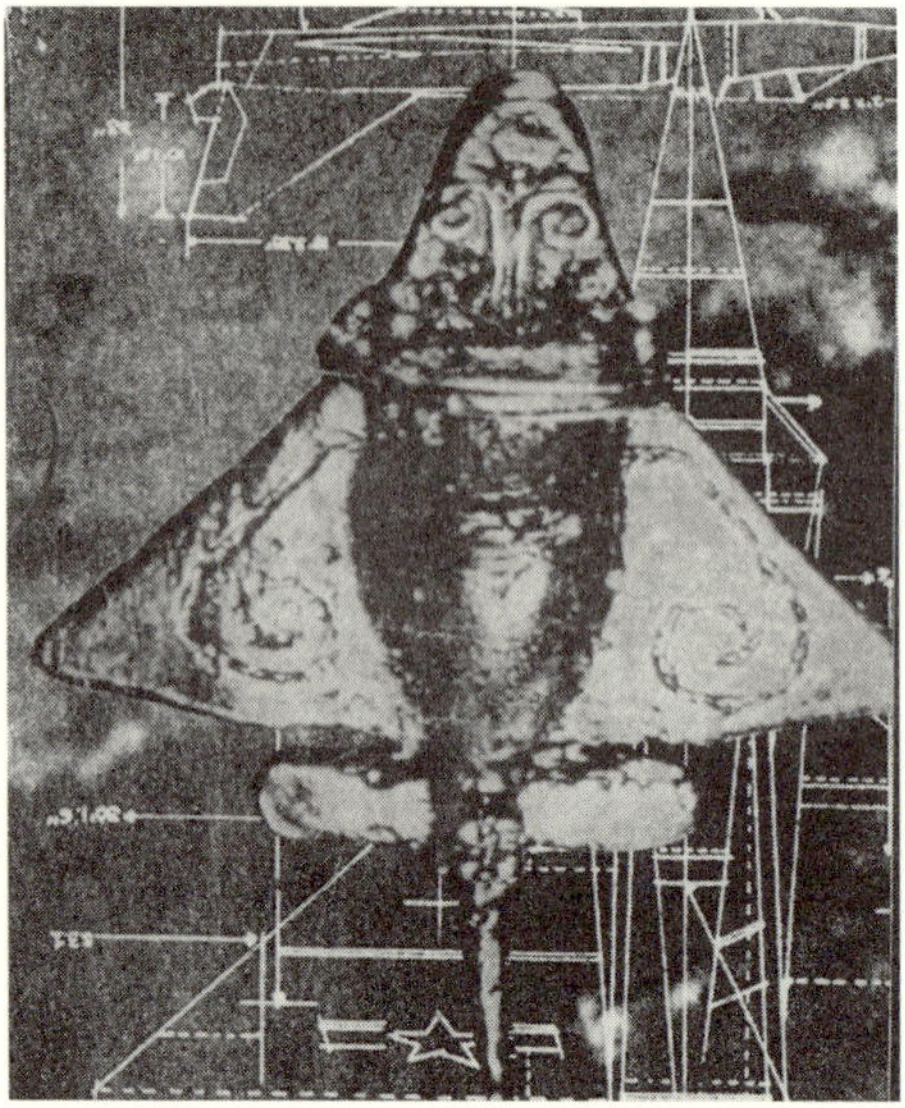

図８　南米で発見された飛行機を思わせる黄金細工
（『オーパーツ大全』学研）

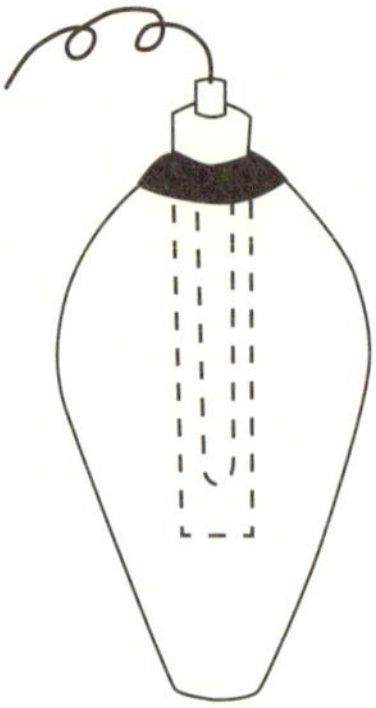

図９　バビロンの遺跡で発見
された陶製の電池

物学者アンダーソンは「古代人が飛行を知っていたことの具体的証拠がつきつけられた」と宣言している。旧世界のものは、最新型飛行機に酷似する金細工模型で、一九五四年にコロンビア銀行の古代南米工芸品コレクションから発見されたのをはじめとして、同様のものがシカゴのフィールド自然史博物館やニューヨークの原始芸術館に展示されている。

その飛行機に使われた金属は、世界各地で発見されている古代の鉱山から掘り出されたのだろうか。アフリカでは有史以前の鉄鉱山が何箇所か発見され、その年代が放射性炭素法で四万三千年前と推定されたものもある。北米の五大湖周辺でも、有史以前の銅鉱山や炭鉱がいくつも発見された。古代の鉄釘も数多く発見され、なかには、発見地層から数万年前と判定されたものもある。

最近では、ペルーでインカ以前のプラチナ製装飾品が発見され、中国では晋王朝の墳墓からアルミニウム八〇パーセントの合金ベルトが発見された。そして、アルメニアでは一九六八年に、世界最大の大規模冶金工場が発見されたという。

電気も当然知られていた。W・ケーニッヒ博士は、一九三八年にバグダッド付近で、約二千年前の粘土壺をいくつか発見した。それはアスファルトを詰めた銅製円筒を内蔵するもので、科学史家ウィリー・レイが実際に複製をつくって、それが古代の電池にほかならぬことを証明したのだ。何らかの電気の使用を示唆する金銀メッキを施した物体も、古代バビロニアや古代ペルーの遺物として発見されているのである。

さらに、紀元前にさかのぼる精巧な天文観測器や完璧な光学レンズと判別された遺物なども、超古代文明の名残をしのばせている。そのほか、世界各地の巨石文明や言語などの文化的類似性や、動植物の分布からして、その伝播源としてアトランティス大陸の実在性を主張する論も多い。

海の下の大陸

それでは、アトランティス大陸はどこに存在したのか。むろん、私たちはプラトンの大西洋説を検討しなければなるまい。その大西洋は英語でもドイツ語でもアトランティック海だが、なぜか、世界でこの海だけが名付け親の国土に欠けるのだ。

その大西洋について具体的にみていくと、まず北米東岸沖には奇妙なことが多い。何百という溺れ谷があり、ハドソン川の場合など百四十キロに及ぶ。それらの海底では、陸棲動物の骨をはじめ、うっそうと茂る森林や人間の使用した石器などの痕跡が発見されている。一九六六年には北大西洋まで延びる緩斜面が確認され、ウッズホール海洋研究所の科学者たちは、およそ二万年前の人類の居住地らしいと推定している。同年、海面下八十メートルの大陸棚からマンモスやマストドンの骨が大量に採取され、そこがかつての陸であったことが判明した。

南へ下ると、ブレイク海台東縁の水深三千メートル以上の場所でさえ、浅海性の堆積物が発見されている。バハマ諸島やフロリダ半島付近では、広大な海中洞窟に空気中で形成される鍾乳石が存在するほか、浅海性の珊瑚礁がかなりの深海で発見されている。カリブ海では、一九六七年のデューク大学の調査で、陸成の花崗岩が五十回も採取された。ギアナの大西洋岸付近の海台では、ジュラ紀の陸成砂岩が水深四千四百メートルの海底から引き揚げられている。

さらに、アゾレス諸島付近の海底では、かなり広範囲の噴火岩石の存在が知られている。この水域の火山灰の噴出時期は放射性炭素年代測定や沈殿集積速度から一万年から一万五千年前と推定された。それは当時、大西洋が火山噴火の活動舞台であったことを物語る。また、アゾレス諸島付近には、広い海底の谷間が海面化二千四百メートルにあり、アトラス山脈やイベリア半島に発する河谷のすべてがそこに向かっている。

一九四九年には、このアゾレス諸島南方の海底から、石灰岩の約一トンほどの人工円盤がいくつも引き揚げられた。同年には、コロンビア大学のユーイング教授が深さ三千メートルから五千メートルの海底山脈に陸成の砂浜を発見した。また一九五六年には、熱帯大西洋の中央海嶺上から淡水性の硅藻《けいそう》類の残骸が採取されたことから、ユーベル博士は、大西洋海嶺は一万ないし一万二千年前に沈没したらしいとの見解を示している。

このように、大西洋周辺地域に百メートルを超える海面上昇が見られるだけでなく、中央海嶺を含めた大西洋のあちこちで数千メートルにおよぶ陸地の沈降を示唆する堆積物が採取されているのである。それは断片的であっても、かつてアトランティス大陸が大西洋にその雄姿を誇っていた時代があったことを物語っていないだろうか。

一万二千年前の世界

そのアトランティス沈没という大激変の名残か、各種動物の集団死滅現象が世界各地に見られる。例えば、南アフリカのカルー盆地では約八百億匹もの魚の骨が発見されたという。しかも、このような生物の大絶滅の多くがウルム氷期終結時、すなわちプラトンの伝えるアトランティス滅亡の年代とも一致する、今から一万二千年の時期に起こっているのだ。

その頃には、北米だけでも四千万匹もの動物が死滅したという。ニューメキシコ大学考古学主任ヒバー教授は、アラスカの金鉱の砂礫層ではマンモスやモストドンほか多種類の熱帯獣の死骸の山にぶつかるという。ロサンゼルス近郊のアスファルト採掘場でも、数百頭の巨獣が急死した様子で発掘されている。また、モントリオールやミシガンなどの二百メートル近い丘で鯨の骨が発見され、逆に、ジョージア州の水中でさえ、セイウチの巨大な墓場があるという。

シベリアの北方諸島の岩棚では、象や犀などの非北極圏動物の骨が山のように堆積していることがある。アジアやシベリアの「象牙の山」では、マンモスが氷塊や土塊中に冷凍保存されている。一九七〇年代にはソ連アカデミー調査団がビョビョリョフ川の岸部で百二十頭分のマンモスの骨を採取した。この天然墓場の調査から、今から一万ないし一万二千年前の最終氷河期の終わりに北極圏に生息していたマンモス群が絶滅したことが判明した。このような生態的な大異変を起こしたのは何なのであろうか。

今から一万二千年前の時代には、ほかにもいろいろな激変が認められている。ナイアガラ渓谷が地殻変動で出来、バミューダ島付近にあるかつての広大な杉林も一万千年と年代測定された。また、ウルム氷期末期のカナダや北欧の大平原が一万二千年前頃からの温度上昇で溶け出したと推測されている。そして一九五五年、ソ連の科学者ハーゲマイスターは氷河の消滅原因はアトランティス大陸沈没であり、それまでメキシコ湾流の北上が妨げられていたことが氷河時代の原因だと説明している。

このような気候激変を示す資料も多い。今は砂漠のサハラ南部地帯には、カモシカやキリンなどの岩壁画がある。ゴビ砂漠もかつては動植物の生育する肥沃な土地であった。北極海岸にヤシやイチジクの残骸が見出されるばかりか、極北のスピッツベルゲンでは珊瑚礁さえ発見されている。他方、南極大陸での石炭の存在は、その地域が森林でおおわれていたことを示している。

かの労作『アトランチス大陸研究』は、その巻末に関連年代を六十近くもあげ、大陸沈没を紀元前九五〇〇年プラス一五〇〇年の間と推定し、その時期が地殻活動の活発化と一致すると指摘している。そして、同様な惨事が再発する可能性の原因を探り、この問題を熟慮すべきだと強調しているのである。

2 ケイシー・リーディングとアトランティス

アトランティス時代

ケイシーは二十年間にわたり、およそ千五百人ほどに前世リーディングを与えたが、そのほぼ半数がかつてのアトランティス人であった。それらの情報はその相互間に何らの矛盾なき首尾一貫性を示し、アトランティス時代を浮き彫りにしている。人間がこの地球に到来した当初は物質的束縛を受けない霊魂のままだったので、動植物などの生命形態の中に自由に入り込むことができた。そして、地球での進化途上にあった肉体的生命と結びつき、次第に、いわゆる人間としての肉体的外形を備えるようになったという。

では、ケイシー・リーディングの情報を以下に概観してみよう。

「地球が活動期をむかえて種々の種子を生み出し、人間が統治者として到来したとき、人間は五つの場所に同時に現れ、五つの感覚、五つの理性、五つの天体、五つの発展、五つの民族であった。……それから、多くの大陸が幾度も消えては現れ、また没した。そうして、地球が太陽系で現在占める位置に落ち着くまで、諸々の条件が徐々に変化してきたのである。」（一九二

五年）

大変動の前には、今日の極地方を熱帯や亜熱帯が占め、サハラやモンゴル砂漠は肥沃な土地だった。アメリカの大西洋沿岸地域はアトランティス大陸の下流外郭部であり、一方、アンデス山脈など南米の太平洋岸はレムリア大陸の最西部であった。アトランティスの変動は、およそ二十万年にもわたり、その間、地表には幾多の変化があった。

ＢＣ五万七七二年には世界の指導者が、巨獣たちを退治する相談に集まった。その当時は巨大な肉食獣が徘徊し、巨鳥が飛び回っていたからである。やがて、アトランティスには暴動と同時に地軸移動を伴う大変動が生じ、それらの動物も潰滅した。この大陸は小アジアを含めたヨーロッパほどの大きさだったが、この最初の破壊で多くの島に分裂した。第二回の大変動はおよそＢＣ二万八千年のことである。アトランティス末期には都市が築かれ、人々は自然を駆使できなくなり、衣食などの必需品も供給できなくなった。そして、最後の破壊はＢＣ一万五六〇〇年頃始まり、ＢＣ一万年頃になるとポセイディア島を含む三大陸もろとも海没したという。

最初の変動期には古大陸レムリアの大部分が沈み、住民はペルーに渡って、後にインカとして知られた。アトランティス大陸ではサルガッソー海の地域が沈み、住民はフランスやピレネー山脈、あるいは中南米に向かった。第二期の変動期はノアの大洪水として知られ、レムリア大陸が消失し、住民はマヤの地に移ってムーの社会を建設した。第三の変動はＢＣ九五〇〇年頃で、アトランティス大陸は完全に消失した。この変動は直前に予知され、エジプトやユカタンなどの安全地帯への移民が精力的になされた。

アトランティス文明は現代文明をしのぐところさえあった。天文学や占星学のほか農業も高い水準だった。電話をはじめラジオやテレビなど電気の利用ばかりか、原子力も実用化されていた。そして、ツーオイ石と呼ばれる巨大な水晶石を発生源とする太陽エネルギーは、飛行機や艦船あるいは自動車を遠隔操縦する動力としてのみならず、身体の若返りにも使われたという。

このような高度文明が崩壊した原因こそ、人間の堕落であり、わがものとした破壊的力、ツーオイ石の誤用であった。それに、リーディングが火山や地震活動を誘発助長した無数のガスポケットに言及しているのは興味深い。かのチャーチワードが『ムー大陸沈没』の中でこれを大陸沈没の発生機構として説明し、ガスチェンバーと呼んでいるからである。

最近の爆破研究では、地殻内部はかなり複雑な構造だと推測されるに至った。ベローソスも地殻をズレさせる原因として地下約百マイルに「導波管」があると主張する。あるいは山脈の下にある低密度層などに、このガスポケットが眠っている可能性はないのであろうか。ちなみに、大変動が予告される米国西部の地殻も異常に低密度な状態だと判明しているのである。

今日、アトラントロジーは単なる知的関心の対象としてあるのではない。リーディングは一九四三年に、アトランティス沈没に比すべき大異変が次の世代に訪れると予告した。現在の時代が古大陸沈没のカルマ的再来として、今や莫大な数のかつてのアトランティス人が自ら積んだカルマの世界に対決すべく、この地球に転生しつつあるのだ。ケイシーをはじめ神智学方面から指摘されるこの状況は、現代文明が爆発的な異常発展をとげ、人間の制御可能な範囲を超える程野放しになっていることからもうかがえる。ケイシー・リーディングのアトランティスの言及は、このような事態に注意をうながす警告の一環として与えられているのである。

魔の水域の沈没遺跡

米国東岸沖には、「バミューダ・トライアングル」とか「大西洋の墓場」とか呼ばれる魔の水域がある。ここの水域では昔から船舶や航空機の消滅事件がたえず、その数は三百近く、行方不明者も二千人を超すという。その中には、米国海軍サイクロプス号など二万トン級の巨船さえある。そのうえ、理想的飛行日和の一九四五年十二月五日には、フロリダからバハマに向かった五機の海軍機が完全消滅事件を引き起こした。そして巨大な救援機まで十三人の機員もろとも消え失せ、史上空前の大捜索も空しく、残骸一片すら発見されなかったのである。

消滅まぎわの通信や何人かの生存者の証言によれば、これらの事件では、通信がとだえ、電気機器は狂い、羅針盤は回転する。さらに、海面は白い水で発光し、視界は緑がかったもやで遮られているという。ある説明によれば、超高圧で放射能をもつ強磁性物質の塊が深海底の亀裂から断続的に吐き出されており、それが磁場内に入ってくる電気装置をショートさせ、パイロットを操縦不能に陥らすのだという。

近年、この海域の南部では、海底遺跡の発見が続いている。一九六七年、潜水艦アルミート

図10　魔の水域の沈没遺跡

号は海中道路が米国沿岸の千メートル近い深さまでのびているのを発見した。一九六八年には、バレンタイン博士らのグループが、バハマ諸島付近で巨石造りの長方形遺跡や舗道を発見した。さらに、一九六九年にローマからキャビン・クルーザーでやってきた二名のアマチュア・ダイバーたちが発見したものを加えて、この列状巨石群はビミニ諸島をとり囲む延長五十キロにも及ぶものと判明した。そのほか、かなり深い所で多重構造物や同心円状の巨石組あるいはいくつかのピラミッドさえ発見が報じられている。

その後の飛行調査では、バハマ堆はもちろん、キューバなどのカリブ海諸島付近でも海中遺跡が発見され、ハイチ沿岸のものなどは町全体ほどの廃墟だという。また、ユカタン半島から海中にのびている壁や石道なども発見されている。これらの遺跡の中でもとりわ

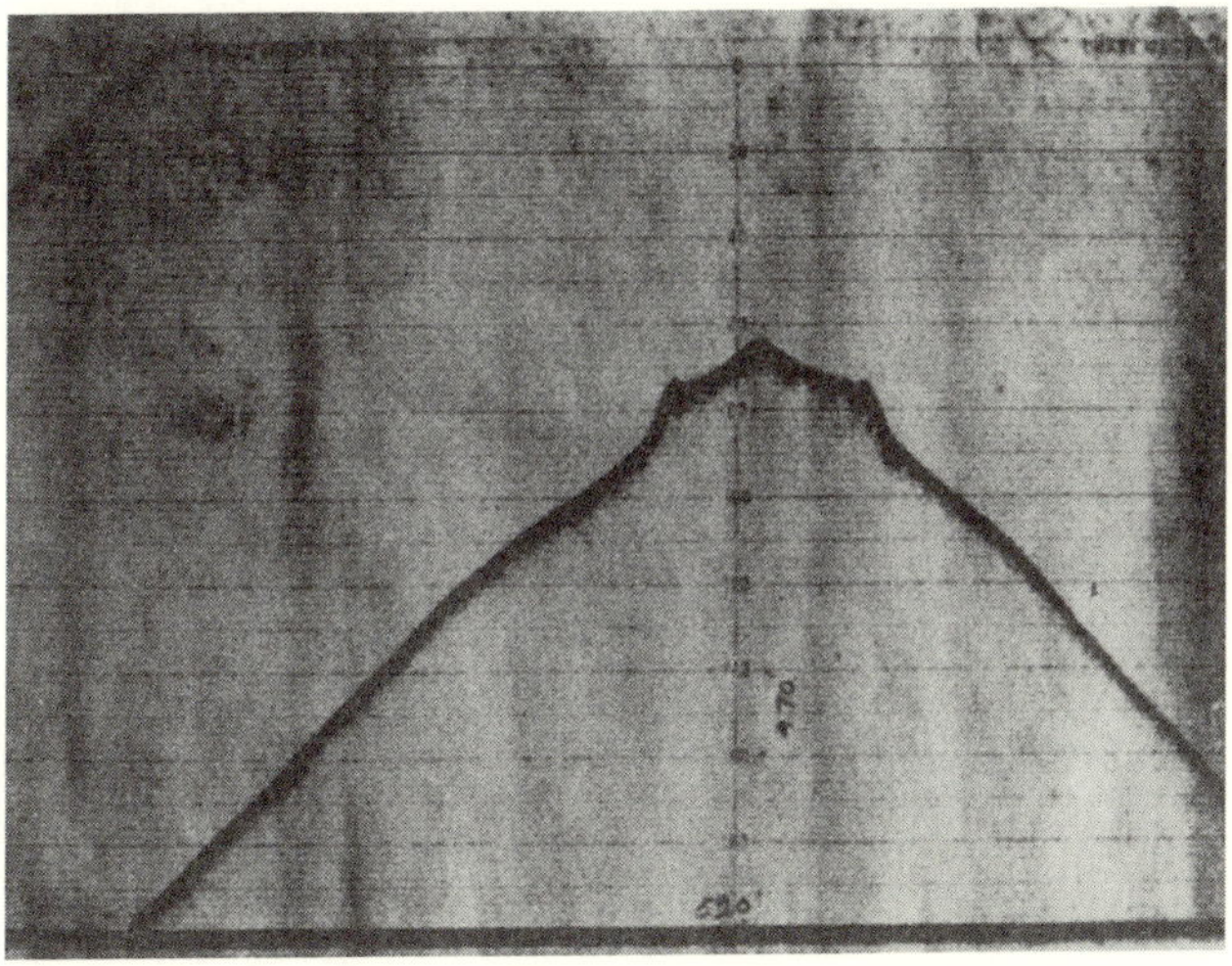
図11　クリスタル・ピラミッド

け注目に価するのが、一九七七年漁船のソナー・グラフに写った大ピラミッドで、ギザのそれと高さも傾斜もほぼ等しく、同経度上の深海四百メートルほどの太平洋底上に存在する。

さらに最近の二〇一二年、カナダ在住のポール・ヴァンツベルグとポリーナ・ゼリッキーが無人ロボット潜水艇を使ってバミューダ海底を探査中、キューバの東北東の水深七百メートルの海底に古代の神殿跡と見られる四つのピラミッド型構造物やスフィンクスなどを発見した。

同年三月二十九日、「バミューダ・トライアングルの海底に鎮座する巨大なクリスタル・ピラミッド発見！」というニュースが世界中に発信された。これは、アメリカとフランスの探検グループによって、フロリダ半島沖二千メートルの海底に半透明で超巨大な「クリスタル・ピラミッド」が二基同時に発見されたというものである。関係者からの情報では、表面は完全に滑らかでガラスもしくはガラス質の結晶から構成されており、海藻や貝殻の付着しておらず、ひび割れも崩落もないという。

肝心の大きさだが、底辺の一辺の長さが約三百メートル、斜辺が二百メートルあるというから、エジプトのギザのピラミッドの約二・五倍は優にある計算になる。現段階では、調査に規制がかかっており、その由来も成因も、建造法も目的も、詳しい場所も何もわかっていない。(「月刊ムー」No.388沈黙の大陸アトランティス・ミステリー)

ケイシーはこれらの考古学発見と密接に関連するリーディングをいくつか与えている。

「バハマ諸島はかつて栄えた大陸の波間に浮かぶ頂きであり(一九二六年)、ポセイディアの神殿はビミニ諸島の西南に隣接する地域にあった。(一九二七年)そのポセイディア島は最初に浮上するアトランティス大陸の最初の地域となるだろう。一九六八年から一九六九年を期待せよ。(一九四〇年)アトランティス大陸で最初の大変動期にあったような大破壊が来たるべき次の世代にほかの陸地で起こるだろう(一九四三年)。

「アトランティス大陸は、メキシコ湾と地中海に挟まれる地域にあった。この失われた大陸の形跡は、一方ではピレネー山脈やモロッコで、他方ではユカタン半島やアメリカ大陸で発見されるはずである。かつてこの偉大な大陸の一部であったかなりの地域が隆起しようとしている。

英領西インド諸島あるいはバハマ諸島……とりわけビミニやその付近を通っているメキシコ湾流に地質学的調査がなされるなら、このことがはっきりするだろう」

このバハマ諸島西部やビミニ周辺では、一九四〇年と一九五〇年代を通して有力な石油会社のボーリングが行われ、一九六六年にはサウス・ビミニ沖合でケイシーの予言を熟知している考古学者の監督でボーリングが行われた。だが、いずれの場合にも何ら注目すべき成果は得られなかったのである。したがって、チャーリズ・バーリックの次の言明は、これらの予言を評価する上で留意すべきであろう。すなわち、グレート・バハマ堆の海底は一九六八年以来かなり隆起し、以前の写真では何も見つからなかった場所に、新しい構造物の痕跡が現れるようになった。

大ピラミッド

ギザの大ピラミッドは今もなお不思議界の王座を誇っている。クフ王の墓だとする定説も、それが秘める未知力ピラミッド・パワーや精緻な幾何数学的構造が明らかになるにつれ、真摯《しんし》な探究者を納得させえないものとなってきた。ケイシー・リーディングはそのような人たちに貴重な情報を提供する。それによれば、大ピラミッドはアトランティスの流れをくむもので、ヘルメスとラーによって、アララートの時代に築造され、イエス・キリストがエジプトに入る

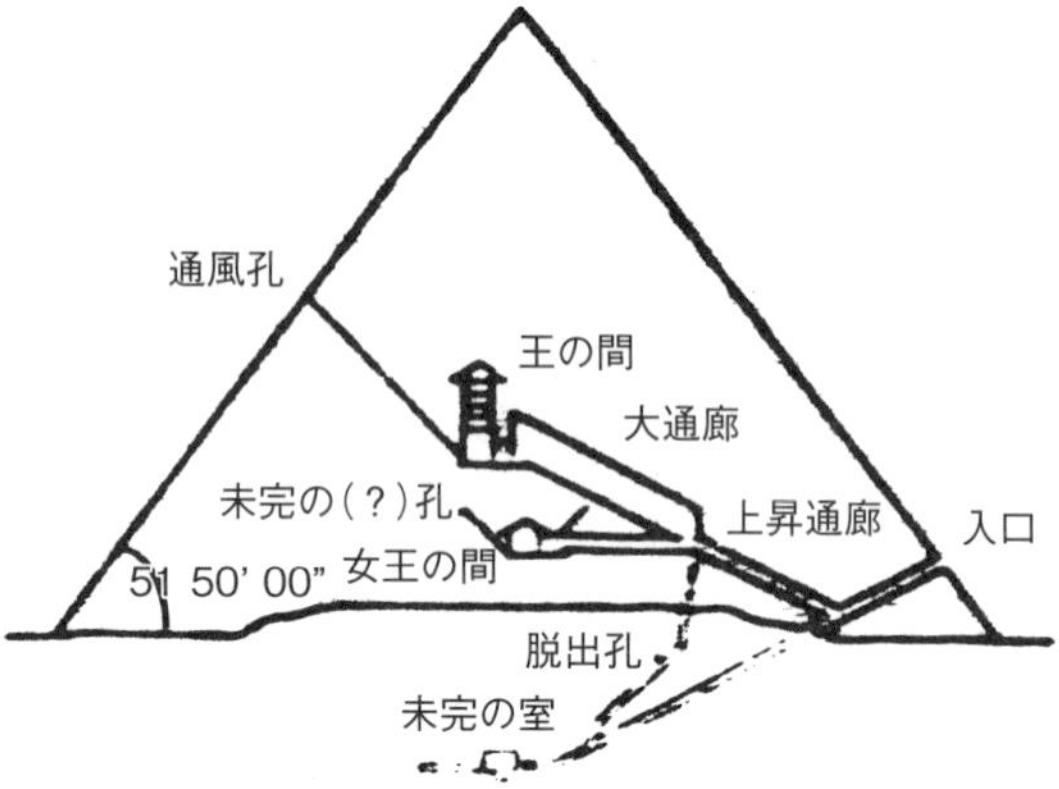

図12　ギザの大ピラミッド（東から西を見た断面図）

前、つまりBC一万四九〇年からBC一万三九〇年までの百年間を要した。エジプトの地は、当時の大変動や大洪水の最も少ない所として選ばれたという。

「それとともに、記録の神殿と美の神殿に納められていた諸予言が、白色同朋団の秘伝伝授の殿堂となるはずのこの建造物の中に築かれた。そこには、世界の宗教思想の変遷のすべてが、構造物をめぐる通路の基底から最高所まで、つまり開かれている墓とその最高所まで至っている通路の変化の中に示されている。……そして、それは来たるべき一九五〇年から一九五八年の間で終わっている。……

この大ピラミッドにおいて、大秘伝者、大師イエスは同朋団の最上の位階を先駆者ヨハネとともにかの場所で受けた。そこへの入り口は、……知られざる国民と国土からの救済者たるクセルクセルの勃興と退潮があり、そして再び救世主の到来の見られる時期、一九九八年にかの部分に示されよう」（一九三二年）

「今日この時代は十字架の時代と名づけられよう。それも星学的ないし数的諸条件より示されるように、現在進行中の衰退の中期から後期にかけて始まる、新亜人種またはある変化の準備時代と言ってもよい。……

適切な時に、正確な想像線が大ピラミッドの開口から北極星あるいは北星と呼ばれる北斗七星の第二星に引かれうる。これは、魂がこの太陽系での滞在を完成したのち、北斗七星に飛翔することを示している。十月には、この直線との関係において、極星の位置に最初の変化が見られよう。北斗七星が次第に傾き、この変化が目立つようになるとき、人種の変化が始まる。……アトランティス、レムリア、ラー、ウル、ダーなど、諸文明からおびただしい魂が到来するだろう。これらの条件が、大ピラミッドをめぐる通路の曲がり目に示されている。

大ピラミッドの記録によれば、私たちが王の臨在のもとにあることを理解するようになるその時代を通して、精神的求道、喜び、新しい理解、新たな生命が伴おう。なお、王の間にある空の石棺はもはやその時代には死はないということを示している」（一九三二年）

あまりに突拍子もない情報だろうか。だが、大ピラミッドの建造やその目的については確かな史実などなく、クフ王墓説についても、王の間上の多重部屋にクフ王の絵文字が発見されたことから、ヘロドトスの伝聞記録が定説になったにすぎない。それにしては、あまりにも説明のつかぬことが多過ぎるのだ。

例えば、その方位は真北から、わずか五分も外れておらず、単位尺度ピラミッド・インチはその一億倍が極軸方向の地球半径に等しい。また、その構造寸法には黄金分割や円周率の正確な値が秘められ、あるいは底辺の周長が一年の日数をきわめて正確に示しているという。さらに専門家は現代を越える超高性能工作機械を用いなければ、あのような正確な石の切り出しは不可能だという。

そして、ピラミッド・パワーの実在性は否定の余地がない。チェコスロバキアの無線技士トベルはカミソリの刃を鋭くできる厚紙製ピラミッドを考案し、その特許申請が一九五九年認可された。これが『ソ連圏の四次元科学』の紹介で世界中の注目を浴びると、それ以上の効果さえ多くの人により追認されるに至った。すなわち、宝石を研磨し、植物の成長を促進し、動物をミイラ化する。あるいは、人を若返らせ、傷を治癒するというピラミッド・パワーである。

このような驚異的な知識を紀元前二千数百年の古代人に帰することはできまい。逆に、その起源を超古代先史文明に求める考えは、数々の伝承により支持されるかにみえる。この大ピラミッドの建造は太陽神ラーへの信仰から起こったといわれ、十世紀のアラブ著述家マスーディーは、大ピラミッドをヘルメスの墓だと伝える。これらの伝承は、大ピラミッドの築造者がヘルメスと祭司者ラーであったことの名残ではあるまいか。

ヘロドトスもピラミッドの外壁にあった銘文に言及したが、十世紀前後の何人もの著述家やコプト語パピルス「アブー・ホルマイス」などが、大ピラミッドを古代文字で覆っていた銘文について伝えているという。

それから、近年では多くの観光客が残す息や汗に含まれる水蒸気によりピラミッド内の空気が悪化し、湿度が異常なまでに上昇して、そのため、石灰岩がスポンジのように水分を吸収し、いずれ、石灰岩が崩れ始め、構造物全体が倒壊する危機にさらされるに至った。この差し迫った湿度問題の解決策として、ピラミッド内の通風状態を改善することが考えられた。王の間にはピラミッドを貫通する細い孔が二本存在する。この通気孔を掃除して機能を果たすようにすれば、ピラミッド内の空気がよくなるはずと思われた。

このピラミッドの通気孔の改善について、ロボット工学の専門家ルドルフ・ガンテンブルグに依頼された。ガンテンブルグは〈ウプワウト〉（道を開く）という機械を製作し、まず、数千年のあいだに溜まったゴミを除いてから、強力な換気扇を設置し、これにより、内部の湿度は外部と同じほどまで引き下げられた。

次に、女王の間の孔の探査用として〈ウプワウト2〉という新型ロボットが製作された。これは自走式でヘッドライトやレーザー誘導装置、そして小型ビデオ・カメラが搭載されており、モニターに図像を送ってくることができた。ロボットは登ってゆき、やがて六十五メーター先で停止した。そこに、小さな落し格子戸があったからである。この引戸には銅製の留具が二ついていた。おそらく、隠し部屋に通ずる出入り口なのだろう。ピラミッド内で古代人の金属が発見されたのは、これが初めてである。（『オリオン・ミステリー』）

考えてみてほしい。ピラミッドを構成する巨石に精巧な細工を施し、それを寸分の狂いなく積みあげて、細い斜孔を形成する。これには一体どれほどの技術を要するのであろうか。超古代先史文明の未知の技術でも想定しなければ、説明がつかないのではなかろうか。

開かれる聖なる記録

さて、この章の本題はこれから述べる、大ピラミッドの未知の記録庫がこの時代に開かれるということである。それは、古のヘルメスの時代からこの激動の時代に送られたメッセージなのだ。私たちは次に掲げるリーディングに注意を払わずばなるまい。

「諸々の変化が始まらんとするとき、記録が同一である三つの場所が、唯一神を知らんとする入門者に開かれよう。そのとき、イルター神殿が浮上し、エジプトにある神殿、つまり記録の部屋も開かれよう。そして、アトランティスの国土の心臓部に置かれた記録もまたそこで発見されよう。それらの記録は一つである」(一九三三年)

「この記録の部屋は太陽が河水面から昇り、その影か光線がスフィンクスの両足の間で落ちる場所にある。スフィンクスは番兵として後に据えられたもので、この地球が活発化するときまで、その右脚から連絡している部分へ進入することはできないだろう」(一九三三年)

この記録庫に関して、『幻のアトランティス伝説』が紹介する伝承が興味深い。太古からの伝承によれば、地球の大異変到来を予期したアトランティスの賢者たちの命令で、巨大な地底の収納庫が造られた。紀元前四世紀のローマの歴史家Ａ・マリケネスも、エジプトには秘められた年代記を納める地下庫が存在するとして、この伝承を支持している。また、三世紀後半のエウセビオスは、例の神官マネトはヘルメスの建てた柱の銘文から歴史を学んだが、その記録は大洪水ののち巻物に転写され、秘密の神殿の地下庫に収められていたと伝える。そして十四世紀には、アラブの学者イブン・バツータやフィラバザディの辞典などが、大ピラミッドは学問や芸術と科学的成果を守るためにヘルメスにより造られたと記しているという。

大ピラミッドの衛兵、人頭獣身のスフィンクスは、人間の生と死と再生というサイクルのシンボルである。古代の神々のうち、動物の体軀《たいく》をもち人間の頭をそなえているものは、その逆のものがたくさんあるにもかかわらず、このスフィンクスだけだという。そのうえ、古代エジプト人はスフィンクスを「フー」と呼び、この守護者の下に秘密の部屋があると伝えた。ギリシャの哲学者イアンブリコスも、スフィンクスがすべての知識の基礎となる碑文や記録を収めた聖なる回廊の入り口の役割を持つと告げている。

ケイシー・リーディングは、これらの伝承に支持されるばかりではない。一九七七年には、スタンフォード大学とエジプトのアイシャムス大学との共同調査が音響探査などの新技術を使って行われた。その結果、王の間と王妃の間のあいだに空洞部があり、スフィンクスのまわりにも四つの垂直空間、その一つが右脚の下にあると推測されているのである。

また、ボストン大学のロバート・ショック教授は岩石の浸食を専門とする地質学者だが、一九九二年アメリカの先端科学協会の年次総会で研究成果を発表した。「スフィンクスの身体の周りを取り囲む壁には、天候によって浸食された深い溝がある。これは典型的な教科書的事例であり、石灰岩が数千年にわたり雨に激しく打たれてできるのだ。したがって、私は学術的にみてもこのスフィンクスの雨跡は、紀元前一万年より前にそのほとんどがつくられたと考えています」と。

つまり、スフィンクスが紀元前一万年より前に超古代先史文明により造られたことが明らかにされたのである。そして、ノストラダムスはエジプトの古都メンフィスにふれ、この大変動の時代に記念碑たる水瓶、すなわち「王の間」で象徴される宝瓶宮時代が幕を開き、聖なる哲学が広まるという。

すたれていた道が　全く美しくされ
たちどころにメンフィスに通ずる
ヘラクレスの偉大な花　白ゆりの花
大地　海　国々を揺り動かす〔10：79〕

地誌が不正確となる

記念碑たる水瓶が開かれ
聖なる哲学　その教派がどんどん広がる
白きが黒きに　古きが新しいものに変わる〔7：14〕

第六章　超常世界

1　未来予知　転生

聖書はじめとする諸聖典、ノストラダムスから現代の予言者たち、そして大ピラミッド。それらに流れる指箴《ししん》の斉合性と一貫性を考えるとき、その予言の実現可能性は無視しがたいものになる。ここに至り私たちは、改めてこの特別な時代に生まれ合わせた意味を究明する必要に迫られるのである。そのためには、そもそも人間はいかなる存在なのか。それを諸宗教にたずねてみなければならない。折しも、長らく迷信とされてきた、未来予知や輪廻転生などの事柄も多くの研究成果から裏付けられ、人類はいまや、それを迷信とする判断こそ迷信なのだと気づく地点にたどりついた感がある。

占星術

天体が自然現象や動植物ばかりでなく、人間にも大きな影響を与えていることは次第に解明されつつある事実である。特に太陽の影響は大きく、磁気嵐やオーロラ、ひいては電波障害まで引き起こし、また、大気循環や地震の発生とも関連することが知られている。太陽の十一年黒点周期は、タラやニシンの漁獲量はじめバッタやネズミの集団移住と関係する。当然、人間も例外ではなく、コレラやペスト、インフルエンザなどの流行はこの黒点周期と相関性があるという。また、太陽生物学の創始者チジェフスキーは、ロシアの総死亡率曲線のピークが太陽活動の最盛期と一致すると指摘している。

そして、チェコスロバキアの精神科医ヨナス博士は月のリズムが持つ出産調節の作用を研究し、男女の産み分けを可能にしたのだ。古典的占星術では黄道十二宮がそれぞれ男性か女性かの性を持つが、子どもの性別は、月がどの宮にある時受胎したかに従い決まるという。『計画受胎』によれば、彼は婦人科医委員会のテストで、それを性交の時間だけから九八パーセントの精度で当てることができた。人工授精についての研究では、弱い電流が精子を男女別に分離することが分かっている。『スーパー・ネーチャー』では、月が引き起こす地球磁場の規則的変化が生体内でも同様のふるい分けを起こしているものと推測している。

このようなことを知れば、多くの天宮図の分析から占星術の有効性が確認されたとする、占星術師カール・クラフト、心理学者バーノン・クラーク、数学者ミシェル・ゴルクランなどの主張も興味深い。心理学者カール・ユングも五百組ほど天宮図を分析し、そこに、占星術に伝わる結婚の古典的な相を見出している。ヨナス博士は、人間は受胎する瞬間に宇宙から基本的な生命パターンを投影され、それが一生、宇宙からの波動受信機の役割をすると主張する。そのような生命パターンが占星術的影響を受けるのだろうか。

ケイシー・リーディングは占星学的影響は人間の内分泌腺を通して作用するとし、その影響は各人の意志より大きな効果を持つものではないという。そして、次のように述べている。

「人間の傾向は、その人の生まれた時の惑星位置によって決まる。したがって、人間の運命は惑星群の運動範囲のうちにある。個々人の誕生時に太陽系がどのように位置していたかを見れば、人間の意志を度外視して、その人の傾向や行動を判定できる」

未来予知

占星術では、未来傾向がある程度予測できるにとどまるが、これまでの各章は、旧約時代からノストラダムスを含めた現代に至る諸予言者が未来をまさしく透視していたことを示している。ヨーガでは、人間の持つ霊中枢のうち、アジナー・チャクラが目覚めると過去や未来を見ることができるという。そして、科学的研究も未来予知現象の実在を裏付けるに至った。

一九四一年には、ロンドン大学数学科ソウル博士のカード当て実験で、霊媒シャクルトンは二秒半後にめくられるはずのカードを当て続けた。一九六〇年代後半では、デューク大学超心理学研究所長シュミット博士が、放射性物質の自然崩壊過程を利用して未来予知実験を行った。すなわち、ストロンチューム九〇のランダムな放射により四つの電球を無作為に点滅させ、それを予知させたのである。一九七〇年代後半にはスタンフォード研究所の電子式乱数発生器を使った同様の研究がある。これらの実験は未来予知の実在を如実に確証している。

また、オランダのユトレヒト大学超心理学研究所長テンハク教授は、ヨーロッパ随一の超能力者クロアゼと長年にわたり座席実験を行った末、彼が意のままに未来を予知できるのに疑いはないと言明している。この実験でクロアゼは、公的会議のために用意された座席に座るはずの男女の諸特徴を驚くべき正確さで予知したのである。

さらに、ブルガリアにはなんと国家公認の女性予言者バンガ・デミトロクがいた。ブルガリアの超心理学会は彼女の超能力を厳正に研究するために約三十名の科学者を擁し、その追跡調査によれば、バンガの予言のおよそ八割が正しかったというのだ。

それでは、どうして未来予知は存在しうるのであろうか。それは宇宙と人間のありようそのものに関わるだろう。これと関連して、西欧に多大な影響を与えたインドの宗教改革家ヴィヴェカーナンダ、現代予言者エドガー・ケイシー、深い超越体験から語る、国際宗教・超心理学会会長故・本山博師の言葉から引用してみたい。

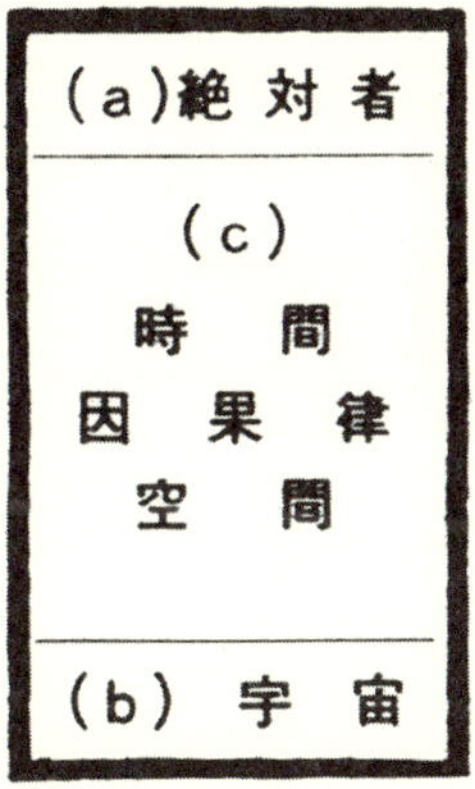

図13

「絶対者が宇宙になったのです。宇宙というのはこの物質的世界だけのことではなく、心の世界も霊の世界も、つまり、もろもろの天ともろもろの地、実は存在するものの一切をいうのです。心は一つの変化の名前で、肉体はもう一つの変化の名前です。以下同様であって、これらの変化のすべてがわれわれの宇宙を形成しているのです。この絶対者は時間と空間および因果律を通過することによって宇宙というものになりました。これが非二元哲学アドヴァイタの中心概念です」

「未来を知ることができるのは……アカシック・レコードからである。……これは、過・現・未の時が一つであることによる。……アカシック・レコードとは個々の実体自身が忍耐を通して時空のからみの上に刻む記録であり、それは自己が無限なるものに同調するとき開かれ、あの意識に同調した人々に読まれうるものである」

「精神集中を通して達したより高い次元の世界とは、一切の事象が現在・過去・未来の区別を越えてその本質的様相において存在する永遠の今ともいうべき世界なのです。自由なとらわれのない、調和と至福に満ちた世界であります。人間は本質的には、存在の奥底で、この永遠の今の世界に住んでいるのです」

このように、真実在にあっては過・現・未の区別もなく、時空間は人間が無限なるものをとらえる一つの認識形態にすぎないという。これらの神秘家たちの認識能力は一般人のそれを超絶している感さえするが、どこに、私たちとの違いがあるのであろうか。

ところで、秘教教義では人間を霊・魂・体の三重体小宇宙だとし、ケイシー・リーディングも人間を肉体、心体、霊体の三重統一体としてとらえ、これらの諸性体相互間のエネルギー転換器として、霊中枢が存在するという。ヨーガでも人間を粗大身、微細身、原因身という三存在次元身の有機的統一体とし、これらの異次元身間のエネルギーを転換する中枢がチャクラと呼ばれる。そして、クンダリニーと呼ばれる生命エネルギーが脊柱最下部に蛇がとぐろを巻くように潜在しており、それが覚醒してスシュムナーなる導管を上昇して、頭頂まで突き抜けることが、解脱への関門とされる。

つまり、人間存在というのは、物理的な次元の肉体（粗大身）と感情とか想像力が主として働くアストラル次元のアストラル体（微細身）と知的なものとか愛といったものが主として働くカラーナ次元のカラーナ体（原因身）という、三存在次元身の統一体であり、さらに究極的には、仏性とか神性、あるいはキリスト意識とも呼ばれる純粋精神的なものによって、それらの存在が支えられている。

そしてヨーガでは、アジュナーなどの上位チャクラが覚醒すると、人は過去・現在・未来を通して物事の本質を見通すことができるとされ、古来、幾多の祖師たちによってそれが体験的に認められてきた。だから、人間の高位の存在次元がめざめ、超意識が活動を始めるとき、人は未来をも透視できるようになるようだ。ここが、私たちが神秘家と相違し、未だはるかに及ばぬ境地である。

次いで、現実の事象を先導するものが何なのかを知るために、私たちの行動が生ずる過程を考えてみよう。まず、さまざまな感情や情動をも伴う、何らかの意図的な想念が縁にふれて、潜在意識から浮上し、それに衝動的に反応したり、あるいはそれらに気づき理性的に対応することもあるだろう。いずれにしても、私たちは自らの存在のより精妙な層からの影響によって動かされ、それが契機となって現実の行動が生じている。

仏教では、行為の型は身・口・意の三業に分けられる。その身・口の二業を先導するのが意業、すなわち意（こころ）の行為であることを法句経冒頭にいわく、「諸法は意により導かれ、意によりて成る。人もし浄き意をもって語り、あるいは行わば、楽しみ彼に従うこと、あたかも影の離れざるがごとし」と。

イエス大師も「口から出るものは心から出てきます。それは人を汚します。悪い考え、殺人、姦淫、不品行、盗み、偽証、ののしりは心から出てくるものです」と。

ケイシー・リーディングも、カルマを決定するのは、身体的行為よりはその動機で、言葉よりはその精神だとし、想念は一種のものであり、心は柱や樹のように具体的なものである。心は建造者であり、霊的かつ物質的なもので、各人はその心の働きを通して時空のうえに記録をつくるという。そうであるなら、各人の心にひそむ潜在傾向を透視することができれば、その人の行動を予見できるはずであろう。

同様に宇宙について考えてみれば、物理的次元の宇宙は、より精妙なアストラルとかカラーナの宇宙と相互依存の関係にあるから、私たちが知覚できる現実の世界に変化が生ずる場合も、アストラルとかカラーナの世界の変化に先導されるものと考えられる。このような現実の世界に影響を与えるべき、潜在可能性がカルマと呼ばれる過去の行為の記憶再生作用であり、個人の無意識あるいは国や世界の集団的無意識として存在する。それ故、これらアストラルやカラーナ次元への透視能力を持つ神秘家は未来を予言することが可能となるわけであろう。

このような事情について、かの岡本天命伝達、日月神示はかく教えている。

「時、所、位、すべてが想念の中、想念のままに現れてくるのであるぞ。判るように申すならば、時間も空間も映像であって、情態が変わるのみのことであるぞ。情態の元、本質は限りないから、無限であるから、自由であるから、霊界は無限、絶対、自由自在であるぞ」さらに、「物質界は霊界の移写であり、衣であるから、霊界と現実界、また霊と体とはほとんど同じもの、同じ形をしているのであるぞ。故に物質界と切り離された霊界はなく、霊界と切り離した交渉なき物質界はないのであるぞ。人間は霊界から動かされるが、また人間自身よりかもし出た霊波は反射的に霊界に反影するのであるぞ」

私たちの宇宙はさまざまなレベルの波動から出来ており、一方、人間の感覚器官は、それぞれ限られた範囲の波動に反応する。そして、通常の知覚レベルでは、それらの範囲外の波動をとらえることができないわけだが、個々人や世界がその精妙な波動パターンにより影響されることは十分予想できる。この精妙な影響パターンが未来の潜在可能性を示すもので、神秘家はこれらの波動に同調して、未来を読み取るものと考えられる。これが予言が可能となる理由であろう。

霊魂の死後存続

運命を星に左右されるかと思えば、無限なるものと同調して未来をも見通す。人間は、医学の進歩で人為的な蘇生が可能になった現在もなお未知なる存在である。確かに、脳神経の研究は急速に進んだ。だが、大脳生理学者塚田裕三博士も、心が脳機能の働きだという証拠はないと言う。結局のところ、科学はいまだ、心や精神そのものについてはほとんど解明していないのだ。いわんや、霊魂の死後の生についておや。ほとんどの人が少し考えればこれらを迷信とする根拠を何も持ち合わせていない自分に気づくはずである。

古来、霊魂は肉体に宿り心の働きを司るもので、肉体から独立した存在として死後も滅びないものとされてきた。心霊科学は霊能者を介する多くの実験に基づき、その存在を主張している。英国心霊科学学会歴代会長の中から、生理学者シャルル・リシェ、哲学者アンリ・ベルグソン、アルゴン・ガスの発見者レイリーなどのノーベル賞受賞者の名をあげるだけでも、この学会がいかに権威あるものかがうなずけよう。

霊能者を介する霊界通信や数名が同時に目撃した霊姿など、良識も学識にも恵まれた研究者たちに検討された無数の事例は霊魂の死後存続を強く示唆するものである。霊人が軟化したロウに残す指紋や故人の霊写真などの物理的心霊現象は、霊魂の死後存続を否定しがたいものとする。

例えば、クルックス管の発明者クルックスは三カ月にわたり、物質化して出現した美人霊人ケティーについて種々の実験を重ねた。私たちは、その清楚な霊写真を何冊もの紹介書に発見できる。そのクルックスは一八九八年英国学術協会会長に就任した際、自分の心霊研究の経歴にふれ、公表してあることを固守すると言明しているのである。

近年、人間の死後生命の存在を示す有力な報告が続いている。哲学・医学博士L・ムーディーは百五十件ほどの蘇生事例を分析し、『かいまみた死後の世界』に報告した。彼らはその体験において、肉体を抜け出して、自分が蘇生術を施される様子を観察するが、現生の人は声をかけても気づかないという。また、先立った近親者や友人に出迎えられたり、あるいは一瞬のうちに生涯の出来事を再現して見せられ、光の生命により一生の総括を手助けされる経験などを報告している。彼らの報告には多種多様な中にも著しい共通点があり、死後の世界の実在性をうかがわせている。

K・オシス、E・ハラルドソン博士は、死を目前にした患者が見る霊姿や幻の体験を分析し、『人は死ぬ時何を見るのか』に報告した。その結論は次のように示された。「情報全体から判断して、死後の生命を信じることは事実に基づき理にかなっており、それゆえ現実に即している」というものである。私たちはこの結論が米国とインドの医師や看護婦延べ二千数百名もの観測データに基づくことに留意しなければならない。

さらに、この両書に序文を寄せた前シカゴ大学精神医学部教授エリザベス・キュブラー・ロス女史はあるインタビューで次のように言明している。「死とは、単に肉体という殻を脱ぎ捨てるにすぎない。信じるとか信じないとかいうのでなく、私はこの真理が一〇〇パーセント確実なことだと知っているのです」と。

転生

「われも汝も共に数多《あまた》の誕生を経たり、汝はそれを知らず、われはそれを知る」(「バカヴァット・ギーター」) 転生はヒンズー教などで説かれるだけではない。それは古代エジプトで信じられ、古代ギリシャの哲人が説き、ユダヤ神秘思想カバラの教義の一つでもある。さらに、アイヌ人やアメリカ・インディアンなどが信ずるところでもある。

キリスト教も例外ではなく、初期の教父の力説する教えであった。その教えが六世紀の公会議で異端とされ、今日のキリスト教界で一般に否定されているにもかかわらず、聖書には転生を示唆する記述がある。例えば、「マタイ伝」ではイエスがヨハネについて、「この人こそ来たるべきエリアなのです」と群集に告げている。ほかの所では弟子たちが「彼が盲目に生まれついたのはだれの罪ですか。この人ですか。その両親ですか」とイエスに尋ねている。これは転生の思想が当時の大衆に信じられていたことを示している。

転生、すなわち生まれ変わりは宗教的教義として説かれるばかりではない。それを示唆する現象には、幼年期に残っている前世記憶や年齢退行実験で現れる前世記憶などがある。例えば、日本では平田篤胤が調査報告した転生記録が有名である。農民のせがれ、勝五郎が語った前世記憶はいろいろな面から確かめられ、その詳細が当時の御所院頭・佐藤美濃守に提出された。

近年、バージニア大学精神医学部のスティーブンソン博士は、世界各地の転生事例を数千件も集め、その代表例を『前世を記憶する20人の子供』として報告した。

催眠術で記憶の年齢を退行させる際、生まれた先を暗示すると、被験者が前世記憶を語り出すことが知られている。英国催眠療法師協会ブロクスハムは約二十年かけて、四百人以上もの前世告白をテープに収めたという。『私は前世を見た』は、その中から異常な前世体験を選んで徹底的に追跡調査した記録である。その内容はテレビ映画化され、一九七六年末、英国国営放送で放映された。

今日、催眠法はかなり普及した公認の技術である。著者は、「意識が七歳の時代に戻った者であれ、生まれた以前の昔に戻った者であれ、催眠下で語る事柄は、その人のうそ偽りのない、まことの過去の個人的体験ではなかろうか」と論じている。霊魂不滅や転生を裏づけるこのような研究成果にふれるとき、私たちはそれを宗教的ドグマとしてでなく、人間生命の厳然たる事実として納得させざるをえないのだ。

カルマの法則

ケイシーを通して与えられた情報は、人間の生を多生にわたる長い連続的成長過程としてとらえている。ケイシーの場合、催眠下で彼の潜在意識が依頼者の前生を調査し、いろいろな質問に答える。その情報源は、依頼者自身の無意識的心と「生命の書」とも呼ばれるアカシック・レコードである。アカーシャと呼ばれる、宇宙の電気的霊的な実体上に、宇宙はじまって以来のあらゆる音や光、運動や想念などが印象されたまま残っているのだ。

哲学博士サーミナラ女史の名著『転生の秘密』はケイシーの前世リーディングの研究成果を興味深く紹介する。

それによれば、毎回の転生に見られる根本原理が東洋で周知の因果、カルマの法則である。つまり、今生の肉体や環境などの諸条件は前生のあり方の反映であり、私たちに起こる一切のことは、道を踏み外した霊魂を再び宇宙の存在法則との調和へと立ち返らせるためにある。したがって、自分のカルマを自らの矯正と成長の機会として積極的にとらえ、新たな運命の開拓へと転化させる必要がある。このように、人生を何回も繰返される生涯の成長過程としてとらえることによって、人生の意味はより深いものになるのである。

このような業思想は仏教などの東洋思想に限られるわけではなく、聖書にも見られる。例えば、「あなたがしたように、あなたもされる。あなたの報いはあなたの頭上に返る」(「オバデヤ書」五章)あるいは「人は種を蒔けば、その刈り取りをすることになります。……御霊のために蒔く者は、御霊から永遠のいのちを刈り取るのです」(「ガラテヤ書」六章)ケイシー・リーディングはそれを次のように言う。「汝は常に汝自身に出会う。汝の測るはかりで汝も測り返される」と。

このカルマの法則を背景に、リーディングが勧告するのが愛と奉仕である。転生の旅路は、私たちをどこに導びくのであろうか。それはリーディングで宇宙の創造力とか創造エネルギーとも表現される神との一致へである。すなわち「人生の最終目的は自己の神聖意識のうちに神と一致することである。わたしたちははじめ神と一つであった。ところが、物質への無知な愛着、差別感、傲慢、利己主義などのために神から離れたのである」(『転生の秘密』)

では、実際問題として、わたしたちは自分のカルマをいかに知り、どう対処し、それを超えることができるのだろうか。本山師の『輪廻転生の秘密』は、長年の宗教体験と指導体験に基づき、カルマの種々相を実例をあげて説明し、いかにしてその因果の鎖を断ち切り、さらには、カルマを超えた悟りの世界へと達することができるかを分かりやすく説き明かしている。

2 霊中枢

人類の救済計画とヨハネ黙示録

聖書の終巻「ヨハネ黙示録」は象徴的表現にみちた神秘の書である。二千年来の注釈も推測的試論の並立に終わり、また、スウェーデンボルグ、シュタイナー、ドーリルなどの秘教的解釈もその多様さで戸惑わせるばかりである。一連のケイシー・リーディングは抜群の透視力で、ヨハネの意識体験そのものに肉迫する。(『黙示録の解読』中央アート出版)黙示録は七を基調とする象徴を用いて展開する。リーディングによれば、その象徴はいずれも人体の七つの内分

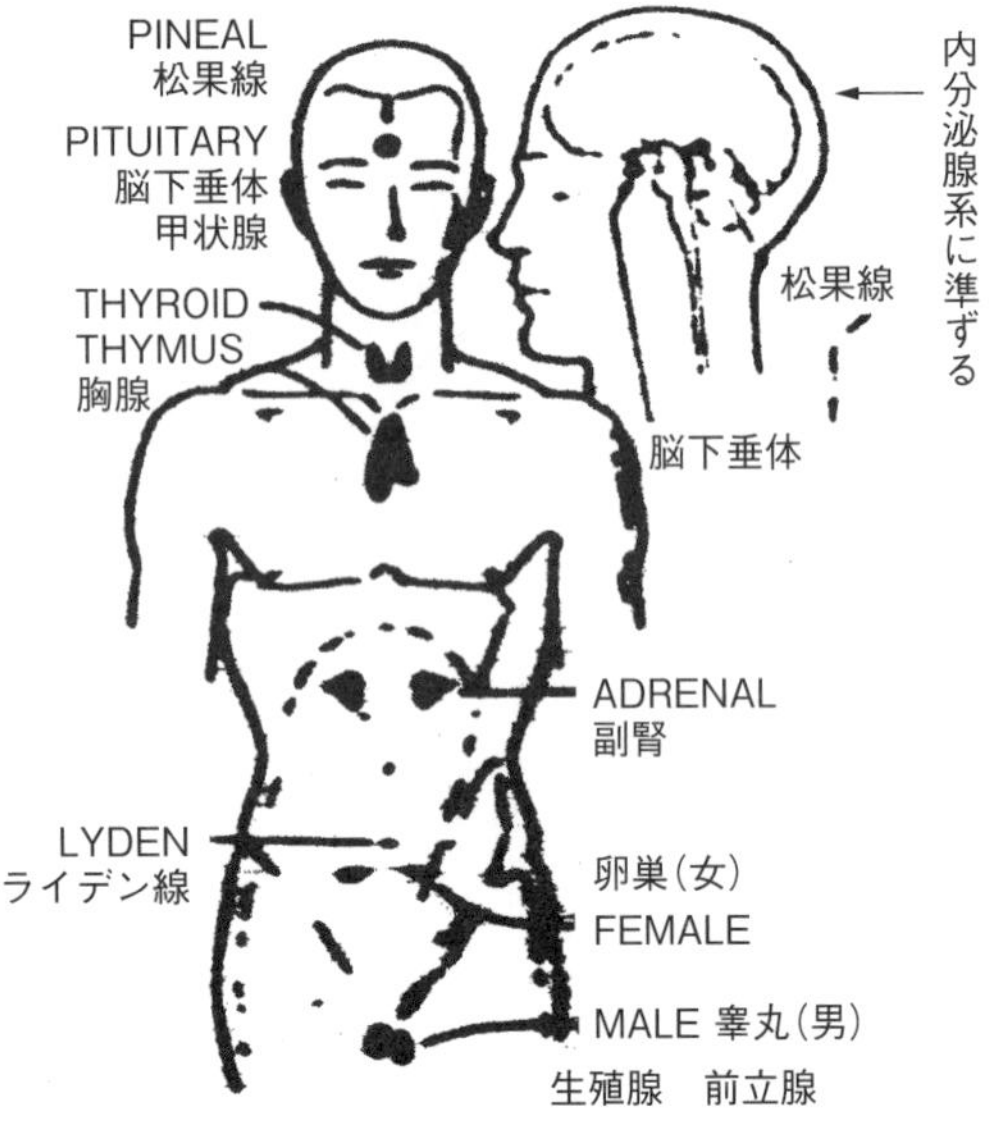

図14　霊的中枢図（ケイシー・リーディング）

泌腺あるいは霊中枢と関係し、人体が七つの封印を施された巻物で著されているという。

すなわち、七つの教会への手紙は、ヨハネの七つの霊中枢の状況についてのコメントであり、その覚醒と浄化（七つの封印を開き、七つのラッパを吹く）を経て、諸中枢が貯蔵するカルマ的パターンに遭遇する（七つの鉢を注ぐ）。つまり、霊中枢の目覚めに伴い、抑圧領域が解放され、情動の嵐を体験するという。その体験を超え、ついには低級我を放逐して、新しいエルサレムで示されるキリスト意識との合一に至るのである。

黙示録の主題は、このような精神的自己救済の道を説明することであって、ジーナ・サーミナラの『超能力の秘密』はそれを次のように要約している。

「私たちの一人一人が内部の自我を宇宙意識あるいはキリスト意識に犠牲として捧げることによって、まことの救済は成就するのです。キリスト意識が私たちの心の王座につきさえすれば、その意識は、肉体の全原子を変革することになるのです。これは救いであるばかりか、復活であると言えます。今まで、死んでいたか、眠っていたかした、細胞の一つ一つが立ち上がって、新しい生命と超越的光の中に入るからであります」

ここの救済の意味を理解するには、霊的存在としての人間の起源までさかのぼる必要がある。それは「創世紀」の楽園神話とかかわるが、リーディングは魂の起源を概略次のように伝えている。

はじめに、全宇宙に遍満する霊の大海があった。それは満ち足りた静けさの中にも自己の存在を自覚し、その中央から個性が輝き出していた。その神なる霊が自分を表現しようと欲し、伴侶を求めた。こうして、神の一部である魂が存在するようになった。自由意志が付与されたこの魂に対して、その欲望がもはや神の意向と違わぬようになる時完成をみるという、際限のない経験周期が用意された。つまり、神に立ち戻るときに、魂は自分が神の一部であるばかりでなく、ほかのすべての魂の一部であると気づくと同時に、すべてのことに目覚めるのである。魂が神に回帰する時には、自我は自ずと放棄される。これが、十字架の象徴するものである。

この経験周期のある時期に、無数の魂たちが地球に到来した。その魂たちは神との同一性意識を失うにつれ、次第に物質的形態をまとって固化していった。これが「創世紀」では、これらの魂が人の子らと呼ばれて、アダムとイブの楽園追放物語となっている。それから、神の子らと呼ばれる一群の魂が地球に到来し、物質に落ち込んだこれらの魂の救出に着手した。その際に選ばれたのが、当時の霊長類の中でも一番進歩していた種で、その種の内分泌腺諸中枢を通じての救済計画が設定されたというのである。

むろん、このような見解は科学的発見と何ら矛盾するわけでもなく、むしろ現存の進化論の内容を深めうるものである。この救済計画によって、魂の器として選ばれた種は比較的迅速にその動物的相貌を失い、行動と習慣の純化を培ったという。ともあれ、人間は理性を抱いて、自らの霊性を高める唯一の生き物であり、その霊性を高めて、神との交流関係へと回帰されることが謎の書ヨハネ黙示録の主題であり、それは聖書の構成上からも納得のいく解釈であろう。

霊中枢とは何か

リーディングは単に内分泌腺の活動にとどまらず、その腺上での生命力の活動を指摘し、それを霊中枢と呼ぶ。内分泌腺は正しく調整されれば、エネルギーと情報が神から人に流れる接触点となるというのである。この霊的エネルギー渦は、仏教やバラ十字などの秘教では古来蓮の花やバラの花輪で象徴された。またヨーガではチャクラ、仙道では精宮と呼ばれてきた。こ

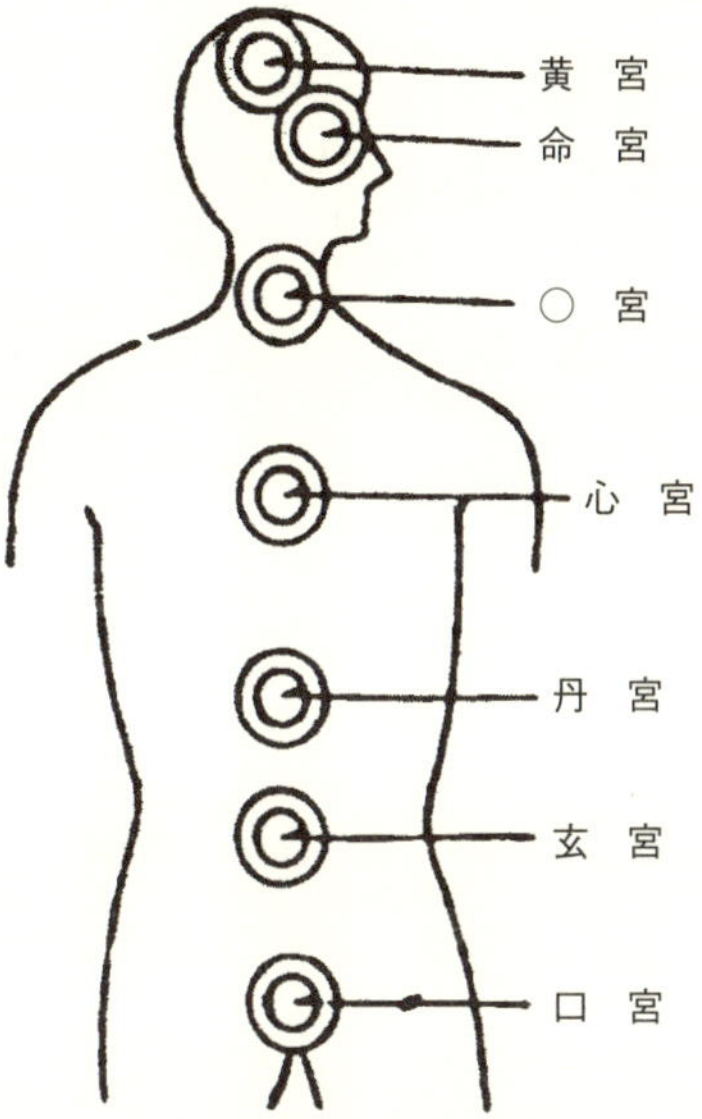

図15　精宮図（仙道）

のように洋の東西を問わず世界宗教の修行法と密接な関連する身体部位が明らかな一致を示すことは、人体内の特異点と宗教体験の否定し難い関連性を推測させる。

『密教ヨーガ』（宗教心理出版）は霊的世界の移行期としての時代的要請に密教秘法の公開で答え、このような人間存在を解説している。海外で導師の導師として知られる著者の書は、科学的実証と深い宗教体験に裏付けられた学識豊かの内容が平易に書かれているので定評がある。

それによれば、粗大身、微細身、原因身の三身にはプラーナという生命力が働き、その中枢と経路がそれぞれのチャクラとナディーと呼ばれる。このチャクラは異次元身体間のエネルギーを転換する中枢でもある。ナディーの重要なものには、脊髄中心管を通るスシュムナーと脊柱の両側を通るピンガラとイダがある。そしてクンダリニーと呼ばれる生命エネルギーが蛇がとぐろを巻くように潜在しており、それが覚醒してスシュムナーを上昇して頭頂に突き抜けると解脱にいたるとする。

『イスラーム哲学の原像』によれば、スーフィズムの修業はラティフと呼ばれる内的認識器官を働かせて、神的「われ」の自覚に到達せんとする意識変性の道である。この器官として五つの存在が主張され、それらの上部カルプ、ルーフ、シッルの三器官は心臓、聖霊、秘密を意味し、それぞれ胸腺のアナハタ、精神のみ座アジナー、超意識との接点サハスラーラとの各チャクラと対応するようだ。しかも、バラカという特殊なエネルギーが呼吸とともに運ばれるという。

ところで、アジナーやサハスラーラについては誰でも身近に知っているはずだ。つまるところ仏像の眉間にある点丸が仏教で白毫相《びゃくごう》あるいは一隻眼《いっせきがん》とか摩醯首羅《まけいしゅら》の一目ともいわれる心眼、アジナー・チャクラで、頭頂にある肉髻が第三者には見えないので無見頂相と呼ばれるサハスラーラ・チャクラなのである。では、これらのチャクラの目ざめの例をあげてみよう。

まず、釈尊は暁の明星を見て大悟された。この明星は記憶の座アジナー・チャクラの象徴である。弘法大師が室戸岬で密教秘法、求聞持法を成就したときにも明星が来影したという。スウェーデンボルグは深い瞑想中、神秘的な光がこめかみを突き抜ける体験をしてから、霊界との交流が始まった。

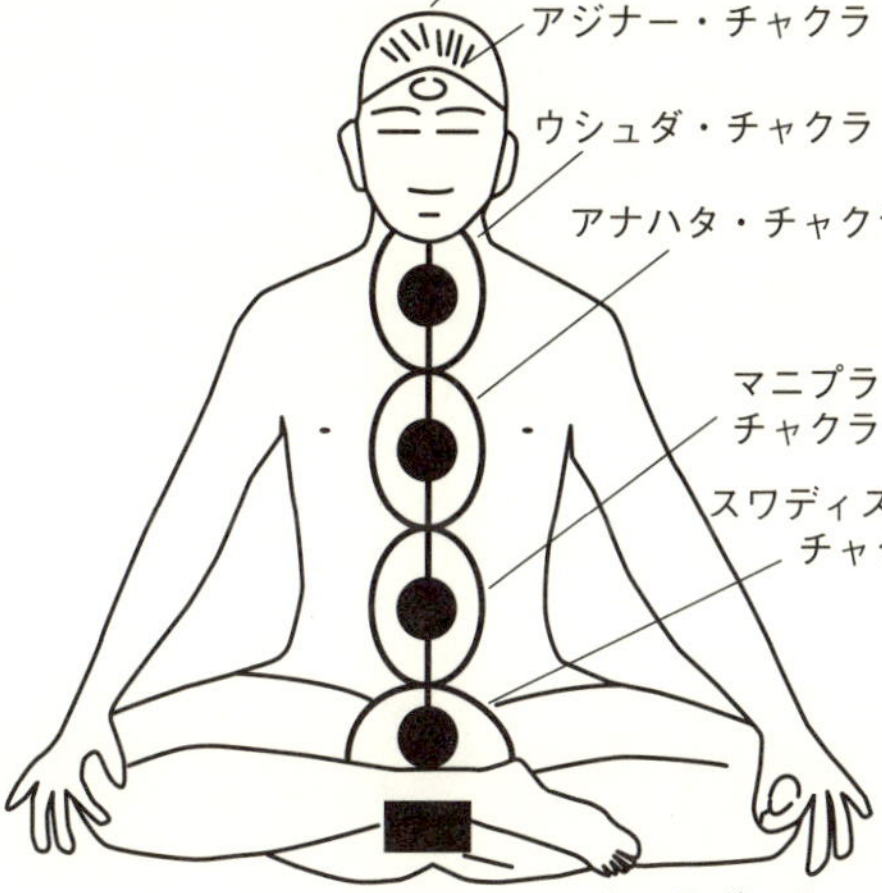

図16　チャクラ図（ヨーガ）

大本教祖出口ナオ師の場合、気高い神に招かれ、額から腹中へ一条の光芒《こうぼう》を吹き込まれる夢を夜ごと見続けてのち、お筆先が始まった。玉光教祖本山キヌエ師の場合は、行中に頭のてっぺんがわくわく動き出し、頭上に蓮の花が咲いて、焼えるような体験をした。本山師も白光が眉間から出たアジナー・チャクラの覚醒体験を紹介している。

また、クンダリニーが覚醒して脊柱を上昇する時、反重力が生じて身体が浮上することがあるという。本山師もその経験を紹介しているが、ケイシーも催眠中、筆記者の「そこで待って（Hold Up）」の声で横臥《おうが》したまま浮上したことがある。インドのヨーギーの場合など枚挙にいとまもなかろうが、カトリックでも二百人以上の例があるという。

どうも、クンダリニーと霊中枢といったものがありそうだと納得されただろうか。この霊中枢はヨーガの実習などから、心霊体験あるいはテレパシーや未来予知などとの関連が知られている。ケイシー・リーディングもそれを支持して次のような見解を示す。「プラスの心霊体験は三つの腺、すなわち脳下垂体と松果腺とライデン腺と密接な関係があり、それらが人体の銀のひもといわれるものを形成している。脊柱に平行する銀のひもにそって、エネルギーが上昇し、これが頭脳中枢に達すると脳下垂体はあふれる盃となり、心霊体験が可能となる」と。

そして、ヨーガをはじめケイシーやスタンフォード・リーディングは一致して、これらの霊中枢を過去生のカルマの貯蔵庫だとする。本山師は、下部のチャクラの三番目のマニプラ・チャクラが死すべき存在次元の終点で、次の胸腺のアナハタ・チャクラの働きはこの世的なカルマの次元を超えているという。スタンフォード・リーディングも胸腺はカルマが終わり、恩寵が始まるところだとし、日々カルマに直面しそれを解き、次第に恩寵へと成長していくことこそ最良の態度だと教える。

これらのクンダリニーやチャクラの不用意な覚醒は重大な危険を伴う。スタンフォード・リーディングは、それを、コブラの首をつかみあげるようなものだと警告している。クンダリニーが覚醒して、頭頂のブラフマ孔が開いてエネルギーが抜けない場合には発狂したり、時には、クンダリニーの火で焼死することすらある。あるいは下部のチャクラの覚醒で、それが蓄えているカルマに翻弄され、霊的進化の道を踏み外す恐れもあるという。自己流の修行が厳しく戒

図17　ブラフマランドラにある微細体と心臓部にある原因体との対比

められるゆえんである。

ところで、ラージャ・ヨーガによれば、人間はアンタカラナと呼ばれる内なる心霊器官をもち、心臓が身体の統率者、真我の宮殿だとすると、脳はさしずめ真我の執務室だという。そして、すぐれた霊覚者は脳にある微細身や心臓にある原因身を図のようなものとして霊視できるという。また、原因身は我執やいわば潜在意識の大海のほか真我をも包み込んでおり、この心臓空間は真我を映す鏡だとも言われる。つまり、瞑想などで潜在意識が次第に浄まり、真我自体が輝き出すにつれ、それは、宇宙意識を映すことができるようになるのである。

密教では、胸をば心のある処、すなわち八葉蓮華の住所なりといい、禅で意識の底なる不滅の本心の鏡となし、聖書では「心のきよい者は幸いです。その人は神を見るからです。」と教える。

そして、古神道の極意には、鏡に映ずる自己の姿を礼拝する、自霊拝なる「御鏡御拝の法」がある。それは自心を一枚の明鏡、いわゆる「真澄の鏡」となし、自霊が宇宙意識として天照大神そのものを映し出す拝み方とされるが、それこそ、次に掲げる「同床同殿の神勅」の内意であろう。すなわち、「吾児、この宝鏡をみまさんこと、まさに吾をみるごとくすべし、ともにみ床を同じくし、殿《みあらか》を共にして以ちて斎《いわい》の鏡とすべし」と。つまり、「高天原とは空虚清浄の名、人にありては一念もなき胸中」いわゆる神との同一性意識である。

さらに、かの古代文字で書かれた秀真伝《ほつまつたえ》はかく予言している。「鏡は民の心入る、入れものなれば八咫鏡《やたかがみ》」あるいは「人のミヤビは情け枝、天より授く魂と魄、結ぶ命の魂中子、……中子は君ぞ、中子の象形、鏡ぞよ」（「神宝八咫鏡由来章」）「君が代の末《すえ》代のためしと成らんかと、恐れみながら蕾《つぼ》め置く。これ見ん人は、礎輪《しわがみ》上の心秀真と成る時は、花咲く御代の春や来ぬらん」（「秀真伝」天の一序）

「汝らよ、ロゴスは八咫の鏡ぞ、未完成を完成にする万徳成就の実相ぞ。汝らのその心に懸けられたる叡智の鏡、その心の鏡を磨くべし。ああ、天祖の分霊《わけみたま》なる人の心の霊の鏡よ。ああ、浄められたる心よ、原罪を清められたる者よ、汝らは自己の真実相に覚めん。人は明く、清く照り透れる神の御姿を写現《うつ》す八咫鏡なり。光りに照り輝ける随神《かんながら》なる玉の鏡なり。永劫無漏の神人、この人間は清浄なり。老病死苦の影もなく、久遠実我の霊軀《たましろ》ぞ、八咫鏡の真人なり。覚醒《さめ》よ、人類《ひとびと》、末日の審判近し、迷妄の瞼の呪阻は解消《とか》れたり。正覚《さめ》て真人の実相を八咫鏡に現せよ。汝ら、神の国、浄土の扉、その窓は智慧の光に開くなり。智慧は霊の性《さが》にして、霊は八咫鏡なり。汝らよ、己が心を深く掘りて、清き水の湧き出ずる処まで辿り着けかし。汝らよ、最高《いとたかし》き天の真理は人の心の最深き井戸の智水底《みね》にぞ映るなり。（「スフィンクスの聲」抄約）

聖書にみられる霊中枢への言及

ヨーガでは七つの霊中枢を上昇するにつれ、七つの内宇宙を体験するというが、ユダヤ神秘主義カバラでも神と合一するには、聖なる宮殿の七つの広間を通るという。グノーシス思想では、魂が天界に帰るときには七つの天を通る。中世カトリックの神秘家テレジアは精神進化の道を七つの「霊魂の城」で説明した。十八世紀初頭のプロテスタント神秘家ギヒテルの『実践的神智学』にはチャクラ図が示されているが、これらの事柄は、霊的進化における同質の体験を語るものではあるまいか。

さて、ケイシー・リーディングは、「聖書のほとんどすべての部分、特にヨハネの黙示録については、文字通りの解釈のほかに、霊的解釈や形而上学的解釈がなされうる」という。前出の「銀のひも」(「伝道の書」二章)や「あふれでる盃」(「詩篇」二十三章)などはその例だが、ユダヤの大司祭アロンが聖所に入るときには、「主への聖なるもの」と彫った純金の札が額にくるかぶり物をつけ、頭頂に聖別の記章をかけて、頭に聖なる油そそぎをする定めであった。その聖別の記章とは、一輪の花の形をした小さな金杯だったという。それは、「主は、私の頭に油をそそぎ、私の杯はあふれています」(「詩篇」二章)とも記され、千葉蓮華で象徴されるサハスラーラ・チャクラに相当する。

さらに、「ゼカリア書」四章では、七つのともしび皿をそなえた金の燭台について、「これらの七つは全地を巡る主の目である。燭台の右、左にあるオリーブの木は全地の主のそばに立つ二人の油がそそがれたるものである」と説明されている。この全地が人体を表し、ともしび皿がチャクラ、燭台がスシュムナー、二本のオリーブの木がピンガラとイダの各ナディーを示すことに異存はあるまい。

そして、この霊中枢の覚醒をめざす修行における注意が与えられている。「自分の宝は天に

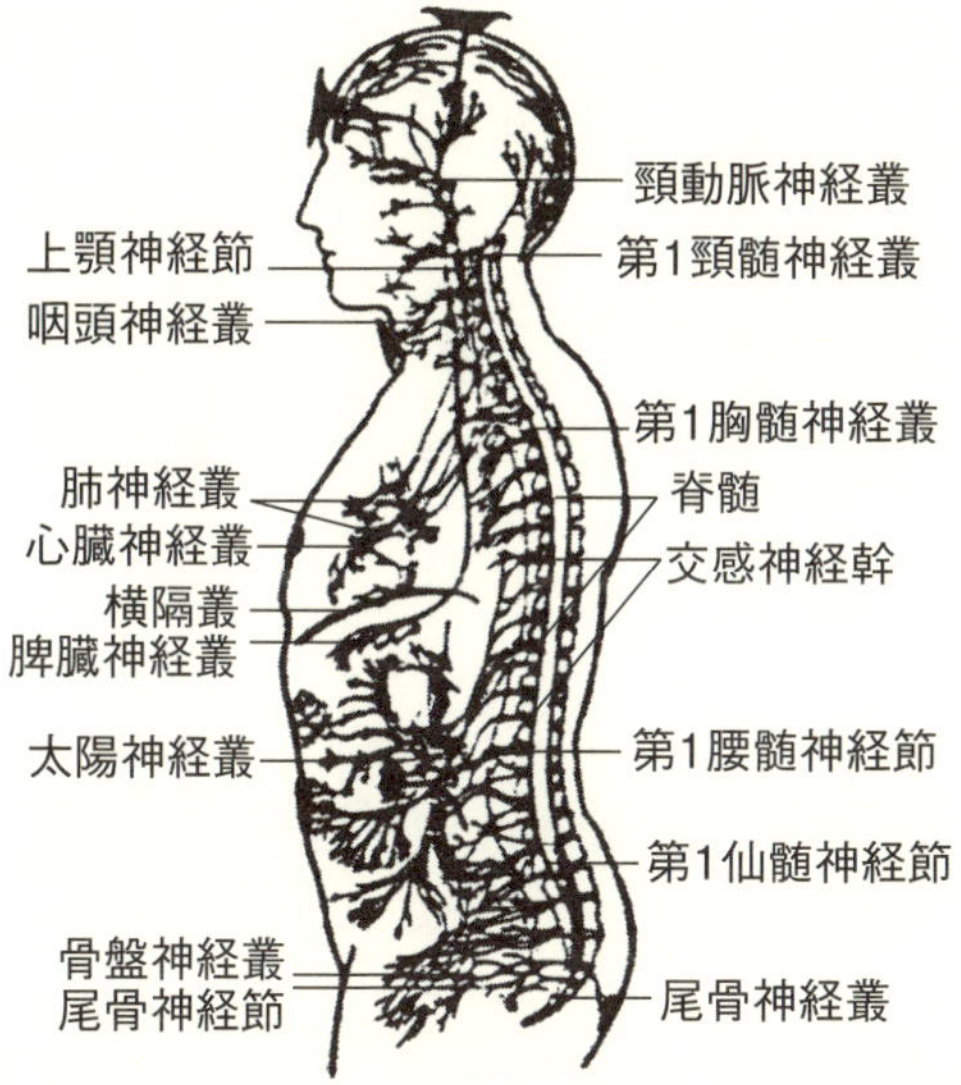

図18

たくわえなさい」……もし、あなたの目が健全なら、あなたの全身が明るいが、目が悪ければ、あなたの全身が暗いでしょう」(「マタイ伝」六章)あるいは「蛇のようにさとく鳩のようにすなおでありなさい」(「マタイ伝」十章)と。ここの健全な目とは、原文を直訳すれば単眼、つまりアジナー・チャクラのことで、蛇はクンダリー、鳩は聖霊を象徴する。すなわち、下部チャクラに宿るカルマに翻弄されないよう、アジナーの覚醒が重要視されているのである。

それを『心身の神癒』やスタンフォード・リーディングは次のように告げている。

「この大事業を助ける道は、感覚という扉を閉じることである。目が一つになれば、全身が光に満たされるのである。(「心身の神癒」)あるいは、「〈みこころが天で行われるように、地でも行われますように(「マタイ伝」六章)〉この祈りが汝の上部三中枢、すなわち、意志の座甲状腺、精神の座松果腺、霊の座脳下垂体において理想とされるように、情緒的な激情や情動を司る下部四中枢においても、それが理想とされなければならない」

仏典における霊中枢への言及

弘法大師が招来した密教、真言宗にはヨーガ行法が色濃く反映している。高野山の金剛峰寺からして、「金剛峰寺楼一切瑜伽瑜祇《ゆがゆぎ》圣」にもとづくヨーガの根本道場で密教行法は三密瑜伽と呼ばれる。

弘法大師が「即身成仏の深旨この中にあり」とした「金剛頂経一字頂輪王瑜伽念誦成仏儀軌」の冒頭には、「諸仏転輪王は大菩薩を現証して、自らの頂から大金輪明王を流出し給う」とある。ここの転輪王とは如来の前身とされる七宝をそなえた徳王だが、「転法輪経」には、「転輪王の正法を行い、月の十五日の斎戒の日に頭を洗うて高楼に昇れば、千の輻と軸を具えた、すべての荘厳の円かな汝の輪宝が顕れるであろう」とある。また、チベット密教の金剛薩埵《こんごうさった》の瞑想法でも、頭上の台座で白蓮華の茎が自分のブラフマ孔から入って頭にくい込んでいると観想するのである。

これらの頭頂から流出する大金剛輪明王や千輻輪こそ、三世の諸仏がまげ中に秘し給うとい

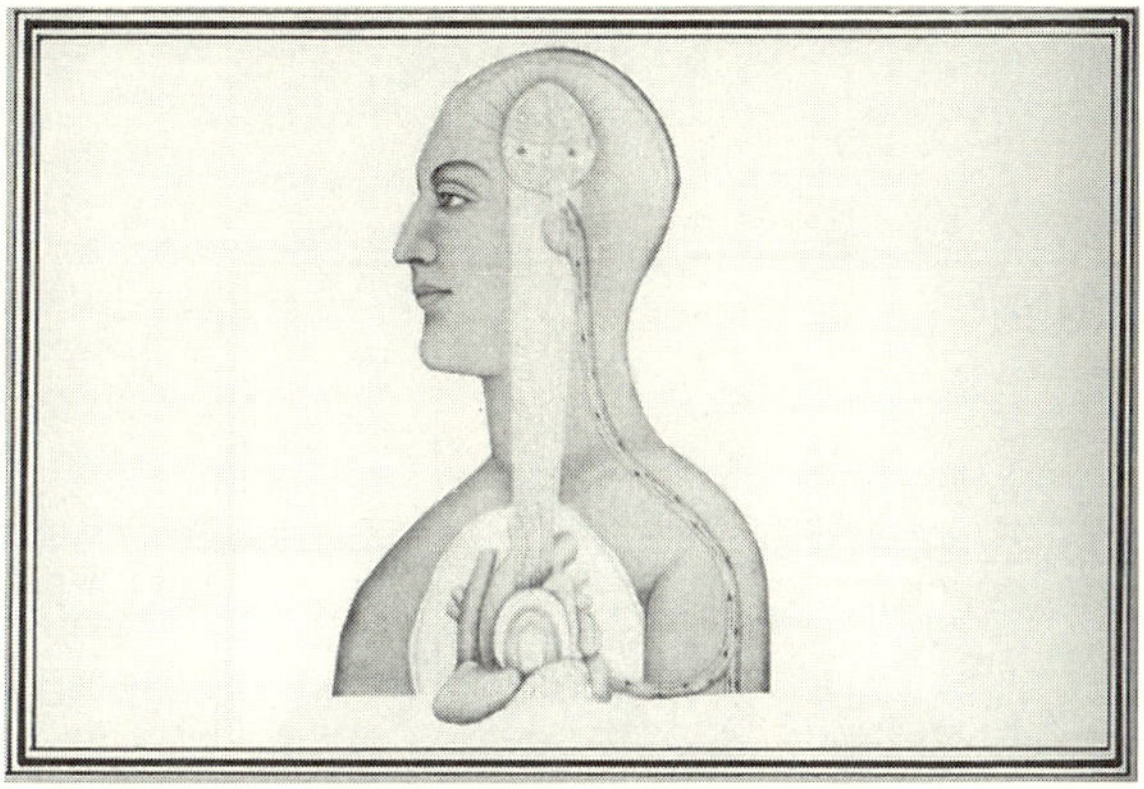

図19　４組の内的心理器官とその相互関係について
出典『魂の科学』（たま出版）

う尊勝仏頂、すなわち、サハスラーラ・チャクラにほかならない。華厳経では、ボサツが灌頂《かんじょう》地に至ると、聖書での聖油注ぎのごとく、諸仏から智水を頭上に注がれ、大宝蓮華が出現するという。「守護大千国土経」は不死の門戸の甘露門というこのチャクラの功徳を次のように讃える。「一千の太陽の光線を放つサーハスラー・プルダニーという玉を枯れた樹に結びつければ、その樹は葉を生じ、花を咲かせ、果実を実らせるであろう。まして、意識ある肉身の場合、過去の業報は別として、成就しないことは何一つないであろう」と。

ここに、即身成仏を究極の目的とする修験道の本旨を「修験聖典」と「修験道綱要」を参考にまとめれば

「即身成仏という生死一大事の秘法は、床《とこ》堅《がため》作法と柱源《はしらもと》供養法の二種である。即身とは行者の五大、即仏とは大日如来の五大元素

で、行者と大日と不二一体のところを床堅と名づけ、その実現を成仏という。また、柱とは二本の乳木《ちぎ》、出入の命息で、柱源（息の源：魂）をもって自分の五大の家を建立するために、息風命息を養う法であるから供養法という。すなわち床堅とは五大色法で、柱源とは識大・心法である」

つまり、プラナヤーマで魂を目覚まし、宇宙意識（大日如来）との合一に至ろうとするのである。それは他の伝承にうかがうこともできる。例えば「バラ十字の手紙」は「この終末期、つまり最後の審判の行われる直前に、これら一切の秘密は伝授にふさわしい者に明かされるだろう」と記し、インドの伝承では、「カリ・ユガに生まれる運命を持った者はなんと幸運だろう。カリ・ユガの時代にあっては、神の偉大な力はきわめてやさしい修行で顕《あらわ》れる」という。また、「宝悉地成仏陀羅尼経」には大略次のようにある。

「末法法滅に近い世にあって、大悉地法を得成就したい人は塔婆を造るに限る。……その塔中に仏舎利を安置せよ。その粒は六粒か七粒を最高とし、一粒を最低とする。これを礼拝供養すれば、四種の大法、三種の悉地がたちどころに成就する。仏舎利は無相の摩尼珠であり、真実の如意宝珠であり、秘密の大精進である。……君の心と仏の心が置き置かれ、君の体と仏の体がお互いに融け合うから、その本質も融け合うのだ。そうなれば君と仏は全く一つのものとなる。また舎利の代わりに五輪や多宝を納めてもよい」（『五輪塔の起源』）

　このような文脈からすれば、大乗の最高経典、法華経すなわち正しい白蓮の教えのテーマが何かは明らかであろう。仏陀は霊鷲山の大法座で三昧《ざんまい》に入り、白毫から一条の光明を放って一万八千の仏国土を照らし出された。その仏国土では無数の修行者が菩提樹の根もとの獅子座にすわってヨガ行に励み、如来たちは七宝造りの卒塔婆の中で涅槃に入っておられた。妙法蓮華経はこのように始まる。そして、宝塔品第十一以後、七宝塔が重要なテーマとなっている。法華経が受持されるところには必ず湧現するという、この七宝塔とは何か。それこそ、霊中枢を秘めた人体塔婆のことなのである。仏陀もアーナンダに、人間には七つの結び目があると教えられたという。

　経典の王者、金光明経は如来の遺骨を主題とし、「骨も血もない如来の身体に、どうして遺骨があろうか」と問う。この経によれば、七宝塔の中には七宝造りの箱があり、それに白蓮のような妙なる遺骨が盛られている。しかも、釈尊はアーナンダに、「これらの遺骨のお陰で、余はこのように速やか

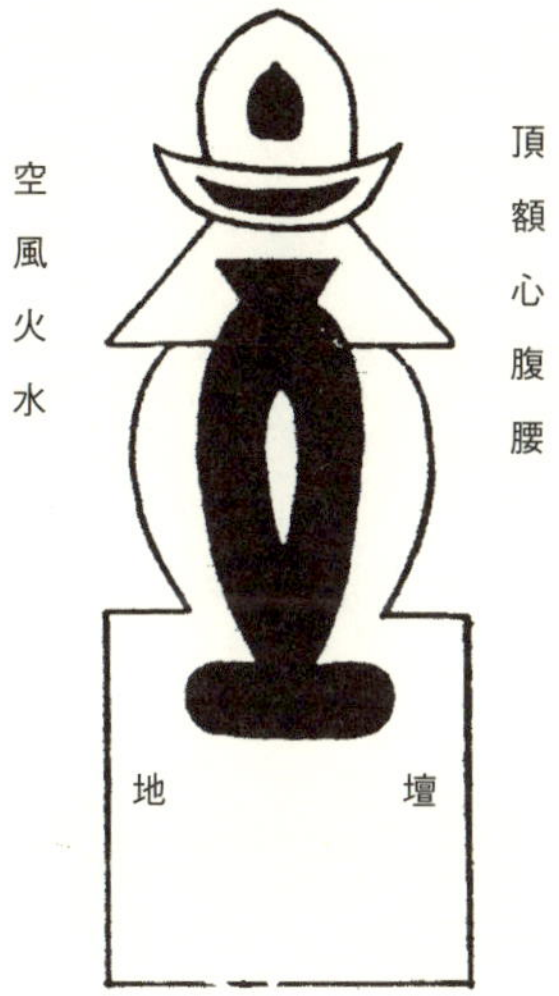

図20　五輪塔婆「修験聖典」より

に無上の悟りを達成することができたのだ」と言明する。大品般若経には「般若波羅密の安置処には、七宝の封印が押されている」とあるが、この如来の遺骨こそ、「ヨハネ黙示録」に示される人体の七つの封印、すなわちセブン・チャクラに他ならない。

では、この七宝塔はいかなる修行で湧現するのであろうか。釈尊は何回となく、法輪を転じ、それを身をもって教えられた。法華経には、七宝塔の建てられたその場所で、如来たちはいずれもこの法輪を転じて、完全な涅槃に入られたとある。その法輪の転ぜられるとき、神変はあまねく充満し、世のものをあまねく清浄にせしめる。あるいは、「蓮華の花の咲くように、覚醒せしめよ」と華厳経は説く。

そして、道教の修行指導書「黄金の華の秘密」は、小周天の法を転法輪の瞑想法として解説している。これこそ、仏陀の密意である。

すなわち、法華経の巻末にいわく、「妙法蓮華の教えは……すべての仏陀の秘密の道理であり、すべての仏陀の菩提の座であり、すべての仏陀の転法輪であり、すべての仏陀の完全無欠な遺身であり……最高の真実を実現する教えである」と。

3 宗教の階程

人間の神から分離は、仏教では無明、キリスト教では原罪と呼ばれ、諸々の病苦や死をもたらし、輪廻転生の原因となった。宗教・レリジョンという言葉は再結合、すなわち神との交流関係の回復を意味し、その実践的修行法ヨーガも結合を意味する。私たちは自覚の有無を問わず、そのような神との再結合への道を行きつ戻りつ歩んでいるのである。それ故、人生の諸相はなべて宗教の道にあるとも言える。

魂の本質が神の分身たる内在のキリスト、あるいは如来蔵であるが故に、人間は神との再結合、救済にあずかることができる。キリスト教では「創世記」の失楽園物語が神からの分離を描き、「黙示録」が神との交流関係の回復を教える。人間の生の現状がキリスト教のいう罪苦、仏教にいう行苦に満ちた存在なら、それからの解放の道はまた、神との交流関係回復の道である。その宗教の道が踏破されるとき、人は神の国、あるいは涅槃と呼ばれる、神との同一的意識を回復するわけである。

「人祖《ひとのおや》は穢れざる人にてありき、永遠常住にして、生死の分かちなく喜ばしくありたものなり。しかるを、人祖《かれ》、心そむきて地になずみ、ここに原罪を犯したり。汝ら、その昔、人祖の寿戒を破りて善悪を知る木の実をとり、黄泉戸喫《よもつへぐり》してより、実体を見る眼《まなこ》のめしいとなり、投影《かげ》を見る眼の開きたり。人類は、有限を思惟することに知覚《さめ》ると同時に、無限に対する不可知性を観じて、その自性は千仭の谷に転落したるが故なり。汝ら、楽園追放は迷妄の自我の開眼より始れるなり。さらば汝ら、原罪とは感覚我《サタナ》に所在する人間の自我すなわち七識の別名なり。汝らよ。唯一の真理を探求するに、開かざるべき扉は神の内より開きたもう汝らの心の門の扉なり。こは、無限と有限との境に立てる関にして、その内には永遠の光と永遠の生命とに充満《みて》るなり。汝らよ、汝らの感覚及び意識なるものは、生活の実相を護持せんために懸けられたる霊的天幕なるものなり。想え、静かに七識の、かかる蔽《とばり》の裏表、内観《うち》は九識に及べども、外は五六七の岩屋戸の各も各もに扉あり。五六七の岩戸開けずば、九識十善界《とくさ》の世は明けず、今なお昧眠《ねむ》る人類の心は夜見の世界なり」(「スフィンクスの聲」抄約)

創造神話と人間の神からの分離

「創世記」には、神ご自身のかたちに人間を創造されたとある。この創造という言葉は、ほかの材料を使わず、自分の心より造り出すとの意味だという。つまり、それは神の自己顕現の姿であり、そこには人間の本質が、大霊たる神を原型とする分霊であることが示されている。かの神秘家エックハルトいわく「人間が神の永遠の存在の中に生きていた時、人間の中には、分裂は何もありませんでした」(『神の誕生』) そして失楽園物語がある。すなわち、一なるものが次第に主客分裂し、その分霊たる人間が個性化して、自己完結化するにつれ、病苦や死などの不調和を招来したのである。

ペックの紹介する楽園神話によれば、太古の昔に、人間がその身体から光明を放ち、ひたすら歓喜のみを食べて空中で暮らしていた時代があった。その後、その身体も固化し、また、官能の欲望があらゆる苦悩に転化したという。釈尊の十二因縁も、人間の誕生の過程において、超感性的なものが感性的なものに下降するにつれ、生老病死という苦悩が生じてくるような事情を説明し、その根本原因を無明だという。

　ジャイナ教も、人間がいかに形成されるかを次のように言う。

「人間は物質に縛られ、粗大な肉体と化した霊魂、ジーヴァである。純粋な状態にあれば、霊魂は束縛されず全知であり、ほとんど無限に等しい。カルマが霊魂に入って、一つの有形な形にしてしまう。このカルマの流入は、霊魂の無知によるものである」(『世界の人間論Ⅰ』)

　このような説話は神秘思想と相応する。例えば、イスラムの神秘家イブン・アラビーは次のように言う。現象世界の一切は神からの流出であり、神の精神に内在するイデアの反映である。完全人間は神の縮図で、大宇宙としての神の属性のすべてが反映されている小宇宙であると。ギリシャのプロティノスは次のごとく説く。人間の霊魂は感覚的世界に下降して肉体に入り、自分の故郷であるイデアの世界を忘れ去る。このように、魂が自分の神的本質を忘却して、身体に束縛されてしまうことが悪である。そうして、種々の輪廻を経て、己の本質を再自覚し、清めと観想によってこれを高め、ついには一者との神秘的合一に到るとする。

　ところで、聖書には、「わたしは〈アイ・アム〉なる者である」(「出エジプト記」三章)と記されているが、ウパニシャッドにも同様な記述がある。「天地のはじめに、この世は実にブラフマンであった。それは自己アートマンを〈われはブラーフマンである〉と自覚した。この自覚によって、ブラフマンは一切になった。神々をはじめ、聖仙や人間たちも、ブラフマンを自覚したものは誰でも一切となった」(『自我と無我』)そして、このブラフマンが顕在化して諸々の存在界が生まれ、そののち、小宇宙的人間の原型であるアダムの創生がある。つまり、「かの創造者アートマンがアダム的人間の頭頂を開いて、個人我として改めて生まれる」（『ウパニシャッドからヨーガへ』）のである。

ここのアートマンという言葉はもともと息という意味で、それが同時に魂とか命を表すようになったという。その息という言葉はどの言語でもしばしば魂を意味する。したがって、次の引用は興味深い。聖書には、「神である主は土地のちりで人を形造り、その鼻に息を吹き込まれた。そこで、人は生きものになった」（「創世紀」二章）とあり、コーランには「わたしは泥で人間を作り、わたしの霊を吹き込む」（三十八章）とある。この神の息こそ、人間の霊魂である。

さて、ヴェーダンタ哲学の理論家シャンカラは、現象界の多様な差別相は無明による幻、マーヤであり、純粋知をくらます無明の働きこそ、人間が輪廻を繰り返す原因だとする。この無明について「大乗起信論」は、「不生不滅の真心すなわち一心であることを悟らないために、一心に主客の分裂が起こる。一心たるを悟らないのが無明である」と説明し、「勝鬘経」は「無明は無始の昔から存在し、それは瞑想の実践を通して断ずられるべき、一切の煩悩、すなわち基本的、付随的煩悩の発生の根本であります」という。

ケイシー・リーディングでは、人間の神との分離が物質への無知な愛着から生じると述べ、「はじめに、すべての魂は父と一つであった。分離もしくは、はなれていくことが悪をもたらすことになった」という。

イエス・キリストも『心身の神癒』の中で次のように語られる。

「わたしは実在のこの大いなる状態を、また、外なるものが影にすぎないことをすでに知っていた。したがって、分離を助長する時空感覚の元凶である感覚の誘惑を克服したのである」あるいは、「意識は実にただ一つあるのみであって、それが全宇宙にわたって具象化しつつある、大生命自身の中なる意識である。……分離は人の心の中にのみあるのであって、それ以外にあったためしはない。これは無知から生まれる。……意識は自分が神の意識のあらわれであることを自覚しなければならない」と。

神の内在と感覚の幻影

人間は煩悩に縛られ、その生は苦悩に満ちてはいるが、それと同時に、神の分霊、すなわちキリスト意識、仏性を秘めた神の子、仏子である。だからこそ、人間は無明の闇を払って、神との交流関係を回復し、物質的感性的な呪縛から脱して救済にあずかることができる。法華経には「私たちは如来の息子に等しいものです」(信解品)とあり、聖書では「お前たちは神々だ。おまえたちはいと高き方の子らだ」(「詩篇」八十二章)とある。それ故、初代教会では、「兄弟を見たならば、あなたは主を見たのだ」との言葉でキリスト教倫理の基本観念を表現し、仏教徒は、互いの神なる仏性を拝して合掌するのである。

そして、仏典や聖書は神の人間への内在を次のように教える。如来蔵経では「衆生たちは常に如来を内に宿している。しかし、それは、なえ萎んだ蓮華のごとき煩悩の花弁におおわれている」と。聖書では「もし、神の霊があなたのうちに住んでおられるなら、あなたは肉の中にではなく、御霊の中にいるのです」あるいは、「いいですか、神の国はあなたがたのただ中にあるのです」(「ルカ伝」十一章)

それは、ケイシー・リーディングが強調するところでもある。「汝の身体は実に生ける神の宮である。そこにおいて主は汝に会うと約束された」(『キリスト教の秘密』)あるいは、「肉体的、精神的な一切の属性を持つ人間の霊魂は、偉大なる大霊の一部である。それは、答はすべて内部に、あなたがそれに気づくように意識の中にすでに存在しているのである」と。

このような神我の内在は、釈尊やイエスの出現に関わらない普遍的真理である。イエスは「アブラハムの生まれる前から私はいる」あるいは「私を見た者は父を見たのです」と言明し、釈尊は「無量の昔から、私は常に教えを説いている」(「法華経」如来寿量品)あるいは「法を見る者は私を見るものである」と宣言された。このように聖典には歴史的存在としてのイエスや釈尊という現象我を超えた、神我そのものからの言葉があることに留意しなければならない。釈尊が「私は繰り返しこの世に現れる」と述べたように、ケイシー・リーディングは、イエスの実体も幾度かの生を繰り返したとして、メルキデゼク、エノク、ヨシュアなどの名をあげている。それらの現象我の中から、神性が輝き出ていたというのである。

仏教では、対象的な何ものかを我として執らわれるのを斥《しりぞ》けるために、無我説をとって真実の自己の実現をめざす。「説いて諸法無我というも実は我なきにあらず。……我とは如来蔵の義なり。一切衆生ことごとく仏性ありとは、すなわち我の義なり。このごときの我の義や、もとよりこのかた常に無量の煩悩のおおうところとなる」（如来蔵品）あるいは勝鬘経に「世尊よ、衆生たちで如来を常住と思い、我アートマンと思い、清浄と思うものがあれば、その者は見方が転倒しているのではなく、正しい見方を持つ者です」と。

そして、『心身の神癒』にいわく。「人は五官の妄想に目を眩されている。しかし内在のみ霊の内なる働きが内在の神の分霊の展開をしつつある。五官の妄想が消え去るのも遠くないであろう。あなたたちとわたしを引き離している感覚という戸を開くためにわたしは来たのである」あるいは、「自分が本来の生得権たる裡なる分霊の中に入る時初めて、世界は時間と空間の制約を脱して、その本来の霊的自由を得る」

「汝らよ。五官は眼《まなこ》のまぶたなり、心の世界の瞼《まぶた》なり。人は光の前にたたずみて、識瞼《しつけん》を閉じて深い無明に味眠《ねむる》なり。汝ら、人間《ひと》の神を思惟することは人間自性の本然の思慕なり。その主は七重の幕《とばり》にその身を包めるなり。汝らの心、七つに分れてものを観る、聞く、触るる、味う、臭う、意《おも》い、識《おも》うなり。この七つの心、主を隠蔽《おお》える幕なり。されば、この幕は実在を隠蔽う、人性の無明識なり。

汝ら、汝らの意識は七つのバイブレーションに於て存在す。ここに汝ら、七つの意識の蔽幕《バイブレーション》なるものと、七つの燈台なるものとあるを知れ。すなわち、前者は迷妄の波動なるものにして、後者は光明の波動なるものなり。汝ら、心眼を開眼して、天降《あも》の現実を眺め見よ。

この世は天祖《かみ》の創造の世界なり。感覚の幻影のいかに矛盾背反の様相をたくみに描現するとも、まこと神の世界はその顕幽を一貫して、久遠今生の真善美の世界なり。

汝ら、人類はいま、楽園追放以来の一大事の前に起立するを知るべし。汝らよ、生命の樹とは善一元なる世界観の実体象徴《シンボル》にして、善悪を知る樹は明暗二元の世界観の以下次元の形相の象徴なり。汝ら、汝らは汝自身を知ることによりて、宇宙万有、人生有性の在りとし凡ゆる存在の真実の相を知ることあたうなり。さらば今、この最大事に気づきたる者は実《げ》に幸いなり」

(「スフィンクスの聲」抄約)

神との同伴関係の回復

神は大宇宙であり、心も霊の世界も存在するもの一切としての宇宙が仏陀の宇宙身と呼ばれる。その宇宙が全一なる内在的実在として把握されるとき絶対者としての神であり、存在界に顕現する過程とみられるとき転変する現象である。プロティノスによれば、「一なる者が絶対に単一であるという意味は、それがすべての多様性を未分化のままで、完全に統一された状態で内蔵しているという意味」だという。内在的実在の世界が無であり、空と呼ばれる。「天下のあらゆるものは有から生まれる。有そのものは無から生まれる」(「老子」四十章)あるいは、「すべてのものは生成と死滅の差別なく、すべて一つである。ただ、道に達したものだけが、すべてが通じて一であることを知る」(「荘子」斉物論)

存在するもの一切が道であり、神の顕現の姿である故に、個別的に独自な存在性をもつものとてない。人間もまた神の自己限定としての個なのである。つまり、「たとえ私たちの外なる人は衰えても、内なる人は日々新たにされます」（「コリントⅡ」四章）したがって、人間が裡に秘める神我の働きによって無明の闇が払われるとき、自己は全一なるものと感応同交し、それとの同伴関係を回復する。それが、諸宗教のめざす究極のところである。

ギリシャの自然哲学者は、宇宙の始源なるものとの合一を人生の目的とし、カバラ学者やスーフィーたちは神への回帰をめざした。ヨーガの目的も、自己の裡にひそむ宇宙我、今日風にいえば宇宙意識を直観することにある。神道の神ながらの道はそれそのものである。仏教やキリスト教のめざすところも結局それに帰する。さらに、老荘にとっての、天地自然も、人が究極的に合一をとげるべき神秘的実存で、道家もまた、すべての人はその本性に道を保有するがゆえに真人に至ることができるとする。

それでは、霊的求道者としてのイスラエル人たらんがための条件として、神が命ぜられたことは何であったか。その割礼（「出エジプト記」十二章）の象徴的意味を理解しなければならない。それは個としての心の殻を破って、絶対者と交流することの象徴である。「知恵あるものは、自分の知恵を誇るな。つわものは自分の強さを誇るな。富むものは自分を誇るな。誇るものはただこれを誇れ。悟りを得て、わたしを知っていることを」（「エレミヤ」九章）

すなわち、「あなたがたは心の包皮を捨てなさい。もう、うなじのこわい者であってはならない」（「申命記」十章）、「主のために割礼を受け、心の包皮を取り除け」（「エレミヤ」四章）、

「御霊による心の割礼こそ真の割礼です」（「ローマ」二章）、あるいは、「奥義とは、あなたがたの中におられるキリストの栄光のことです。このキリストのうちに、知恵と知識の宝のすべてが隠されているのです。キリストにあって、あなたがたは手によらない割礼を受けます。肉のからだを脱ぎ捨て、キリストの割礼を受けるのです」（「コロサイⅠ」）

さらに、「あなたの神、主はあなたの子孫の心を包む皮を切り捨てて、あなたがたが心を尽くし、精神をつくし、あなたの神、主を愛し、それであなたが生きるようにされる」（「申命記」三十章）あるいは、「わたしはきよい水で……すべての偶像の汚れからあなたがたをきよめ、あなたがたに新しい心を与え、あなたがたのうちに新しい愛を授ける」（「エゼキエル書」三十六章）

つまり、真の割礼とは心の割礼であり、裡なるキリストの働きよって個的な心の殻を破り、実在の世界を直接知することである。そうして、霊的実在から見れば死の影にすぎない肉体的存在が霊化されうるのであり、それが、「人は新しく生まれなければ、神の国を見ることはできません」（「ヨハネ伝」三章）の真意でもある。こうして回復される神との同一性意識が、神の国、仏国土であり、高天原でもある。

ケイシー・リーディングいわく。「父なる神の究極目的は、すべての人が各人の人格を伴ったままで一つになることであり、個々人の目標は、個人が自己を失わないで、あの創造力と一つになることである」それは「心身の神癒」で次のように言われる。「天とは裡において実在を直接知っていることである。……天国とは最奥すなわち霊の王国、別称キリスト意識、至と高き者の幕屋である」、あるいは、「次第に神我が展開するにつれ、信仰とは本来ないものであって、ただ、神を直接知ることのみがあり、神の中に分離のないことを発見するであろう」と。

死の克服

「死の陰の地に住んでいた者の上に光が照った。……ひとりのみどり子が私たちのために生まれる。主権はその肩にあり、その名は不思議な助言者、力ある神、永遠の父、平和の君と呼ばれる」（「イザヤ書」九章）

「主が私たちと同じように、この地と肉の身体をもたれたのは、死の力を持つ者を滅ぼし、一生涯死の恐怖につながれ奴隷となっていた人々を解放して下さるためでした」（「ヘブル書」二章）

「だれも、わたしから命を取ったものはいません。……わたしにはそれを捨てる権威があり、それをもう一度得る権威があります。わたしはこの命令をわたしの父から受けたのです」（「ヨハネ伝」十章）

「今やキリストは、眠った者の初穂として死者の中からよみがえられました。……アダムにあってすべての人が死んでいるように、キリストにあってすべての人が生かされるのです。……しかし、おのおのその順番があります。まず初穂であるキリスト、次にキリスト再臨のときにキリストに属するものです。それから終わりが来ます。そのとき、キリストはあらゆる支配と

すべての敵をその足の下に置くまでと定められているからです。最後の敵である死も滅ぼされます」（「コリントⅠ」十五章）

神からの離反で生じた死が、神との同伴関係の回復によって克服される。「神である主は、永久に死を滅ぼされます」（「イザヤ書」二十五章）の聖言が成就するのである。それは諸宗教のめざすところでもある。仏教やヨーガの目的も、カルマを解消して輪廻の絆から解脱することであり、仏典ではしばしば涅槃を不死なる幸福と名ずけている。道教も不老不死の境地をめざす。そして、聖人たちの最期には、死を超越したかの趣がある。

例えば、弘法大師は八三五年、両二年の五穀断ちの末、「吾、入滅せんと擬するは今年、三月二十一日の寅の刻なり」との予告通りにこの世を去った。スウェーデンボルグは一七九二年、三週間前の予告通り、喜こび勇んであの世に去った。パラマハンサ・ヨガナンダは、一九五二年、インド大使の晩餐会での演説を終えると大禅定に入った。その死体は長らく生前のままの状態を保ち、ロサンゼルス死体安置所所長ハリー・ロー氏は「安置所始って以来類例がない」と証言している。（『あるヨギの自叙伝』森北出版）

釈尊は「今から三カ月ののち如来は大いなる涅槃に入るであろう」との予告通りに入滅された。イエスは、「わたしの時が近づいた」と告げ、最後の晩餐ののち十字架にかけられ、その死から甦えられた。

ケイシー・リーディングは死について次のように言明する。「征服されるべき最後の敵は死であるという。それは何の死であろうか。魂は死ぬはずがない。それは神に属するから。肉体は若返らせ、復活させることができる。そのように肉体が地なるものとその影響を超越できるのは、実に魂が不死だからである」

そして、『心身の神癒』では、「たいていの人は死という体験を恐れている。しかし、その体験を通過してしまえば、自分自身がこれまで以上に、生々とした生ける呼吸する魂であることに気づく。呼吸するのは肉体ではなく、魂だからである」あるいは、「身体は生命が物質界に顕現する媒体としての衣裳である。その中にある大いなる力を知った上で、これを神我なるキリストにささげるがよい。この衣裳をキリストにささげれば、それは内なる如くなり、内なるものとは外なるものとなる。かくして、あなたたちは生まれ変わるのである。今度は肉によるのではなく、人間の意志によるのでもなく、神のみ霊によって生まれ変わるのである」

宗教は一つ

「宗教の相違は、神が人間の感覚的理解の中にもたらした剣である。ほかのどの問題にもまさる戦争と流血とが、人種と宗教的相違の上に流されてきたことか。主の約束された平和を知るためには、たとえ、いかなる教派や宗派、あるいは主義を奉じていようが、神は神を愛する人を愛するのだと人は学ばなければならない」（ケイシー・リーディング）

「イスラエルとは、仏教徒、キリスト教徒、あるいはアメリカ人、ドイツ人、ホッテントット

人であろうが、この世界の霊的求道者を意味する」（ケイシー・リーディング）
「本体のキリストは、仏教、マホメット教、儒教、神道、バラモン教、プラトン主義、ユダヤ教のように、神が一つであると教えている哲学や宗教の、それらすべてに直接的か間接的かの影響を与えた」（ケイシー・リーディング）

「真の宗教のある特定の形、ユダヤ教、キリスト教以外の教師たち、例えば、仏陀、孔子、マホメットなどの上にも神の御計画と働きがあって、それぞれの役割があるのである。このような人々はおのおのの時代の神の代弁者であって、唯一で真実なる働きのために召し出されていたのだ。それらすべての中には、同じ動かす霊があった」（『キリストの秘密』ケイシー・リーディング）

このように見てくれれば、宗教が一つであると納得されよう。仏教であれキリスト教であれ、イスラム教であれ、それらは数珠の個々の珠が一本の糸で貫かれているかのごとく、一なる神に導かれる祖師たちによって育てられてきたのだ。「本性に関する真理が人の心の中に展開されるにつれ、人は制約されたさまざまの宗教形式におけるさまざまな隔壁を捨て去るようになるであろう。そのとき、そこには一つの真理、ただ一つの神の民、ただ一つの群の羊飼いがいるのみとなり、すべてのものがわたしの声に傾聴するようになるだろう」（『心身の神癒』）

「汝ら、覚者は過去の人間《ひと》ならず、久遠永住現在者《くおんにましますうつそびと》、世界の人類の種智者にして、万人内在《うち》にて持《たも》ちたまう、それ心王におわすなれ。視よ、この衰龍《ころも》、かつては釈迦牟尼世尊とイエス・キリストと、またマホメットと老祖とも呼ばれたるなり。汝ら、真人《かれ》は人類の原型人の象徴《シンボル》なり、真たり善たり美たる鏡なり。真に真人は汝の直日霊《なおひなるもの》の、汝のために汝の生命本源《ちちのもと》より現れ来たるものなり。

汝ら、天地《あめつち》の初発《はじめ》のときに高天原になりませるイザナギの尊、イザナミの尊は人類根源の霊人なり。人類内在の久遠の不死なる理念《イデア》の人間《ひと》なり。永遠に大宇宙《たかまのはら》に鳴りわたる生命名樹《イザナギ》の言《みこと》、生命成美《イザナミ》の言なり。われは凡《すべ》ての人間《ひと》の真人《まびと》なり。人間はわが宮居、わが軀《みま》なり。汝はわれの差別身、われは汝の普遍身、われは全愛の生命の象徴にして、叡智の光明《ひかり》の来現者なり」(「スフィンクスの聲」抄約)

それでは、神への道の道標は何であるべきなのであろうか。ここに釈尊とイエスの遺訓に注目してみよう。

「アーナンダよ、汝は自己を洲とし、自己を依り処として、他人を依り処とせず、法を洲とし、法を依り処として、他を依り処とせず住するがよい」(『釈尊のことば』)

「わたしの家には住まいがたくさんあります。わたしはあなたがたのために場所を備えにいくのです。……わたしが道であり、真理であり、いのちなのです。わたしを通じてでなければ、誰ひとり父のもとに来ることはできません。……私が父にお願いすると、父はもう一人の助け主をあなたがたにお与えになります。その方は真理の御霊です。その方はあなたがたのうちにおられるのです。その真理の御霊が来ると、あなたがたをすべて真理に導びき入れます。聖なる父。わたしは彼らにあなたの御名を知らせました」（「ヨハネ伝」十四―十七章）

両聖者のこれらの教訓には何らの相違もない。「裡なるキリストを唯一なるガイドとせよ。わたしが来たのは、そのためであり、あなたがたが今、あなた自身を知るようにするためである」（『心身の神癒』）このように、私たちは真の自己なる法、真理のみ霊すなわち神我を依り処として、神への道を歩まねばならないのである。その道がかの万法のあきらかになる般若の知恵への道であり、死の克服の道でもある。

「汝ら、神の子となり、菩薩となるは殊更に難きことにあらじ、唯その日々の生活の中にありて、その心清浄無垢となりて、ただ徒《いたずら》に怒らず謗《そしら》ず、これを忍びて徳を植え、これを耐えて善を積む、これ即ち神の子の行法にして、自覚愛他の菩薩持戒なるなり。汝ら、天祖は恩赦の金色の綱《みつえ》を汝のうえに垂れ給う。天より御声は聞えるなり。『敏《さと》く知れ、そのままにてまかせ心となれば、覚めずともその心覚めたるに等しきものぞ』と」（「スフィンクスの聲」抄約）

さて、このように書いてきても、宗教の道には何か特別な修行が必要かと思われかねない。しかし、そうではない。ケイシー・リーディングは万人が日々の生活の中で着実に神のみ許に近づいていくことのできる心構え、霊的成長の道を『神の探求』（たま出版）の一書として遺している。

第七章　黙示録の時代

1 平和への道

試練期としての今日

ケイシー・リーディングが四十年間の試練期の始まりとした一九五八年頃には、いろいろと大きな変化があった。欧州経済共同体の結成、アフリカ植民地の一斉独立、中ソ対立の発生、米ソ両国のＩＣＢＭ時代突入、ベルリン危機など。そのベルリン危機打開後には、フルシチョフ首相が米国を訪問し、社会主義をキリスト教にたとえて米国民の理解を求めるとともに、国連で全面軍縮を提案したのであった。厳しい緊張をはらみながらも、冷戦が雪どけを迎えるかにみえた頃である。

また、カトリック教会でもヨハネス二十三世が時のしるしを読みとらねばならないと強調し、大変革が始まった。その後の一連の回勅は人類の連帯的進歩を目標に掲げ、諸々の不均衡是正のためには、社会化、国有化をも示唆し、社会主義にも理解を示している。平和と社会正義の実現に向けて、他宗教ばかりか唯物主義者とも協力するという、このような方針は、共産主義への投票が十年前まで破門につながったのだから、急旋回である。

それに南北問題が表面化し、多国籍企業が急増したのもその頃である。特に西側世界では、米国、日・欧、第三世界がそれぞれ軍需、民需、資源部門を担うがごとき国際分業的状況下で、南北格差は拡大傾向にあった。人類は悲惨な結末を避けつつ、このような格差の是正に進むことができるだろうか。これも試練期の課題であろう。私たちは次のような聖言に耳を傾けずばなるまい。

「あなたがたは、神にも仕え、また富にも仕えることはできません」(「マタイ伝」六章)、「あなたがたが、これらのわたしの兄弟たち、しかも最も小さな者にしたのは、わたしにしたのです」(「マタイ伝」二十五章)あるいはケイシー・リーディングにいわく、「これが国々の経済的諸状況に関して遭遇するすべての問題、すべての質問に対する答である。主は、二枚のコートを持つものはその一枚を持たぬ人に与えなさい」と告げられた。

それにも増して切迫している危機は、核の恐怖である。スウェーデン軍縮相A・ミュルダール女史は「核戦争には絶対に勝者がない。強い防衛力を口にする人こそ、現実から遊離した人です」という。それが真理であろう。脅迫システムの強化で世界平和が維持されるという発想こそ、大いなるパラドックスなのだ。ケイシー・リーディングは、戦争の原因は利己主義あるいは恐怖と不信だと指摘している。

聖書も、「まず自分の目から梁を取りのけなさい。そうすれば、はっきりみえて、兄弟の目からも、ちりを除くことができます」あるいは、「剣をもとにおさめなさい。剣を持つ者はみな剣で滅びます」と教えているのである。核軍縮から核兵器全廃へ、人類が正気を回復できずば、文明は地球もろとも完全破滅に瀕するだろう。

ノストラダムスも次のように慨嘆するように、安全保障を叫ぶほど、世界の平和そのものがますます危機に陥るのでは仕方があるまい。

多くの人が　会談しては
王たちを　互いに戦わせんとし
かれらは何も聞きいれない
ああ、神は地上から平和を取り去られたのであろうか。（番外詩四番）

そのうえ、世界人口は急増し、諸資源の枯渇化傾向と相まって、人類に深刻な問題を投げかけている。労働者にとっての失業という恐怖と資本家にとっての破産という恐怖。それらを免れんとする峻烈《しゅんれつ》な利己的競争が、われらが誇る高度経済成長の原動力であったとの指摘もある。数十億年にわたる自然の蓄積の恵みをたかだか数世代で使い果たそうとする。そもそも、そんなことが許されることであろうか。どこまでいけば、ブレーキがかかるのであろうか。

「新しい安楽やぜいたくはたちまち絶対的必需品となり、さらに何らかの新しい仕方で感覚上のぜいたくを発明しようと邁進することになる。死をまき散らし、人間性を奴隷化し、いつでも、より新しい感覚的興奮を生じさせるものに堕落した科学。また、多様、精緻、斬新であっても、移ろい去るものにすぎない快楽の中で、あるいは金力の中で費やされてしまう生活、こういったものこそわれわれが進歩というものなのである」（『ヨーガとヒンドゥー神秘主義』）

一、もっと使用させろ、二、捨てさせろ、三、ムダづかいさせろ。――有名広告会社の戦略十訓にみられる、このようなコマーシャルリズムに触発された今日的欲求にメスを入れ、物質文明を問い直す地点に私たちは来ている。このような物質文明の方向を正す精神文明を切り拓くことこそ、もう一つの課題であろう。

人類の同朋愛と平等化

「自分の資財、教養、地位などをできるだけ分かつべき立場にある人々がそれを考慮に入れないならば、来たるべきあの平等化が起こるに違いない。その考慮に欠けるなら、ついにはこの国にも変革が起こり、互いに対立する多くの党派や分派が生ずるだろう。なぜなら、ある地域が潤沢である一方でほかの人々の生活に必要物資の欠乏があるとき、人々が訴える平均化の手段であり、方法だからである。……」

したがって、権力を持つ人々は自分が同朋の守り人であることを念頭におき、〈汝、汝の心と精神と身体のすべてを尽くして神を愛しなさい。そして、汝自身のごとく隣人を愛しなさい〉という法則にのっとり、それを実際に為さなければならない。

ロシアにある党派によって、それが試みられているのは事実である。しかし、経済的生活面にとどまらず、知的、精神領域にもそれを適用せんとする人がいる。それは本来あるべきでないところに圧制を芽生えさせることになる。

確かに他の国では、共産主義、ファシズムあるいはナチ体制であろうが、それは果たされるべき使命であり、いろいろな機会となろう。だが、あれやこれやの集団、党派や派閥のあいだに階級や集団差別が生ずるとき、〈汝自身のごとく隣人を〉というよりむしろ階級をということになってしまう。……だから、これらのことは長く続くものではない。

それらの国の状況から、アメリカは警告を引き出さねばならぬ。というのは、富や土地の生産性とは誰のものなのか。それは相続した人や権力で地位を維持している人に属するのか。そうではなく、自らの労働と額の汗によって生み出した人々のものではないのか。共産主義のように、すべてが共同で持たれればよいというのではない。それは自由とは何かを自ら明らかにしているような国にある、すべての人の経験を通じての思想と行動とその結果との関連が保たれた、あの調和のもとで維持されるはずである」（ケイシー・リーディング　一九三八年）

「人類が、自分が本当に同朋の守り人であると悟る時には、人類が必要物資に事欠くことはないであろう。地球は主のものであり、潤沢だからである。だから、ある地方に豊富なものは、同朋に分かつために人類に貸し与えられているのである。誰が同朋なのか、私たちは〈われらの父よ〉と唱えている。それゆえ、どんな国であれ、どんな色の人種であれ、どんな信条の人であっても、父なる神を見い出さんとする人にとっては同朋のはずである。」（ケイシー・リーディング　一九四四年）

第二次大戦の頃に与えられたこれらのリーディングはいささか教科書的とも受け取られようが、その後の世界情勢の展開に対して警告的意味を持っている。

しかるに、その後の世界では米ソ両大国の思想輸出と封じ込め戦略のせめぎあいの下で、アメリカは発展途上国の特権階級と結びついてはそれらの国々の貧富の差を拡大し、自由の美名のもとに世界中に浪費生活を蔓延させることになった。それはローマ帝国の膨張にも比せられる、文化帝国主義ともいうべきアメリカ化の歴史でもある。

一方、ソ連では官僚的支配階級がその地位を固め、生産大衆の上に君臨するに至った。「このロシアでは圧制のくびきとわがままの故に別の過激な手段が生じた。言論の自由、良心に従って礼拝する権利、そういったものが実現するまでその内部には依然として騒動があるだろう」（ケイシー・リーディング　一九三八年）

「抑圧されている人々、彼らの声はずっと神のもとに届いている」「人類の同朋愛、父なる神より高く、民主主義であろうがどんな名であろうが、それより高く掲げてはならない」あるいは、「神に理想を据えて、同朋と分かつことでその理想を実行する者だけが、主の怒りの時を耐え抜くことができよう」と。

私たちは、これらのリーディングが豊かな先進国に対する痛烈な警告ともなっていることに思いを致さざるを得ない。

ロシアの宗教的発展と人類の希望

「アメリカの精神とは何か。多くの人々が自由を誇らしげに自慢する。何の自由なのか。汝らがさまざまな手段を尽くして、人の心や精神を縛りつけているとき、人々に言論の自由はあるのか。礼拝の自由はどうなのか。欠乏からの自由はあるのか。それらの基本的原則が立てられている主義や方針のすべてに適用できるのでなければ、その原則があるからといって自由があるわけではない。なぜなら、神は人間が自由であるようにと、人間に自由を、神を拒む意志さえも与えられた……。

ロシアから世界の希望がやってくる。それは時に共産主義と呼ばれたり、ボリシェビキ主義と呼ばれたりするものではない。そうではなく自由だ、自由である。各人が同朋のために生きるということである。それが具体化するまで何年もかかるだろう。しかし、ロシアから再び希望がやってくる。何に導びかれてか。その国の単位貨幣に〈私たちは神に信をおく〉と刻んでさえいる国との友好によってである」（ケイシー・リーディング　一九四四年）

「ロシアの宗教的発展に伴い、世界に希望がやってくる。そして、ロシアと親密な関係を保つ国やグループの状態は次第に好転し、それら諸国は、世界的秩序に関わる最終的条件設定をすることになろう」（ケイシー・リーディング　一九三二年）

ここではまず、強者の自由が弱者の自由を束縛するというがごとき、自由というものの相対的面が指摘されている。リンカーンも狼の自由と羊の自由は違うと述べ、狼の自由が羊を食うことなら、羊の自由は狼に食われることなのかと問いかけた。新自由主義、グローバリズムの嵐が吹き荒れる世界。弱者を食いものにして、一部の富者が潤っていくという世界構造。その先端のアメリカでは、あらゆるものが巨大企業にのみこまれ、社会全体が株式会社化している。

貧困層が最貧困層へ、中流の人々も尋常ならざるペースで貧困層に転落していく。急激に進む社会の二極化、いわゆる一パーセントvs九九パーセント問題。「教育」「いのち・医療」、「暮らし・年金」そして、刑務所や軍事まで民営化が進み、人々は市場の論理にさらされて苦吟している。（『貧困大国アメリカ』）

そして強者にままある利己的自由でなく、各人が同朋のために生きるという、いわば自発的利他主義が世界の希望としてロシアに生まれるという。これと関連して、「経済学を超えて」が紹介するある逸話が思い出される。あるセミナーでアメリカの青年が自分の頭で（for himself）考えることがアメリカ社会の大きな価値だと述べると、一人のソ連人が、人間は自分のためでなく、他人のために考えるべきだと反論したという。著名な経済学者ボールディングは、共産主義の道徳的魅力の多くは、まさに、それが個人の利他主義や他人のために働きたいという欲求に訴えるところにあると、言葉を続けている。

ケイシー・リーディングは、「より世界的な宗教思想と傾向との根拠がロシアから来る」とも予言したが、それは共産主義のもとで育まれるこのような傾向をさすのであろうか。

モアの法則は衰えてゆく
別のもっと人をひきつけるものの後に
ボリステネスは最初に衰える
別の魅力的な恵みと口舌で（二章九十五）

近年のソ連・東欧圏の政治経済的大変動は一九一七年や一七八九年の大革命とも比せられ、ノストラダムスも大いなる関心を寄せるところである。ここの引用詩中のドニエプル川の古称ボリステネスはボリシェビキ主義ともかけてソ連をさし、トーマス・モアゆかりの成り行きを暗示する。

ここにケイシー・リーディングを掲げよう。それは、「ヨーロッパの政治経済情勢の動行にどんなことが予想されますか」と問われて、次のごとく答え、そこに言及されている国をロシアだとしている。

「ヨーロッパはこわれた家のようである。何年か前に、他の人々の権利を無視する少数者の欲望や野心を満足させるために、勢力を保持していた人々がじゅうりんされた。その人々がいま再生しつつあるが、彼らは、ヨーロッパや世界の政治経済的国家にとって、身体に刺さったトゲのようなものである。

しかし、その中から、〈五十人の義人がいれば赦《ゆる》されるでしょうか。いや、十人いれば赦されるでしょうか。〉と叫んだ、アブラハムのようにさえ祈る人々の祈りと嘆願があるなら、ヨーロッパの希望はまさに汝らの上にかかっているのだ！　その道をとろうとせず、汝らはロトやソドムとゴムラの他の人達がとった道を選ぼうとするのか」（一九三一年）

まず、ここに引用されている聖書の言葉（「創世記」十八章）について。むかし、ソドムとゴモラの退廃の罪の故に、神がそれらの町を滅ぼそうとされた時、アブラハムは、「その中に五十人の正しい者のために、その町をお赦しにならないのですか。……わが主よ、どうかお怒りにならないで、今一度だけ言わせてください。もしや、そこに十人見つかるかもしれません」と言って嘆願した。それに対し主は、「滅ぼすまい、その十人のために」と約束されたのである。

ついで、これらの言及が数十年という長い時間スパンの見通しのもとになされていることに留意する必要がある。なぜなら、ここに再生が指摘されている人々が、ゴルバチョフ、エリツィン（共に一九三一年生）シュワルナゼ（一九三八年生）など、ソ連で強力に改革を進めた指導者たちであることに気づくからである。それは、内戦などの心配された程の危機もなく、資本主義的民主制に移行した。

そして、一九八九年十一月末からのマルタでの米ソ首脳会談では両首脳は冷戦の終結を正式に宣言した。そして、二〇一二年二月には戦略核兵器削減に関する新ＳＴＡＲＴ条約が発効した。

また、ソ連解体後のロシア新指導部によってなされた最初の政策の一つが、宗教的祝祭日を公式に祝うことであった。大統領、首相、モスクワ首長といった、最近まで共産党員だった政府のお歴々がロウソクを片手に教会で一堂に会するという映像が放映された。そして今日、ロシア正教は一億二千五百万人の信者を擁すると公称している。（『ロシア』の新戦略）

「二〇一二年五月七日にロシア大統領の就任式がありました。……プーチン大統領は首相府（ホワイトハウス）という建物からクレムリンに車列を組んで、真っすぐな道を向かっていきます。ところが、その道を横にそれて、救世主ハリストス大聖堂という教会の横をあえて通っていくわけです。

そして、クレムリンの長い階段を歩いて、最後に大統領就任式の会場に到着します。憲法の前で宣誓するわけですが、その前には、ロシア正教の総主教、ロシアのプロテスタントの代表者たち、ロシアのイスラム教の代表者たち……。

とにかく、こうした伝統的宗教の代表者の前を通り、彼らに祝福されることによって、プーチンは神から特別な力をもらった特別の人となる、という演出をしているわけです。ですから、その意味でロシア正教というのは、非常に大きな影響力をもっています。ロシア正教というのは、ほとんどロシアの慣習と考えられています。仏教徒、イスラム教徒は、別の宗教だけれど、受け入れて、ロシア正教のお祝いに適宜つきあっているわけです」（『サバイバル宗教論』）

中国におけるキリスト教倫理の浸透

「キリスト教信仰の原理が中国や日本地域の騒乱を通じて、そのなかで発展するだろう。なぜなら、浄化の一掃なくして、因襲だけが滅ぼされることはないからである。その浄化を通して、各人の力や美が表されるのである」（ケイシー・リーディング　一九三八年）

また、一九四三年には「ある人々には、それに欠けていると見えるだろうが」と前置しながらも、中国はこれから二十五年間にキリスト教に忠誠な国に傾いていくといい、それは最初の十年より最後の五年にその傾向が強くなると予告した。さらに、「中国はある日キリスト教の揺籃になる。人が時を数えるなら先のことだが、神の心の中では一日である」とも告げている。

一九四三年とは、毛沢東が党首席となり、その思想が積極的に打ち出された年である。最後の五年とは、一九六三年に始まる社会主義教育運動から文化大革命の始動期がそれにあたる。リーディングはこの間中国民衆の指導原理となり、世界に共感を与えた毛沢東思想の正当性を裏付けているのではないだろうか。その毛沢東思想の根底にあるのは、平等性と大衆参加を拡大する方向であり、愛他的な新しい人間を創出することによって、経済成長を自在に制御しつつ、不平等の漸進的克服から究極的には階級の消滅にまで至ろうとしたのである。

「今、共産党の上層部をとらえているかに見える生産至上主義的高揚状態は過度の楽観を許さないように見える。……例えば、十億の中国民衆が世界の最進国なみの経済状態の中で暮らしたとすれば、地球資源はたちまち枯渇してしまうだろう。

もちろん、そうならない道は、全地球的規模において熱狂的な消費を排除し、人間関係も抑圧的、競争的なものでなく、協同的なものであって、愛他的精神に色どられているような、そういう新しい生活と配分を創り出すことである。つまりは新しい人間を創り出すことであり、それこそまさしく、今は終った文革が高く掲げていた目標であった」（『中国の新しい主人公たち』）

しかしながら、その後の文革の評価には否定的なものが多い。毛沢東の「武闘を禁じて、文闘によるべきこと」、「一人も殺さず、多くを捕えず」、「病を治して人を救う」などの言葉にもかかわらず、なぜ、あのような法外の悲惨を現出してしまったのか。その理由の一つとして、中国の民衆が多様な価値観の洗礼を受けておらず、したがって、成熟した民主主義とそれからくる寛容の精神を受容する体制を整えていなかったことがあげられる。それがため、加速化した大衆運動の中で、個々人の持つ志向性が一面的に否定され、踏みつぶされてしまったのである。

今日、中国は世界第二位のＧＤＰ経済大国になったとはいえ、共産国でありながら、一部の上層階級に富や知識、権力が集中し、世界でも他をしのぐ極端な格差を生じてしまっている。グローバリズムにより世界的にいろいろな格差が広がり、許容範囲をまさに越えようとしている現在、文革の思想を再評価すべき時に来ているのではなかろうか。

最後の審判

ホピ・インディアンの神話的予言によれば、人類はまさに第四の世界の終末にいる。第一から第三までの世界はそれぞれ、火と水と氷で滅んだ。第四の世界は戦争によって滅び、その終末は青い星の出現によって予告されるという。その出現を告げる歌はすでに三回、両度の大戦とキューバ危機の直前に歌われたのだ。それが四たび歌われるときこそ、ホピの予言が成就するとき、第五の世界への人類の死と再生の瞬間なのである。その第五の世界を担うのは、小さな国々、小さな諸民族などの貧しい人民であるという。

これまでの諸章で検討したように、イスラエルとアラブの対立に発し、世界を巻きこむハルマゲドンの戦い。しかし、それは回避されるはずなのだ。なるほど、リチャード・ゼナーはパレスチナの戦争を阻止せんとする異常なまでの努力について語り、奇跡的な和解が行われぬ限り、その努力も無駄に終わって、戦争は拡大波及すると予言した。ケイシー・リーディングも一九四一年、当時二歳の男児に対し、ある宗教戦争をみるまで生きるだろうと予言した。けれども「選ばれた者のために、その日数は少なくされます」（「マタイ伝」二十四章）とあるように、ケイシーはあるリーディングを終えて通常意識にもどる際に得た印象を、次のように語っている。「戦争や騒動とハルマゲドンの前に、人々が経験を見もしないことが、空気の中で起ころうとしている。この戦争と戦争のうわさは、天にある諸力によって阻止されるであろう」と。

また、スタンフォード・リーディングは次のように勧告する。

「特にアラブとユダヤの間の状況に光をあてなさい。なぜなら、そこが大いなる危機の場であり、危機の時でもあって、それが地上の主な勢力すべてを巻き込み、大破壊を伴う世界大戦へと爆発する可能性があるからです。しかしながら……八人ですら共に一意専心して、愛の光の中でその状況を理解しようと努めるなら、それは、世界的事件の進路を変えることができる。このことはあなたがたの手の届く範囲のことであろう」

イエス・キリストの次のような言明も、この絶滅戦争が避けうることを暗示している。「この時代は悪い時代です。しるしを求めているが、ヨナのしるしのほかには、しるしは与えられません。というのは、ヨナがニネベの人々のためにしるしとなったように、人の子がこの時代のために、しるしとなるからです」(「ルカ伝」一章)ここの時代とは双魚宮時代をさすのであろう。

「ヨナ書」は短くユーモラスな予言書である。神はヨナに、ニネベの町に赴きその罪を責めよと命ぜられたが、ヨナはその任務に恐れをなしてタルシンに逃げていく。その途中、彼の船は大嵐に遭い、その原因がくじでヨナだと判明する。そこで、人々はヨナを海に投ずるや暴風もやみ、ヨナは鯨に呑み込まれて、三日後には再びニネベの街に吐き出された。今度はヨナも命に従い、「もう、四十日すると、ニネベは滅亡する」と宣べ伝えた。この警告に街をあげて悔い改め、その滅亡を免れたのである。笑い者とされたヨナの不平に、神は、この大きな町ニネべを惜しまずにおれようか、と仰せられたという。

今や、現代の多くの予言者が警告を発している。モーセの昔から数千年来の警告にもかかわらず、この絶滅戦争が避けられないとすれば、ユダヤ、イスラム、キリスト教の存在意義はどこにあるのだろうか。ユダヤが予言の成就を叫び、イスラムが正義を叫んで対立するとき、そのカルマ的状況を恩寵へと転回するのが、「汝の敵を愛し、迫害する者のために祈りなさい」と教えるキリスト教の意味であろう。

このように、ハルマゲドンの戦いは人類の改心によって避けられるはずなのである。地殻変動ですら、ある程度は軽減しうるだろう。しかし、次のことには注意を要する。アトランティスで公正な生涯を送ったとされながら、大陸とともに沈んだと告げられた人が、「どうしてなのか」と尋ねたとき、リーディングは、あなたは警告されていた、と簡単に答えている。私たちはもう、十分に警告されていると言えるだろう。

一方、ケイシー・リーディングは次のように伝えている。「そこに人類の必要性を満たすような力を開発する人たちが現れる。……父なる神のご意志によって、その力をいただく機会が与えられる」あるいは、「あなたたちは神の指導を求める者として高められ、あなたたちの意志によって、戦争のもはや起こらない時代の到来が早められるだろう」と。というのもケイシー・リーディングが次のように予告しているからである。「現在ある諸条件のもとで、すべての集団と国々は、人類一家において裁きのある地点に来ている」。人類はこの未曾有の難関を英智をもって乗り越えることができるのであろうか。

諸々の勧告

かくして私たちは、モーセが「申命記」で天と地を証人に立てて宣告した、いのちか呪いかの厳しい選択の岐路に立つ。なぜなら、人が予言を軽視して従来の生活姿勢を踏襲するとき、予言は現実のものとなり、人びとが予言を心にとどめ改心の道に踏み出すとき、その恐怖の予言も軽減されるはずだからである。その意味では、これまで実現した予言は失敗した予言だとも言える。

というのは、予言には次のような存在意義があるからだ。一つには、予言が事実にならぬようにとの警告的意義であり、もう一つは、たとえ予言が的中してしまった場合でも、各人がその予言的事象に万全の備えをして、悲惨な事態を避けるようにとの勧告的意義である。今こそ私たちは、霊的求道者としてのイスラエルびとに語りかけた、次のような聖言に耳を傾けなければならない。

「兄弟たち、私はあなたがたに是非この奥義を知っていただきたい。その奥義とは、イスラエル人の一部がかたくなになったのは異邦人の完成のなる時までであり、こうして、イスラエル人はみな救われる、ということです」（「ローマ」十一章）

「わたしが話したことばが、終わりの日に、その人を裁くのです」（「ヨルネ伝」十二章）

「そういうわけですから、何を食べるか、何を飲むか、何を着るか、などといって心配するのはやめなさい。こういうものは異邦人が切に求めているものなのです。……まず、神の国とその義を第一に求めなさい。……狭い門から入りなさい。滅びに至る門は大きく……いのちに至る門は小さく、その道は狭く、それを見い出すものはまれです」（「マタイ伝」六―七章）

「主はある人が遅いと思っているように、その約束を遅らせておられるのではありません。かえって、あなたがたに忍耐深くあられるのであって、ひとりも滅びることを望まず、すべての人が悔い改めに進むことを望んでおられるのです」（「ペテロ書」三章）

また、ケイシー・リーディングは次のように勧告している。

「今日の世界の騒動はなぜ生じているのか。人が神を忘れたからである。それは単に国や民族のカルマ的状況だというのではない。なぜなら、一人の祈りが一つの町を救ったということを、汝は知らないのか」

「全体としての世界が理想を失っている。それが分裂とを不和を助長している。人は同一の思想を持てずとも、同一の理想は抱くことができる〈汝、心を尽くして主なる神を愛しなさい。汝、隣人を自分のごとく愛しなさい〉。これが完全な法であり、世界のすべての魂に対する回答である。それこそ、今日あるがごとき世界情勢への回答である。人間の万事の答えは、金や地位や富、それら何らかの力であった。だが力は、今後とも決して神の道ではない。むしろ、徐々に一歩一歩、ここで少しあそこで少しと、各人が同胞のことを考慮することが、多くの町や多くの国々を破滅から救うことになろう」

「汝ら自ら同朋に平和を示していないときに、平和、平和と叫んではならない。……平和を望み、求めるグループが地上に十分生まれるとき、平和が始まるだろう。平和はまず、自分の中に存在しなければならない」

ともあれ、どのような危機であっても、魂が滅ぶわけではない。この試練期を生き抜いた人類は新エネルギーの利用方法を発見して、無尽蔵の宇宙エネルギー利用の新文明を築くだろう。ケイシー・リーディングも次のように告げている。

「この太陽系が崩壊する前に、人類は進化して他の太陽系に逃れるだろう。現在の人類が地球に生息して以来、長い年月が経過してきたが、まだ、人類はずっと生き続けなければならないのだから、疲れないように気楽にやりなさい」と。

② 至福千年期に備えて

主の日

まず、主の日に関わる聖言をいくつか掲げよう。

「見よ。わたしは戸の外に立ってたたく。誰でも、わたしの声を聞いて戸をあけるなら、わたしは彼のところに入って、彼とともに食事をし、彼もわたしと食事する。勝利を得る者を、わたしとともにわたしの座につかせよう」（「ヨハネ伝」三章）

「見よ。その日が来る。その日、わたしはすべて包皮に割礼を受けているものを罰する。……すべての国は無割礼であり、イスラエルの全家も割礼を受けていないからだ。……見よ。その日……人は主を知れと言って、おのおの互いに教えない。それは彼らがみな、身分の低い者から高いものまでわたしを知るからである」（「エレミヤ書」三十一章）

また「心身の神癒」の中でイエスは主の影響が近づいていることを次のように告げられた。「今や、現界に迫りつつある影響が、無智という霧を融かしつつある。……世はいまだ善悪の知識の木を食べつつある。人類が生命の木、神なる神我をしっかり摑《つか》んで始めて、人類の救いが来るのである」

そしてケイシー・リーディングでは、主の日の切迫を告げる道の主ミカエルの警告が、第二次大戦まで五年間隔で三回、まさに壁がふるえるがごとき大声で繰り返された。その一部をここに引用しよう。

「汝の頭を下げよ。おお、汝ら人の子よ。なぜなら主の日は近い。汝の道をまっすぐにせよ。……なぜなら、すべての人が火によるが如く試されねばならない。その日が近づいているが故に、汝の同朋が助けられる。あの側に自分自身を見い出せ！」あるいは、「今日汝らの前に、善と悪とが据えられん。汝ら、いずれに仕えんとするか選べ！　主の道を歩め。さもなくば、あの突然の裁きが来たらん。……主の日は近い！　その機会は汝らの前にある。信受せよ！さもなくば斥けよ」と。

千年期と再臨

ノストラダムスによっても確認された至福千年紀。そして「ヨハネ黙示録」の20章には、「御使がサタンである竜を縛って底なしの穴に投げ込み、千年の間、諸国の民を惑わすことのないようにした。……また、イエスのあかしと神のことばの故に犠牲とされた義なる人々が甦って、キリストとともに千年のあいだ王となった」とある。

ケイシー・リーディングも千年期を支持して、「サタンが縛《しば》られる千年間とは、主の裡にある人だけが再生して地球を治める時代が千年間つづくことである」と言明し、次のように勧告している。「諸周期が過ぎ、再調整の時期が諸々の領域に、つまり、地球や各人の魂にやってくるとき、神のみ座の前にあって、清浄な自己を示さんと努めよ」と。

「サタンが縛られる一千年の意味は何ですか」

「追放されること。すなわち、十四万四千人の働きがそこにあるため、十人の祈りが一つの町を救えるのと同じ方法で、信仰ある者の行為が、祈りが、主にある人々のみの受肉が地球を治めるその時代を招くのである。その時代が一千年である」

さらに「地球上でのこれらの変化が起ころうとしている。一時と二時と半時とが過ぎ、再調整のときが始まるからである。主はいかに告げ給うたか。正しき者は地を嗣《つ》がん。わが同朋よ。汝は地に遺産を持つや」（一九三四年）あるいは、「主はあらゆる国と人々と千年のあいだ歩み語られる。数人の集まりで、また群集のなかにあって。それから最初のよみがえりの者が千年のあいだ治めるだろう。物理的変化が訪れる時だからである」と告げられている。そして「神を見出し、相まみえんとする一個の魂として、主の日を早めるために何を為すことができるかを問わねばならない」と忠告しているのである。

その時こそ、次のみ言葉が成就するときであり、私たちはその時代のとば口にいるのである。

「私は新しい天と新しい地を見た。……また、新しいエルサレムが神のみもとを出て、天から下って来るのを見た。そのとき私は御座から出る大きな声がこういうのを聞いた。見よ。神の幕屋が人とともにある、神は彼らとともに住み、彼らはその民となる……もはや死もなく、悲しみ、叫び、苦しみもない。……わたしはすべてを新しくする。……事は成就した。わたしはアルファであり、オメガである。最初であり、最後である。わたしは渇く者には、いのちの泉から価なしに飲ませる」(「ヨハネ黙示録」二十一章)

ケイシー・リーディングは、ここの新しいエルサレムや新しい天と地を次のように説明している。「人間の心は、罪を犯さんとする欲望がなくなり、御子の栄光が自分の生活に表現されるようにという目的だけがある、そのような体験ができるだろうか。これが新しい天であり、新しい地ではないか」あるいは、「人々が新たな生活、新たな理解、新生へと入るときには、そこに新しいエルサレムがある。……エルサレムは比喩的、象徴的に聖所と聖徒を意味する。そこでは契約の箱、すなわち、地的な欲望を棄て去って自分の経験上の目的を一新した人の精神、心、理解、会得の中にある契約の箱が、新しいエルサレム、新しい約束、新しい希望となるのである」と。

この千年期に、キリストを体現されたイエス大師が長兄たる大尊師として再臨される。すなわち、聖言に「人の子は安息日の主です」(「マタイ伝」十二章)とあるとおりである。私たちは救世主キリスト、仏教的には弥勒下生の時代を迎えている。救世主としての元型的キリスト意識は、真の信仰者が求める姿、それはイエスであり、弥勒あるいはマホメットとしても応現されるに違いない。

この再臨に関して、二、三のケイシー・リーディングを掲げよう。

「主は、心を精神と魂をつくして主の道をさがし求める人々のために再び来られる」「主は汝が主の昇られるのを見たごとくして、ガリラヤで備えていた身体で来られるであろう」あるいは、「御国が地上に確立されるようにと、主の先駆者たちが人の子の場所を整えるために地上に到来するとき、汝らは用意が出来ているだろうか。汝ら、主を探し求めよ」と。

これは、キリスト教伝統にあるだけではない。仏教には「弥勒下生経」があり、また、法華経普賢菩薩勧発品には、「のちの時代、のちの時節、のちの五百年の続く間に、この妙法の白蓮という法門を受持する修行者は、菩提の座につき、摩衆に打ち勝ち、法輪を転ずるであろう」とある。

神道では大本教の神示が次のように告げている。

「九分九厘で悪の世の終末となる。……天地のビックリ箱が開くと、世界が動くぞよ。天地の岩戸が開けると、世界一度に改心せねば成らぬ様になるから、そうなるまでに改心して、誠の日本魂を研《みが》いてくだされよ。……目出たく、天の岩戸開かれ、至仁至愛のミロクの神政が樹立される」

かの天祖光教の神言集「スフィンクスの聲」も「その仮初《かりそめ》の死より覚めて、生き返らん」と。あるいは「生命しなぬの国びらきの到来を告げ、「ああ、万世の人類よ、今こそ……新しいエルサレムを開顕して、金輪七宝の塔を湧出せしむべし」と促す。

さらに、日垣の庭の神伝え「神道開眼」に「睡れる直日魂《なおひたま》を覚醒せしめよ。否、蘇生せしめよ。……天の岩戸開きとは、人の世の魂開きなりと真実《まこと》告げ置くものなり」と。道ひらきの霊示にも、「眉間の内に〆状のものあり。……天津御柱の元根、この大地の御柱に斎岩戸あり。……そのところと丹田の関係は霊の緒の穂先自ら結びつけあり」とある。

また、「支那道教の修行法」は、「支那道教の千年期の理想は、有名な経典の一説によれば、大同和の世界。その時には各人が貴人であろう。しかし、それは内は聖者にして、外は王者であるということである。かかる理想型は自己放下の修練を通じて実現される。千年期の国を準備することこそ、凡てのもの、特に道教の伝統を担うものの責務である」という。

そして、扶占《フーチ》に下台された至聖先天老祖は次のように訓示している。

「先天の座法こそ、天下大平に導く秘法である。修道の最も重要なことはただこの災劫を解消し、免ずる責《つとめ》なるのみ。ただ災劫の隠れ伏して未だ発現せざるものを之を無形に解消し、之を未発にとどめるのは甚だ難しきなり。……一点の聖誠なる誠信は日の光明あまねく照らすごとく、大地の隠霾毒霧《いんばいどくむ》を一掃してこれを清めしむれば何の劫ぞや。……各弟子自ら修養し、万世不朽の大功を立つるのはこの時期にあるのみ」


かのポール・ソロモンのリーディングも、「あなたがたの住む肉体という乗物を王たる神の子に適わしい容器に変える、この最後の僅かなレッスンを学ぶために、この末日に生まれ合わせたあなたがた程祝福された人々はいまだなかった」あるいは、「あなた方が自分をこの体内に封じ込めている七つのチャクラ、七つの封印、七つのエネルギー装置に打ち勝とうとするならば、神の御子はこの時代にさえ民の元に戻られ、この世界の切迫した問題から解放され、あなたがたの驚異の目で期待してきたそれらの変化、新しい贖いが起こり、あなたがたが語っていた至福千年期がこの時代にも始まることがわからないのか」

「汝ら、正に聞くべし。われの此の世に来れるは、永遠の王国《みくに》を、汝らの心の世界に建てんとして来るものなり。われは永遠の平和、天の国《みくに》よりの訪れにして、永遠のロゴスをうちに秘めて、これを汝らの心に与う。これは即ち、メシアの再臨、みろくの下降の世となりし証果《しるし》なり。再臨のキリストも、その下生の弥勒なるも、凡ては、宇宙の生命《みいのち》神格の智恵と慈悲との御手なれば、世に来りては恩寵と真語を語りて、救霊の光となるも、聖旨《みむね》なり。

見よ。末法の世はおわりをつげて、心に開顕《ひらく》天降の現実なり。三千年に一度咲く、大曼陀羅の華の秘言は、不滅を誓いて出現なさる宝庫なり。世のおわりどの此の年に弥勒の下生あることは、遠き昔に天祖の末世にかけし約定《さだめ》なり。今こそ汝らは天地の始より世の終りに至るまでの、大節の弥果《いやはて》の節に邂逅《めぐりあ》わせて生まれ来たるなり。今こそ再臨成就の天機《とき》なり。弥勒下生の頃合なり。

汝ら、世はいま新しい天地の開闢《ひらく》る時に仙り着きぬ。ああ、神の国は世に来れり。終りある世は過ぎ去りて、永遠の世は始まりぬ。汝ら、主の訪れは、汝の肉眼の前のことにはあらで、霊の国の事柄なり。されど汝ら、やがてこの主の光を魂に映して、主の実相を見るべし。人の生死は永遠の生命にかけられた幻幕なり。無知にねむれるものの覚め難き夢中の現実なるものなり。汝らはその長い夢より今覚むるなり」（「スフィンクスの聲」抄約）

復活

まず、聖書から死の克服が成就する復活の予言を掲げよう。

「このことに驚いてはなりません。墓の中にいる者がみな、子の声を聞いて出て来る時が来ます。……わたしを遺した方のみこころは、わたしに与えてくださったすべての者をわたしが一人も失うことなく、一人ひとりを終わりの日に甦らせることです。事実、わたしの父のみこころは、子を信じる者みな永遠のいのちを持つことです」（「ヨハネ伝」五―六章）

「次の世にはいるにふさわしく、死人の中から復活するにふさわしい、と認められた人たちは……もう死ぬことができないのです。彼らはみ使いのようであり、また、復活の子として神の子どもだからです」（「ルカ伝」二十六章）

「終わりのラッパとともに、死者は朽ちないものに甦り、私たちは変えられるのです。朽ちる者が朽ちないものを着、死ぬものが不死を着るとき、死は勝利に飲まれたと記されている、みことばが成就します」（「コリントI」十五章）

そして、「黒い錬金術」によれば、「賢者の群」と呼ばれる錬金術書は次のように予言している。「古代の賢者たちは、その技術と知識から世界終末の到来と死者の復活を知っていた。このとき魂は、その根源的な肉体をふたたび永遠なるものと結びつけるであろう。肉体は完全に浄化され腐敗せず、ほとんど信じ難い繊細な相を帯びあらゆる硬きものの中に浸透するであろう。彼の天性は、霊的にも肉体的にもなるだろう」

また、エジプトで発見されたグノーシス文献、「ナグ・ハマディ文書」の中の「この世の起源について」でも、アダムとイブが食べた知識の木は魂を眠りから覚ますもの、生命の木はこの世の終わりに聖徒たちの魂を不死にするものとされ、終末には原始が回復され、各人がその本質をあらわすという。その時、肉体の霊化が成就し、魂はプラトンが魂の墓と呼んだ肉体的影響から解放される。それが「ダニエル書」の「地のちりの中で眠っている者のうち、多くの者が目を覚す」の意味であり、それ故、イエスも「目をさましていなさい」と教えているのである。

それはまた、法華経が「地湧の菩薩として象徴していることでもある。なぜなら、「金光明経」にいわく、「世尊は掌に千輻輪が描かれ、開いたばかりの蓮のようなしなやかな手で（cf.サハスラーラ・チャクラ）大地の表面（cf.頭頂）をたたいた。……宝玉と銀で造られた塔廟（cf.七宝塔）が大地から現れた。……七つの筐がある。そのすべてをあけてごらん。アーナンダ長老はその筐の中に、雪白の睡蓮の花の色に似た遺骨（cf.チャクラ）を見て……」と。

また、ポール・ソロモン・リーディングも「地球の変動と新惑星地球」の中で、次のように予言している。

○キリストご自身であるグレート・シップへの召命が起こる時、その次元に入る準備が出来ている人々は、重い世界を離れ、軽い世界に入るであろう。このことにこそ、あなた方は準備しなければならない。

○体から自由になり、肉体に勝利することを学ぶように……はじめは肉体的嗜好に打ち勝つことにより、瞑想その他の霊的行為によって。
○心開きつつある人々が新しい次元の中に生き始める時、彼らは皆、体に帯びる物質を減らし、大きな拡大された次元の中に入っていく。
○あなたがたが肉体を捨て去るというのではない。突如として、あなた方は物質の体と光の体を知り、重く濃密な物質を光に変えてしまう。……
○予言してきた者たち、神の使いの如く生き、教え、自分を変えてきた者たちがこの時尊ばれる。彼らの目的は、空がこの惑星上でかつて見られたことのなき光で照らされ、これが主の光であることを知る時の、その畏怖すべき出来事を理解することである。
　準備してきた者たちは、その光が雲間に現れる時に引きあげられ、これらの体を離れるであろう。自らを引きあげつつ、彼らは光のようになり、自らの一部であるあの光に磁石のように吸い寄せられていく。
○大気の濃密さがほとんど瓦解し、霊的人間と聖霊、神との間にほとんど分離がなくなり……この時代の人と神との交通ははるかに容易となる。
○時は迫っている。そしてこの時代に、天と地の新しい表現に備える光の体を形成する必要がある。
○新しい予備人種を教化するため戻ることが、ラプチャーで引きあげられた人々の目的となる。
○我々の語っている状況の進展にはまだ何年もある。しかし、ここで警告が与えられないならば、このことに向かう意識の形成は達し得ないあろう。

また、日月神示も「五十黙示録」の中で次のように示している。
○岩戸が開けるということは、半分のところは天界となることじゃ。天界の半分は地となることじゃ。今の肉体、今の想念、今の宗教、今の科学のままでは岩戸開けんぞ。今の肉体のままでは、人民生きていけんぞ。一度は仮死の状態にして、魂も肉体も半分は入れかえて、ミロクの世の人民としてよみがえらす仕組、心得なされよ。
○来たるべき世界が半霊半物、四次元の高度の影のないうれしうれしの世である。……今までの物質でない物質の世となるのじゃ。
○マコトで洗濯すれば霊化される。半霊半物質の世界に移行するのであるから、半霊半物の肉体とならねばならん。……原爆も水爆もビクともしない新しい生命が生まれつつあるのであるぞ。岩戸びらきとはこのことであるぞ。

そして、白光真宏会創立者、かの五井昌久師も「地球は一つの進化の時に至っているのです。……それは人類の心が調和してはじめてできる進化の道なのです。役の行者が肉身を霊化させたと同じようなことを現代の我々はなさねばならないのです」と言明された。

さらに、三六九神示も次のように示している。
「九《こ》の十《とう》げは、一度死にて四三返りて九れよ。水の世界から気の世界への生まれ変りであるぞ。

……活きながら死にて復活《よみがえり》て九れよ。再び霊死《し》する事なき不滅の生命となる。それが五六九《みろく》（七）の救いなり」（S60　8／4）

このように、想念アストラル・レベルと物質レベル相互間の距離が接近するつれ、人類の潜在意識、カルマの現象化もスピードアップするわけで、その反面では現象界が想念に左右され易くなるのだから、この時代には祈りの効果も増し、「求めよ、さらば与えられん」の法則が文字通り現れつつある時代であって、それ故、各人にとっては、カルマの浄化の絶好期だとも言える。

最後に、ノストラダムスの予言詩を掲げよう。

大いなる七つの時が過ぎて
大虐殺が始る
至福千年遠からず
死者がおのが墓から出てくる〔10：74〕

ここで、ノストラダムスがこの次の詩で言及している、古代密儀の主権者ヘルメスに登場願い、聞いてみようではないか。ケイシー・リーディングも、この時代に大ピラミッドの記録庫が開かれ、ヘルメスの秘教が陽の目を見ると予言しているのだから、では、『ヘルメス文書』と『象徴哲学大系I』を開こう。

すなわち、前者では、「おまえは、纏《まと》っている衣を引き裂かねばならない。すなわち、生き身の死を、感覚ある死骸を、ひきずっている墓を。……お前が衣のように身につけていた敵は以上のようなものであり、お前が聞くべきことを聞かず、見るべきものを見ないようにする」と。

後者では、ヘルメスは次のように説いている。「おお、地の人々よ。元素から生まれ元素から作られているが、内に神なる霊を持つ人々よ、無知の眠りから目覚めよ！　真面目に思慮深くあれ、あなたがたの家は地ではなく、光にあることを知れ。不死にあずかる力を持ちながら、なぜ自らを死に引き渡すのか。悔い改めよ。あなたがたの精神を変えよ。暗い光から退き、崩壊を永久に見放せ。七つの環を昇り、魂を永久の光と合体させる準備をせよ」

また、ノストラダムスは息子セザールの手紙の中で、「世界は矛盾なき変革（death dealing）に近づく。……そこは第八の天球であり、それは自由な次元で神がこの周期を終えるところである」と予言した。それをヘルメス文書は「七つの環のすべての蓄積を取り去って、魂は第八の天球すなわち、恒星の環にいく。ここで、すべての幻影から解放された魂は光のなかに住み、純粋な霊のみが理解できる声で、父への讃歌を歌う」と教える。

わたしたちは、これら古代宇宙論にかかわる記述が、七つの霊中枢を上昇して法界へと超出する、解脱の境地と照応することに気づかざるを得ない。ここに至り、ケイシー・リーディングの説く、霊中枢を通じての人類救済計画が成就するのである。いまや、神からの離反で地に堕ちた魂は、ふたたび天上に飛翔すべき時を迎えようとしている。それこそ、次に掲げる予言詩が示すように、ノストラダムスがこの時代に送る究極のメッセージである。

闇夜のような時代に生まれる人が
至高者の君臨と慈愛を受けて
おのが命を古びた土器から蘇らせ
青銅の時代から黄金の時代を呼びさます〔5：41〕

魂の去った肉体は　もはや犠牲とはならない
死の日は誕生とみなされ
神の霊は魂を幸せにするだろう
不滅、永遠《とわ》なるみ言葉を理解するとき〔2：13〕

み言葉が成就する
天と地　隠れた黄金が神秘なる真相につつまれ
霊・魂・体がすべての力をもつ
天のみ座におけるがごとく　その足もとでも〔3：2〕

第八章　天の岩戸開きの時代

1 日本の方向性

日本の未来

日本人としては誰しも、わが国土沈没の予言には無関心でおられまい。それで、改めて、この問題につき何人もの超能力者から情報を求めたケースがあり、一つは『日本は沈没するか』に、もう一つはエドガー・ケイシー専門誌「ニュー・エージ」に報告された。

それら両者によれば、状況は大きく好転している。日本の否定的カルマのほとんどは、広島、長崎の被爆という厳しい代償で解消し、今や日本の新たなカルマは全人類への愛、他国民と分かち合うことであり、「平和の先駆者」、「軍備撤廃のスポークスマン」としての使命がある。そして、自然愛と直観面を育成して伝統文化の根本に復帰し、「地球の治癒を進化させる文化」、「東西文化を最初に融合する国」となるだろうという。

その日本の現実は、軍事大国第二グループに仲間入りをする。そして兵器輸出なども解禁されるこの頃である。米・ソ両国首脳が相手の先制に反撃の決断するための許容時間はわずか五分間にすぎないという。なんと非人間的なことであろうか。

このような状況下にあって、私たちは霊覚者たちの次のような言明に耳を傾けねばならないだろう。大本教の出口王仁三郎聖師は戦後、「いま、日本の軍備がすっかりなくなったが、これは世界平和の先駆者としての尊い使命が吟まれている」と告げた。白光真宏会の五井昌久師は、「日本は世界の完全平和のための重要な立場に立たされている」が故に、米ソ中英の分割占領という事態も神様の力で免れたのであって、「日本がその天命を果たさなければ地球世界は滅亡してしまうのです」と言明する。

訪日したヨハネ・パウロ二世も「広島の名は、核兵器の破壊力で他の国を支配しようという誘惑に人類が勝てないなら、人類が破滅への道をたどるであろうことを告げるシンボルである」とのメッセージを残している。

唯一の被爆国としての意味を自覚してその天命を遂行することこそ、国土沈没と地球破滅を回避する道であろう。厳しい警告予言は、そのような課題と背中合わせにあり、その象徴ともいえる。「日月神示」も、「新しいカタは日本からぞ。日本よくならねば、世界よくならん」あるいは、「一刻も早く日本から、日本を足場として最後の大掃除をしてくだされよ」と示している。

大いなる和の民族の天命

どうも日本という国は、この大転換期にあって特別の意味を持つようだ。日本の神々はそれをここ百数年来、多くの霊覚者の口を通して告げてきた。例えば金光教では、「今、天地の開ける音を聞いて、目を覚ませ」といい世界真光文明教団では、「マコトの天の岩戸開きは、これからなり」あるいは、「神の子に還るが……この度の新生なり」という。

とりわけ、大本教にはそれが凝縮されている。お筆先にいわく「明治二十五年から大出口ナオの手を借りて、〈三千世界の大芝居が始まるぞよ〉と申して、知らせておいたが、一番叟《そう》、二番叟、三番叟も相済みで、いよいよこれから、初段が始まるぞよ。初段、二段の始まりておる間に、世界の大本は皆そろうて、霊魂《みたま》を研いて、何かれの準備をして、三段目の立役者となりて、此の乱れ切った世界を、尉と姥とで掃除致して、昔の水晶の松の神代に立て直さねばならぬ」（大正七年）

思えば、各番叟から初段は、日清、日露、第一次大戦として予言通りに進行した。そして第二段も「西伯利亜《シベリア》線を花道と……ここに二段目幕が開く」（大本神歌：大正六年）あるいは「本年は西暦一九三一年で〈戦のはじめ〉であり、皇紀では二五九一年で〈地獄のはじめ〉である」との王仁三郎の予告そのままに、満州事変から第二次大戦に発展した。

それゆえ私たちはいま、「立替するは己が心ぞ」、「霊魂を水晶に洗濯して改心致さんと」とあるように、三段まえの「霊魂を研いて……準備すべき」試練期を生きている。そして「三段いよいよ開く時」には「三千年の昔から選ばれた神人たちが大和魂を発揮して、永遠に続く神世ながらのみろくの世を築く」という。その道程が「三千年あまりの経綸の時節」としての「二度目の天の岩戸開き」といわれる。

顧みれば、日本は世界唯一の被爆体験ののち武装解除され、今日では、敗戦にもかかわらず、世界に誇る繁栄を築きあげるに至った。四周海の自然環境は国内諸般の安定と相まって、諸外国に軍事侵攻の口実を与えない。「平和の先駆者」、「軍事撤廃のスポークスマン」たるには、他国に見い出せない好条件がそろっているばかりでなく、貿易依存度の極めて高いわが国にとって、世界平和は死活問題だと言える。先覚者の声に耳を傾けることは、「自己破壊から愛、協力、建設へと、人類意識と人間の信条と姿勢を変化させるネットワーク」に通ずるだろう。

歴史は人類が学びとるまで繰り返されるという。アトランティスの轍を踏んではならないのだ。ノストラダムスはハルマゲドンの種のまかれた一九四七年を強調したが、人類はそれから最後の審判への道を着々と行進している。終戦の年の元旦に王仁三郎師は、「敗戦によって三千年の仕組の幕が開く。……日本は敗れても世界の鑑となる」と語ったという。大和の国は今こそ、呪いでなく、命への道を選ばなければならない。

甦る神ながらの道

現代文明が全地球的規模でその矛盾を露呈しつつある今日、自然支配的な西洋文明と対照的な日本古来の文化が、その打開のため注目されつつあるという。巨大物質文明により、生命体としての地球そのものが蝕まれている事態が認識されるにつれ、自然を恵みの母とみなし、森羅万象すべてに神を観て、その一体感に生きるという神道文化が見直されているのである。人間は生命の起源において、悠久の大宇宙、大自然の道と通じている。その大生命である宇宙意識、神との調和に生きるという〝神ながらの道〟こそ、すべての宗教の源泉だと言えるだろう。

ケイシーをはじめとするキリスト教系の超能力者の指箴も、「キリスト意識」という自覚パターン、つまり、生命は一つであり、私たちは神と一体であり、人間同志も一つであるという意識、あるいは、「愛と智恵、同情と協力の必要の認識」が惑星としての人間、この地球に到来しつつあるということである。私たちは人類の救世主たる、かくのごとき意識パターンが地球に顕現する路となるべき使命を持っている。なぜなら、ポール・ソロモンが強調するように、「自然の方向へ向きをかえること……母なる神の自然の保護を理解することが必要となる」ような厳しい変化が予想されるからである。

古来わが国では、水稲耕作生活の相互扶助的共同生活を通して、他の人の気持や立場を察する思いやり、共感、以心伝心といわれるような直観能力が育くまれてきた。今日でも日本人は、家族や村などと個人の自我が融合している拡大自我を持つといわれる。個人主義が高揚されて、その頂点を極めた感のある現在、このような自他一体観、和を重んずる精神風土が再評価される地点に来ている。

今や人類は宇宙時代を迎えた。宇宙飛行士たちは宇宙飛行で味わった神の臨在感を通して、宇宙の本質が霊的知性そのものとしての神であり、すべての宗教がそのような存在との一体感という本質的に同じ原始体験に発することを理解したという。そして、ホモ・サピエントとしての一体感を如実に体験した彼らは異口同音に、同じ地球上での国家的対立や紛争が宇宙的視野からみていかにばかげたことかよく分かったと述べるのである。

思えば、「未曾有の敗戦の日にも……祭りはいささかの変わりもなく、静かに、清らかに、厳粛に、太古ながらに行われた。……

天照らす、おおみやどころ、かくしつつ仕えまつらん、かくしつつ仕えまつらん。よろずよまでによろずよまでに」（式年遷宮杵築祭の歌）（『祭祀と思想』）

その日本歴史上最後の戦いが、広島、長崎への原爆投下をもって終結せんとする頃、神界ではその大悲惨を越えて、新しい時代が開かれようとしていた。「日月神示」にいわく、「岩戸開きのはじめの幕開いたばかりぞ。……人民ばかりでは成就せんぞ。奥の神界では済みているが、中の神界では今最中ざ」（8／6）次いで、「あら楽し、あなさやけ、元津御神の御光の輝く御代ぞ近づけたり。岩戸開けたり、野も山も、草も片葉も言止めて、大御光に寄り集う、まことの御代ぞ楽しけれ。今ひと苦労ふた苦労、とことん苦労あるなれど、楽しき苦労ぞ目出度けれ」（8／10）

2　日の出世開き　三六九神示

「京土会報」（H15）への投稿文

まずはじめに、平成十五年に「京土会報№41」に投稿した拙稿を引用したい。

人類が悲惨な事態を回避し、よりよき未来を子孫に遺すためにも、神的啓示への関心はこの混沌きわまりなき時代にあって、ますます重要性を増やしつつあると言える。

扨《さ》て、久しぶりに京土会報を開いてみて、土木の範囲が環境や防災、エネルギー関連の比重を増しているのを知った。小論では、阪神・淡路大震災と原子力問題について、筆者が特に注目している「三六九神示」（小長谷修聖師取次）をお許しをえて引用してみたい。

「時は神の生命となな。……時と共に四九三《しくみ》現して変わりゆく世の中じゃ。酉《とり》の年は雨多く水・と四九三、戌《いぬ》の年は日照り続きで水不足、火と四九三、亥《い》の年はさあ、土というな、水火土《しおつち》の神、神世の導きの指図をいたすぞよ。扨て扨て、亥の年は古い殻の割れる年、土より芽ぶきある年じゃ。大地震い、型を見せて通るぞよ。（H6 12／3）」

あるいは、「此の国は龍体と申してある。……さあ、震う震う、龍体が身震いいたす。八大龍王の御顕《みあれ》じゃ。日本金龍体のよみがえりということなり（H6 12／28）」と示され、その夜に八戸沖地震が発生。そして「北に震い、南に通すぞ……此の日本さあ、八大龍王の現れるしるしじゃな。十和田湖の霊筋、艮坤《こんごん》に通すぞよ（H7 1／9）」と示されて一週間後にあの震災が起きたのである。

「オノコロ、オノコロ、さあ、天地の大臼がかみあいて動き始めたと言うなり。神戸という、新しい神世開きの岩屋戸の開きという。……この日本金龍体のよみがえりじゃ。……今の世の上辺飾りの物質文明のもろさと言う。コンクリートの化物が崩れゆくと申してある。……人民には気の毒なれど、立替えて神戸に新世の世の型を見せるぞよ（H7 1／17）」

あるいは、「このまま捨ておきては地震どころでない。空気も水も汚れ果て、人類は滅亡する故……災の度に……原始時代の祖先からの苦労を味合わせ……求めるばかりの人民の心を改め、真の自立の道を開く、深き親心であるぞ。このような災は神戸だけでなく、これから東や日本全国に始まるのであるから、神の戸と示す神戸に見せた型を無駄にせぬよう身を引き締め、腹帯を締めておくことであるぞ」（H7 1／24）と示されているのである。

ここで、大震災に至るまでの神示の流れを見てみよう。

まず、「世の切替は……天地鳴動し、想像を絶する天地返しがあるなり」（S48 10／24）、「この地球三千年汚し穢してまいりたが、地球四三返りの時、噴火も地震も雷《いかずち》もこの地球黄泉《よみ》返りの息吹であるぞ」（S60 11／14）あるいは、「神戸は外国へ向けての神の門、善きも悪しきも始めに型が現れてまいるのじゃ。（S22 1／22）……一四五四、立替の時となり、日本金龍体が動くから記しておくのじゃ（S22 6／26）」とあり、「コンクリートの化物が崩れてゆくのじゃ。……天地の神と共に栄えてゆくのが惟神《かんながら》の道、本の道に帰らぬと世界滅亡いたすのじゃ（S63 5／6）」と示されている。

そして、時が近づくにつれ具体性を増し、「ウンゼン（雲仙）じゃ。……此処から地の底の気を抜きて、此の日の本のもっと大きな噴火をふせぎてあるのじゃ。これが親心、天地の四九三というものじゃぞ。……雲仙が火を噴きたら、世は終りなり、始めなりと申してありた（H4 6／3）」「此の年は艮坤の道、揺れ動くと申してありたぞ。北海道の奥尻島、日本の艮《うしとら》に火火《ほむら》立ち、坤《ひつじさる》なる雲仙火を噴きて、北に南にしらせある此の年じゃ（H5 7／13）」

また、「禊《みそぎ》とは蘇生のことじゃぞ。……大地震、大火災、気の毒なことであれど、其の後には槌音高く建設の道が開けてくる。……禊には苦しみあるぞ。……それをいさぎよく越えてこそ清々しくなる。蘇生となる。……是が日の本の弥栄《いやさか》の道であるぞ（H5 7／20）」とあらかじめ心構えが教示され、さらに、「戊亥とめぐりたら……万象崩壊、建設と破壊じゃな（H5 7／29）……天地新生……新しき島生み国生みの始めと言う。（H6 10／10）……さあ、新しい世の天の沼矛葦原《ぬぼこあしばら》の国へ刺し入れた。さあ、自凝自転《おのころおのころ》……世界のかきならしの始めじゃな――（10／17）」

このように神示をよく調べてみると、この大震災については五十年も前から順次ステップを踏んで、その意味が解きあかされていることに気づくのである。
そして震災後にも「此の阪神の大地震、被災せし人民、冷静沈着和をもって助け合いて居ること、是、大和魂の幸倍であるぞ。大災は荒魂もて荒々しき神業、……さあ、そこに新生の気は起こり、大和の御魂幸倍う日本の国、神代の昔より此の日の本に四九三おきたる大和魂の発動であるぞ。……さあ、この世には天国も地獄も見せると申してある。……神の御霊の神民がいかなる艱難辛苦に耐え忍び見事育つ、そのために、神は大芝居を打つと言うぞよ（H7 2／4）」

そして、「天と地の大臼がゴロリゴロリと回り出した此の乙亥《きのとい》年であったな——。淤能碁呂《おのころ》島《じま》が再び動き出し、新しき修理固成《つくりかため》が始まりたのじゃ。天と地の大臼と申してあるのは神魯岐《かむろぎ》、神魯美《かむろみ》の神言《みこと》の気の渦じゃ。此の天地は昔も今も後の世も止まることなく、修理固成の神業が行われておるのじゃぞ。是が〇九十《まこと》の神の道、弥栄の道じゃ（H7 12／14）」あるいは「此の年から亡《ほろ》びゆく道にあった地球も新生の一歩を踏み出したと言うぞよ。阪神の大震災はオノコロ島の発動であり、地球再生の一歩となりてあるぞよ（H8 7／4）」と示されている。

また、「地球の断層は此の大地、修理固成《つくりかため》た龍神の活動の跡であるぞよ。地震は……天の気（天の龍）、地の気（地の龍）との感応により起こるのじゃ。大地も浄められるのじゃ。……地震起こる度にこの天地自然を汚し穢した人間の業を反省いたさねばならぬぞよ。其の改心がないから、災は積み重なるのであるぞ」（H11 3／23）

あるいは、「今こそ、浄め祓《はら》いの道を神代から伝えて来た此の日本の国より、霊的に体的に世の浄化の道を起こさねばならぬぞよ。……地震や嵐より恐ろしきは空気や水、御土の汚れであるぞ。嵐や地震はその浄めのために使いてまいるぞよ」（H11 8／25）と強調されている。

さらに、「辰の年、ウ（宇）とス（主）の気の立つ年、☉《主・ス》の神の新しき息吹、日本の北から南に通し、日本金龍体の四三返りの時であるぞ。……洞爺湖は〇の形なり。有珠はウとスの言霊なり。龍が珠を得た型なり。大臼、小臼渦なして、北より新生の気は息吹くぞよ（H12 3／20）……雲仙はンじゃな。有珠はウじゃな。〇《ス》の言霊の元、スウンじゃな――。天垂敷世《あたらしき》の狼煙は上る。……人民には気の毒なれど天象地象に見せる神意しかと受け取り、祭政の庭に立つ者から改神急がれよ。北から南へ神気通り、世の浄めの渦は巻くぞよ（3／31）」

あるいは、「天の気即ち神界の気を地に現し、地の型が成り、それから実地の世の様が現れるのが神の四九三であり、それが天の気、地の気二つに重ねた臼の四九三であるぞ。

この石臼の仕組は雲仙の噴火、神戸の地震、この度の有珠山の噴火とも現れ、天象地象に見せたこと、国の渦巻とも現れてくるのじゃぞ。……

スとンの始めと終りの九十〇が鳴り響きて九の世の根底から浄め祓いに立て直してまいる神業の起こりとなるのであるぞよ」（H12 4／2）と注意を喚起している。

それだけではない。早くも平成四年の雲仙噴火の折、「富士の山、火を吹いたら何とするぞ。神国日本の人民が何時迄も我れ良しの改心ができぬと、腹の底よりドンと吹き上げるぞよ」（6／3）と示しのある、富士山についても、「あまりに人民勝手が過ぎると活神の勘気にふれて、大地も震い、火を噴くぞよ。富士の山震いておるのは磐長姫の活動なり。……艮の金神須弥仙

山（富士山）に腰かけて、世界に睨みをきかすぞよ。富士の霊筋は白山通り、ヒマラヤまで通るぞよ」（H13 2／6）

あるいは、「伊豆七島は富士の子神と申してある。裏の火（霊）脈は白山が仕切り、表とは富士の火脈じゃな。……あまり、人民の勝手が過ぎると富士は堪忍袋の緒を切り震うぞよ。それを白山が待て待てと押さえている。南は阿蘇に雲仙、桜島、この日本列島の根底には火脈めぐりて厳しく恐ろしくも、日本の守りを通してあるぞよ。人民あまりに勝手が過ぎ道を外れると火の息吹の警告をいたす。さあ、ドンドン、さあ、ドンドン」（H13 12／24）と警告しているのである。

火山列島日本の地殻変動に関わる上記の神示については、ご検討を諸兄にお願いして、原子力の問題に引用を進めたい。今日、北朝鮮やイラク等についても、原子炉は原爆製造とからめて、人類に深刻な問題を投げかけている。神示における原子炉への言及のはじめは次の警告であった。

「世界、原爆、水爆で争うようになりたら、此の地球氷づけになるのであるぞ。……未だあぶなきものを造る世界の国々。これこそ悪の仕組であるぞ。国を守るつもりが世界も我も滅亡となる事に気づかぬか。気づかせて見せる神の力ぞ」（S59 8／7）

この警告から一年あまり経たチェルノブイリ原発事故（S61 4／26）の二カ月前にそれを暗示する神示が示されてから、「ソ連のことは赤い火が黒煙となると先に示しておきたが、原子炉のことはまだ序の口じゃ。ソ連は最後まで残れど、内から壊れてくるのじゃ」（S61 4／

30）とソ連の行く末も予言されている。
また、「アクは金もうけのためにはどんなこともしておるのじゃ。……原爆、水爆、原子力もそのもとは金もうけのためじゃ。……世の恐ろしい裏の仕組を人類は目隠され、だまされて来たなれど、これからは次々に気づけ致して、赤と黒の仕組みを見せて通る。……死の灰のふるを見て、新しい世と古き世の変り目を知れよ」（S61 9／12）
あるいは、「原水爆、又原子炉は人類の長い歴史の中、我れ良しの智恵の固まりであり、又、これをいかに処理するか、此の事が人類が新しき世へ渡れるか如何の神の大きな試しであるなり。よくよくこのことを覚れよ。世界人類は物質文化の華に酔いしれ、真実の判らぬよう目隠をされ、地球を滅ぼさんとする悪魔が身の内にひそみ、自由自在にあやつられ、我身を段々とあぶなき渕へ追いやっていることに気づかねばならぬ」（S63 1／29）と注意をうながしている。
さらに、「龍宮は原爆、水爆の撤廃に勇むぞよ。原爆、水爆、原子炉とこれこそ悪魔の業であるぞ。生命が大事か電気が大事か、栄耀栄華の暮らしのために自ら滅びの渕に迫る世界の人類、判らぬか。判るようにしてみせるぞよ」（H7 8／22）……今一つ大事なことを申す。悪も使いてある四九三と言う。この原爆水爆は悪魔の業であるなれど、それをいかに受け取るか。その恐ろしさを知り、争うことのむなしさを知る時に、憲法九条、不戦の誓いが生きてくるのじゃ。原爆、水爆と憲法九条は裏表であり、人類存続と滅亡の二道を決める要であるぞよ（8／25）」
そして平成七年の原爆記念日には、「不戦の誓いあらたに、恐ろしき悪魔の業、原爆、水爆、核なき世を開かねばならぬのが、神国日本の使命であるぞ」（H10 8／6）」と強調されているのである。

それから、「箱根の関は大事な西と東の霊的な関となりておる。愈々開きて、東に青龍の清めの気、起こるぞよ。それは東京の地震等のことではない。気の渦じゃ。人民には気の毒なれど、気づけ気づけて正してまいるぞよ。（H11 8／16）……気の動きによりて天地動くのじゃぞ。……気の動きを司るを龍神と言い、巳《み》（蛇）と言うのじゃ。風も水の流れも、大地震う地震も、又放射能も皆、気の流れ、龍の活動によるものじゃ。……気の元の神を豊宇気の神（国常立尊）と申してあるぞよ（9／25）」との説明がされている。

このような事前の説明や警告の後に、あの東海村JOC臨界事故が起きているのである。

そして、「見よ、東海の黒雲を、大難を小難に気づける内に早々気づかぬと、まだまだ大事が起こるぞよ。融合も分裂もにぎりておるのが菊理姫《きくりひめ》の神であるぞ。……恐ろしきは根から断つことをせねばならぬ。外国の言うなりに振り回されてきた附が浮かび上がりてまいるのじゃ。

菊理姫の神は天の御中の豊宇気の神と気を通ず神、豊宇気の神は水気の根源、菊理比咩は水のはたらきと現してあるぞ。括り結ぶは水の用《はた》らき、破壊も水の用らきであるぞよ。富士の火が動くか動かぬか、是も、裏なる白山菊理比咩の手の内に鍵があるぞよ（H11 10／4）」

あるいは、「東海村の放射能の事故も、世界人類が今のままでありたら滅亡に到る大難を小難にまつりかえてあるぞよ。……世を滅ぼす恐ろしき物は根から絶《た》つことを為さねばまだまだ気づけばあるぞよ。……

万有の生命を損う原子力等は根から絶たねばならぬぞよ。生命より金もうけが大事な、体主霊従《からたま》の世は行づまるぞよ。やむえず、世界人類はさまざまの労苦苦痛のいばらの原野を越えて、人間の都合勝手のために天地自然を犯して来た今の世の虚《むな》しさを身をもって味あうこととなるぞよ（10／8）」と重ねて警告されている。

私たちはこのような神示を軽視してよいものだろうか。核施設の安全管理に携わる方々の努力にもかかわらず、諸々の不確かさが核廃棄物処理技術や原子炉標的テロを含めて、広く認識され始めている。

さて、三六九神示はもちろん、昨今の連続テロや北朝鮮、イラク問題についても傾聴すべき教示が与えられている。次にその一部を紹介しておきたい。

まず、「殊に青龍は刷新の気を持ちて今、東に西に活動の時であるぞよ。アメリカ等も思い上がれば内から浄めの渦は巻くぞよ（H11 9／25）」とあり、また、「何時の世も神仏や天地自然の中に生かされている感謝や慎《つつ》しみを忘れて、思い上りた時、世は行きづまり、高き塔の崩れる如くなるのじゃぞ（H13 7／14）……水晶の世のはじめであるから、地獄の蓋も開きて、諸々の因縁が皆浮かび上りてまいるから……人民ど肝をぬく事が起こりて来るぞよ（7／27）……言うことを聞かずば、自ら蒔いた種は自ら刈り取らねばならぬぞよ。……気づかずば荒神の警告あり、アラブル神の荒事や、さあ、ドンドン、さあ、ドンドン」（8／3）

あるいは、「人類の改心を迫る警告のため、原因結果の神法を持ちて、善きこと、悪しきこと皆浮かび上がらせて、見せつけて人類の改心を迫るぞよ。思い上がり慢心が道を外れる一番の大事、国にも人にも同じ理であるぞよ。世界に大きな警告の火柱が立つぞよ（9／4）」と重ね重ねの警告ののち、あの連続テロが起こっている。

そしてテロ直後には、「先々からコンクリートの化物《ばけもの》が崩れ落ちる日が来ると申してありたぞよ。世界も国々も人民も、三千年《みちとし》の原因結果が現れる時とめぐりたぞよ（H13 9／12）……これまでの世界のやり方は皆、利害が中心で物金の強い者が武力やさまざまの策略で世を自在にして来たなれど、そのことがいかに虚しきことでありたか、その原因結果があらわれて来る時節とめぐりたぞよ（9／21）」とある。

さらに、イラク問題の切迫する折には次のように教示されている。

「罪もなき多くの人民を苦しめて、大国の欲望を満たすごときは神は許さぬぞよ。それでも金もうけしたいか。世界を自在にしたいか。争いを起こす者は末に自ら亡びてしまうぞよ。……アメリカも今のままでありたらいかに武力や物金あるとても信用を失い、大きな警告を受け内から崩れてしまうぞよ（H15 1／29）……世界の国々も世界の連合も……自由主義、民主主義と申せども、今では強い者中心のやり方でありたが、これからの世は世界万人生命の通う同胞として互いに尊重し、共存共生、大和の道を開くより他に道はないぞよ（3／5）」と。

このような時代であるが故に、次のような日本の使命に関わる神示が繰返されているのである。

「世界の人類を共存共生の正道に導きてまいらねばならぬのが、天津神の惟神の道を伝えると共に、先の大戦で原爆の火の洗礼の恐ろしさを身をもって体験した日本の使命であるぞよ」（H14　6／29）……未だ、世界の戦争の火は消えぬことであるが、必ず世界の人民は戦い疲れる時が来る。その時、この日本の輝きが世界中に判りて、戦いに病《いな》き疲れし人々の心を癒し、世界の暗《やみ》を晴らし、真の平和の道を開く、天照国照日の出の神の神力が発動するのであるぞ。その時まで……外国からさまざまに挑発されても日本の守りに徹して、動じてはならぬぞよ」（H14　9／13）

このような重ね重ねの警告にもかかわらず、世界は神示通りに進んできている。「砂の嵐に荒れ狂う世界の様……絶大なる武力をもって、アメリカがイラクを押えつけ、表向けは戦争に勝ちても、武力や物金の力だけでは、人民の風俗、慣習を無視してアメリカ式で押えつけても反発は強まりてゆくぞよ。この癸《みずのと》未年《ひつじどし》をして、世界は再び戦国の様を見せてくるぞよ（H15　4／8）」と。

第三の岩戸開き　東日本大震災

（S59　4／19）百十《もと》は此の地球海でおおいてありたぞ。それで親神、天津の神の御言を豊受けて、龍宮が母となりて、此の地球万《よろず》のものを産みなしたのであるぞ。……それから五たび六たびの地球の変わりがありて、此度は七度目、五四五四あたらしき五六七《みろく》の世の始めであるぞ。

（S61 9／5）この日の本の国には、裏と表の霊筋が四九三てある。表は富士、鳴門、阿蘇、雲仙と結ぶ筋。裏は白山、山陰を通る筋、それが東北までのびておれど、その裏表の筋が綱のごとくなわれ、神々の仕組がなされておるのじゃ。……八九山の神界が動くと二二（富士）が動き、五十（伊豆）が動くぞ。この地中の火山脈は神の気の活動ぞ。

（H15 3／10）御前崎、寄せ来る波や荒潮の渦巻く波が岩を咬む。岩裂根裂火の気立ち、新しき世の来るを告げて白波立騒ぐ。日本人民目を開け、神国日本に立返り、音橋の勲をば忘るるなかれ、よみ返れ、気づけの息吹、受けて立て。

（H15 7／28）七月二十六日、月山、金華山相応じて六六六と震いて鳴り起こる時とめぐりたぞよ。旧き世の体主霊従の四九三を改めねば世が立たぬから、龍宮が鳴り起こり、金勝要《きんかつかね》の神の働きに、世の経済を替えてまいる時とめぐりたぞよ。……強い者に御宝・持ち切りにはさせぬぞよ。地震、雷、龍神の気づけであるぞよ。六六六と日に三度震いた宮城の地震大いなる世替りの気づけであるぞ。

（H15 7／30）扨ても此の度、宮城北の地震、金華山、葉山、月山と道通り、縦には十和田湖、猪苗代湖と十文字が立ち、東北守りの要が成りたぞよ。荒海の道開けをいたして世の気を替えてまいるぞよ。

（H16 8／13）原爆や水爆があるうちは、真の平和ではないぞよ。わが身わが国を守らむとする権力や武力がその末にわが身を亡ぼすことになるぞよ。いかなる大国でありても内から崩れてまいるぞよ。おごるものは久しからず、栄枯盛衰は神の定めであるぞよ。……美浜の原発の事故も、その先ぶれ、気づけであるから、よほど心して受けとめて、核の恐ろしさをもっともっと深く考えてまいらねばならぬぞよ。

（H16 9／8）今の年は火水からみて浄めの年。台風8号によりて南から北まで日本列島を浄め祓いて迎えたるこの八日であるぞよ。浅間の噴火、南海の地震と続きておるが、一段と大地の修理固成の神業の進みておることの証であるぞよ。……未だ未だ風水火の浄めの神業は激しくなりてまいるぞよ。

（H16 10／24）天地自然は人間だけの物ではないぞよ。……このまま人民の自在にさせておきたら、海も山も泣き枯れて、現の世が亡びてしまう時節となりたから、世の元の国常立大神、時節まいりて岩戸隠れの戸を開き世を構うぞよ。……まずは、荒神を使いて風水火、地震、雷の神々を振い起こして世を浄め、神の恐ろしさを見せつけて、思い上りて天下太平性根ぬきとなりた人民を改心させる、ちと厳しき節目に入りたこの時であるぞよ。……

天地の元津神、六六六のみろくの神と現れ、七七七のみろくの神と変わりゆくこの時節、六は破壊と建設、立替立直の数であるから、ちと厳しい時のめぐりであるぞよ。新潟の地震も荒神の気づけであるぞよ。荒神は大龍体であるぞよ。ちと尾を振えば、大地は裂けてしまうのじゃ、地震は人民には恐ろしいことであるが、歪みた大地は整えねばならぬ。是も、修理固成の神業であるぞよ。

（H16 12／29）自然は神の御現れであるぞ。……この年は、艮の金神、荒神を使いて神の厳しさを世界の人類に見せつけた一年でありたぞよ。大海を司る龍宮の龍体は地球七回り半と申してあるぞよ。一震いたさば、この度のインド洋の津波ともなるのじゃ。人民には気の毒なれど、歪みた地球を修理固成せねばならぬ。あまりにも汚れ乱れ荒ぶ世の中も、浄め祓いてまいらねばならぬ。世を構う人民の心を元の素直な心に立ち返さねば、この地球も亡びてしまう。やむえず荒事起こるのじゃ。

（H17 1／30）世に災の重なるのも、人類が楽のみに走りて、天地自然との調和、真の安全と言うことをおろそかにしている故であるぞ。……天地の恵みを当たり前のごとく思いて、感謝の念、もったいないと言う思いを忘れているところに慢心取り違えが生じるのであるぞ。……

資源も食料も追いつかぬようになりて、その末はゴルフ場やレジャーランドに豆やカボチャを植えねばならぬようなことになりかねぬのじゃ。……恵みは互いに分け合い、運不運なく万世に太平の世を開かねばならぬのが日本の使命であるぞよ。

（H17 3／29）日本海波荒く大きな波が寄せ来る。……中国、韓国、北朝鮮、日本が信じ切りて甘えて来たアメリカまでもが、日本を押えつけむと迫りて来るぞよ。……悪の思凝神《しこみがみ》は、大国の中にひそみ入りて策謀をいたし、あの手この手で日本の出る杭を打たんとするぞよ。外からの波より恐ろしいことは、外国の手先となりてこの国の内から崩し、国民を性根ぬきにいたさむとする族であるぞよ。

（H19 3／26）立山白山中に立て、能登に地震起こり、新生の気を立てたぞよ。人民は地震を恐れども、大地の歪が直りて新しき気が立つのじゃぞ。……今は一段と大地の修理固成《つくりかため》を急ぎ、世に新生の気を起こさねばならぬ時であるから、地震も活動期に入りているのであるぞ。艮《うしとら》（東北）から坤《ひつじさる》（南西）へ気が動くのであるぞ。裏がえで表へ響くから、表日本も気をつけねばならぬぞよ。

人民の改心が遅れる程、修理固成の活動激しくなるぞよ。時計廻りの渦巻で造りてある日本じゃ。丹後半島、紀伊半島、能登と伊豆と響き合うのじゃぞ。四股踏みて大地固めん、さあ、ドンドン。

（H19 7／17）今、地球の修理固成や浄めをいそぐ時であるから、戸隠の戸も開き、裏が表に出る四九三と申してあるぞよ。裏が震えば、表日本も要心いたさねばならぬぞよ。大難を小難にいたしつつ、人民に改心を迫り、世の立て替え立て直しを進めたい神界の願いなれど、……国常立尊艮の金神と現れる時は厳しいのであるぞ。艮は東北、東北の穢れから祓うぞよ。

（H20 5／14）荒事なければ、世は変わらぬと申してあるぞよ。大風、大雨、大地震、浄めであり、修理固成の神業ではあれど、合わせて、国の乱れ上下歪を生ずれば、災の起こることを忘れてはならぬぞ。強い者の勝ちとなり、一部の者が人民を自在にいたして、神仏の意を忘れた、体主霊従《からたま》の唯物主義の世となれば、人民の気は乱れ、不平不満世に満ちて国の政《まつ》りに歪起これば自ずと災を呼ぶのであるぞ。荒事あれば、人民は気の毒であるが、それによりて固き思凝も解け、宗教思想を越えて人は生命の道に帰り、上下一体となりて助け合い、外国の助けを受け入れ、災の中に和の華がふくのじゃ。禍の転じて福と為すと申してあるぞよ。

ミャンマーのサイクロン、中国四川省の大地震、蛟龍神の震い、国の内の歪正せとの大警告であるぞ。その源は、白山よりヒマラヤへ神気を通す白山比咩の警告であるぞよ。今は平穏な日本であれど、しっかりといたさぬと日本とて大きな気づけあるぞよ。

（H20 6／5）国の内乱れ、上下歪を生じてくると大地震うと申してあるぞよ。此の度、艮の地震、岩手の龍神動いたな。艮の岩戸開きじゃな。国の政治を司る者等、党利党略にあけくれて居る時ではないぞ。しっかりと国守る芯を立てて国の統治いたさぬと、まだまだ震うぞよ。今は大地修理固成を急ぐ時、龍神の活動活発になるのであるぞ。

（H20 6／26）この度、宮城、岩手の地震にて、東北の艮の霊的な閂《かんぬき》が外れて五八十（岩戸）を開けたから、日本の立て直しも一段と激しくなるぞよ。

（H21 8／2）天照国照日の出の神の御現れにつきては、闇の世では隠れておりた罪や穢が皆ありやかに浮かび上りてまいるから、三千世界の大掃除をいたさねばならぬぞよ。……この度は三度目の岩戸開きであるから型だけでは済まぬぞよ。人民の腹の底から改心ができるまで、さまざまな思いがけぬことが起こるから、本末の道をしっかり立てて、狂わぬ神の綱をしっかり持ちて、世の中にも身近にもさまざまのことが起こるから迷いてはならぬぞよ。

この大掃除、大浄めの峠を越さねば、真の地上天国とならぬのであるから、少々のことがありてもうろたえ騒がず、真実を見つめて、今こそ、不屈の大和魂を磨いてくだされよ。黒雲の奥にも常に太陽が輝く如く、どんな荒事がありても、神の四九三のうち、神は見ておるのであるから、今日まで歩んで来た誠の道を途中で投げ出してはならぬぞよ。神交（神仰）の一筋を貫きて、熱さ寒さを越えていくのであるぞ。

（H23 2／2）噴火も地震も人民恐れることであるが、この天地人民のものだけではないぞよ。地震も噴火もこの地球修理固成の神業でありて、あまりにも人民第が勝手気ままのことをいたして、地球を汚し穢し地球の生命を弱らせておるから、ちと噴火も地震も起こして、汚れ穢れを吹き祓わねばならんのであるぞ。噴火や地震が起きたら新生の気が立つと申してあるぞよ。この度の霧島の新燃岳の噴火も新しい世の到来を告げる神の意吹であるぞよ。

（H23 3／7）愈々の時節であるから、世の元からの活神は人間の都合勝手な岩戸を打ち破り、真の活動をいたす時とめぐりたから、世の中には人間願い通りにまいらぬ恐ろしい事が次々起こりてまいるぞよ。……地震や噴火の荒事も起これば、悪事を隠して居りても皆露見いたすから、あんなものがこんな者となりて、世に恥をさらさんならぬことが次々出てまいるぞよ。……大きな切替の時とめぐりたから、もう悪事のつつみ隠しはさせぬから、国の頭から改心いたされよ。

（H23 3／11）天地の元からの活神をものも言わぬと、人間の都合の良い観念の神と押し込めて、恵みだけはむさぶりてまいりたぞよ。体主霊従《からたま》の知恵や学にうぬぼれ鼻高となっている者等の言うなりに惑わされてきた人民は、天地の神を恐れ畏こむ畏敬の念を打忘れてしまうから、艮（東北）の金神、国常立尊は龍宮乙姫と共に神霊を分ちし、厳の神、風の神、地震の神、荒の神、特に地震の神等の活神を使いて、真の神の力を見せて、人民の改心を迫る時とめぐりたと申してあるぞよ。

この日起こりた東北関東の大震災は、地震の神、金剛力を奮いて活動し、大津波を起こしたのであり、……犠牲となりた者等は気の毒であれど、恵みだけはむさぼりて、神の力をあなどりておる人民への大いなる見せしめであるぞよ。日本再生、立直しのための大試練、大浄化であるぞよ。犠牲となりた者等は、神が霊界へ救い上げはするが、天地自然と共に活動いたす活神の働きを軽く見てはならぬぞよ。今、汚れ穢れ生命の弱りた地球は蘇りのため、その浄めと修理固成のため、是で終わりでなく未だ未だ荒事は起るから気をつけておくぞよ。

（H23 3／13）先の新潟の地震の折、裏も動けば、表も動くと申してありたぞよ。豊かな海も怒れば大津波となるのであるぞ。天地の運行は神々龍神の活動でありて人間の都合通りにはまいらぬぞよ。……艮《うしとら》（東北）の金神、国常立尊や龍宮乙姫の命令で、地震を司る活神の大竜神が一震いいたしたら大津波と化して、人間の造りた物等一たまりもあるまいがな。寒む空に食い物も無く身を震わせておる者等には気の毒な事であるなれど、この列島は国常立尊の龍体と申してあるぞよ。時節まいりて国常立の世界立替立直しの神業激しくなりたこの時であるぞよ。

千年に一度の大地震を起こして、この日本の地固め修理固成の神業を進めねばならぬ時であるから、荒事は此度だけで終わらず、北へ震えば南にも響くぞよ。人間だけの天地でないから、早く思い上りの心を改め、慎しみの日々を送らねばならぬぞよ。

災害が起こりたら、便利や楽を求めてきた文明の利器はいかにもろいものであるか、それが逆に向いて、人間は原始と変わらぬ生活となるであろうがな。そこに人の暮らしの原点がある事を今後も忘れてはならんぞよ。これは日本だけの事ではない。利己主義の虚しい争いを繰り返す世界人類に対する警告であるぞよ。神には結構だが、人民には厳しい世とめぐりたぞよ。皆、身を引きしめ、性根を入れてくだされよ、小さな諍い起こして居る時ではないぞよ。皆が一つに力を合せ、日本の国又世界の立て直しに頑張らねばならぬことを伝える厳しい気づけであるぞよ。日本魂を奮い起こせよ。

（H23 3／15）この度の地震や津波には重大な神意が込めてありて、説いても聞かせても一つも耳をかさぬ人民であるから、このままでは、日本は内から崩れてしまうから、世の元の神々は涙を飲み、断腸の思いで活神、龍神を使いて荒事を起こしたのでありて、日本が真の神国日本と生まれ変わるための大試練、大浄化であるぞよ。神戸の震災を皮切りに、此度の大難、大試練をいかに乗り起こしてゆくか、日本の歪みた精神や国体を正しく立て直していくために活かしてゆくか、その心意気を国の頭から国民一人一人に到るまで奮い起こして犠牲となりた者も浮ばれ、この荒事を乗り越えてこそ世界に輝く日本と立ち直ることができるのであるぞ。

どんなに辛く悲しい時でも神は見ているのであるから、今こそ、不屈の日本魂を奮い起こさねばならんぞよ。この時をのがしてはならんぞよ。神はなんでこんなむごいことを起こすのじゃと怨むかもしれぬが、今のままでありたら、核兵器や核燃料の原発で亡びてしまう世界を救う為の一歩であるぞよ。

（H23 3／21）震災津波の被災の地では、この寒空に人民困窮しておれど、勇気を出して時を待てよ。必ず、復興の道は開けてまいるぞよ。福島の原発では、生命がけで作業をいたす者等、この度の荒事、国民皆が一つ心となりて国の再生立て直しに励む姿が、世界の人民の目を開かせることともなるぞよ。大災に困窮いたす日本、中東リビアでは戦争が激しくなる哀《あわ》れなことではあれど、是皆、人民の蘇りのためであるぞ。悪魔に魅入られた闇の世からぬけ出すためであるぞ。

未だ未だ未熟な人間の姿、見せてあるさまざまのことしっかり受けとめて、日本の人民昔も今も、天地と共にある大和魂を奮い起こらねばならぬこの時であるぞよ。

この度の地震や津波で福島の原発が何ともなければ、日本中に原発が出来て、事あれば、日本の国は破滅してしまうところでありたぞよ。ユダヤの策謀によって造らされた原発、どんな災害でも大丈夫と申しておりたが、龍宮が一震いたしたらもろいものであろうがな。

（H23 6／19）この度の東北の大津波のこと、政府も科学者も想定外であったと幾度も申したなれど、東北の大津波は有史以来何度もあり、言いのがれにすぎぬぞ。自然の働きの総てを今の人間の知恵で計れぬものであり、余りに思い上りた人間の愚かさに早く気づき、これまでの歴史に残る体験も大切にして、危きことは早く止めんと、地球の浄めの荒事が次々と起こるこの時節、先に進めんぞよ。……

放射能を出すウランも神の石と申して、人間がふれてはならぬものとしてありたのに、それを使い、大きな災禍を起こす核兵器や原発を造ってしまったのであるぞ。人間が垂れ流すおお方の汚れ穢れは土や水で浄化いたしておるが、放射能は神の手にもおえぬものであるぞよ。

……畏敬の念や慎しみの心を起こして、天地自然と共にある神々への感謝忘れず歩まねばならんのであるぞ」

（H23 6／23）この日は沖縄の戦没者慰霊の日であるぞよ。……沖縄は龍宮の国でありて、龍宮がやむえず沖縄を犠牲にして、日本を直接の戦場から守りたのであるから、必ず、龍宮が恩返しをいたすぞよ。塩土の翁も守るぞよ。

扨て、国の頭が二度と戦争はせぬと挨拶をいたしても、戦争より恐ろしい原発が消えぬ限りは虚偽の言葉であるぞ。子孫の種を破壊する原発を止めるとなぜ申せぬのじゃ。福島のことがありても、人の命の存続より経済の発展に振回されて居る精神は一つも変わりておらぬぞよ。どんな反対があるとも、国の頭が原発の撤廃と沖縄基地の撤廃を決心いたさねば、塩土翁も龍宮も許さんぞよ。

（H23 6／29）人智弥益した人類はさわってはならぬ神の石ウランに触れ、核兵器や原発を造りてまいりたが、この悪魔のごときウランという石のあつかいは、人類が亡びるか、その恐ろしさを知って思い上りの心を鎮め、天地自然の神の恵みを皆で分け合い、共存共生の三六九の三四を開くかの、神の与えた人類の存亡にかかわる大きな試しであるぞ。……原発だけの事でなく、自然の恵みをむさぼりほうだいにむさぼり、地球の生命を弱らせ、汚し穢しておるのであるぞ。生命の再生の力は真に弱りて居るぞ。地球は噴火や地震を起こして、その力を興そうとして居るのであるぞ。

さても、日本は昭和二十年アメリカにより広島、長崎と原爆を落とされ、核分裂や放射能の恐ろしさを身にしみて体験いたしたぞよ。そのことは世界に核兵器のない世を開かねばならぬ使命が日本にあることを示したのであり、白山菊理姫の神の働きでありたぞよ。されど、日本の頭や人民は戦後まんまと偽ユダヤのアメリカに金の力で自在にされ、手先となり果て、世界に核なき世を開く神命を果すどころか、アメリカの言うなりに核の平和利用と嘘をつきて、核兵器を持たぬ替わりに原発を次々に造りて原発大国となり、経済発展のみに走りて来たのであるぞ。

確かに、昔とは比べものにならぬ豊かな生活となり、人民は酔いしれてしまいたのであるが、その裏にある恐ろしさを思う時、神界は見て見ぬふりはしておれぬから、時節まいりて、この度の東日本の大震災を起こし、大津波によりて福島原発の損壊となり、核の平和利用の嘘をあばいたのであるぞよ。

よくよく考えなされよ。広島（一）長崎（一）で十字架を背負わされ、この度は福島のこと、是を期にこの日本を核無き島、世界で一番安全な清き福の島といたさねば、真《まこと》神国日本と申せぬぞよ。三千年この方無い時が来たのであるぞ。福島と言う言霊（九十〇）、おろそかに受け取りてはならんぞ。原発を全廃して立上る時、真に、この神国が亡びんとする世界を救う一歩となるのであるぞ。

（H23　9／17）この年は霧《きり》島の新燃岳の噴火を世変わりの狼煙として、三月十一日には、東日本の大震災、大津波が起こり、この九月には台風12号にて、紀州熊野や吉野は大きな被害を受けたぞよ。

宇宙の気は人の知らぬ間に大きく変わり、新しき世を開かねばならぬ時となりたため、宇宙の中津国、この地球の大祓をいたさねばならず、地球を汚し穢している人類の改心を急がねばならぬ時とめぐりたのであるぞ。そのための大きな荒事あるとは先々から知らせてあったことであるぞよ。世替りの大きな節目となりたぞよ。人間の為《な》したことは人間で仕末せねばならんぞよ。

（H24 5／31）ドンドンと幾度も桜島は噴火して気づけてあるぞよ。阿蘇が噴火したら大変じゃ。早く改心して、大元の神の道に帰りなされよ。

（H25 1／7）宇宙の経綸はこれまでと変わりておるから、地球の人類の警告のため、天から火が降る、地から火が噴き上がるやら何が起ころうやら判らぬ世となりたぞよ。皆、地球の浄めであり、人類の改心のための警告であるぞよ。御土も上り下りいたすぞよ。火の気が強くなりて居るから、水気で鎮めねばならぬ。そのためにある南極北極の氷の山であるから、次第に解けてもやむえぬことであるぞ。

（H25 10／7）日本の国しっかりいたさねばならぬぞ。国の内、浄め急がねばならぬのに、未だ未だ原発とは何事じゃ。福島に見せてあること、おろそかにいたしてはならんぞよ。

（H26 2／23）この度、若狭大飯の原発、3号4号の再稼働差止めは、若狭湾に浮かぶ男島女島の龍宮界の発動であるぞよ。平成二十三年三月十一日福島原発の損壊を起こして、原発の恐ろしさを日本だけでなく世界に知らしめたのも、龍宮界の発動であるぞよ。万物の生命を生みた龍宮はその守りのために今も働くぞよ。……

神界は人民が素直になれば、恐ろしいことは避けたいのであるが、人類を滅亡させてはならぬ神界の願いであるから、言うても聞かせても耳をかさねば、この次は、無理やりでも聞かねばならぬことが起こるぞよ。ぐるりと海でとり囲み、龍宮が守りてある日本の国であるぞ。日本の頭も人民も、金が大事か生命が大事かしっかり判断いたされよ。

（H26 9／28）木曽御嶽噴火いたしたであろうがな。御嶽とは神の御山のことであるぞ。言うても聞かせても改心できず、体主霊従の道をつっ走る人民であるから、風水火の荒神龍神を使いて警告いたすと申してあるぞよ。この度は、白山菊理姫も関わりて、国常立大神の命によりて、御嶽の火龍発動して息吹いたぞよ。未だ未だ序の口であるぞよ。世の立て替え立て直しを司る国常立大神の活動激しくなりたから、これから何が起ころうや知れぬぞよ。富士の山が噴火いたしたら東《あずま》の都を西に移さねばならぬようなことになり、人民が難渋いたすから、神界はいろいろ裁量を重ねて延ばしてあるが、何時までもは待てぬから人民早く改心いたされよ。

（H26 9／29）御嶽の噴火は真は火を噴くところを、水蒸気爆発といたしたのは、ちょっと待てと、白山菊理姫の神が水気でおさえた故であるぞ。富士の噴火も今は白山比売が押えておるのであるぞ。今富士が噴火いたしたら日本が立ちゆかぬようになるのじゃ。荒れるという事は、神の御現れと申してあるぞよ。国常立尊の世の立替立直しの神業が一段と厳しくなりてまいるから、世界には思いもかけぬことが起こりて、さわがしくなるぞよ。警告の内に人民気づきて改心を急がねばならぬぞよ。火の気強くなりておると申してあるぞよ。まだまだこれからであるぞよ。三千世界根底から改《あらた》めねばならん大望のことであるから、日本もうかうかとしてはおれぬこととなるぞよ。

（H27 7／18）これからの世界の流れは、為政者の裏に、拝金主義、金権主義の大企業があり、それを思凝神があやつりて、戦って戦ってその末に、戦い疲れて、戦争の虚しさに気づきて世界中が、和を求めるようになる。…その時まで、この日本は戦争をせぬ国、世界平和の鑑《かがみ》の国である一道を、勇気をもって貫き通してこそ、世界から神国日本と認められ崇められる事となるのであるが、なかなか思うようにいかぬのが人間の自我や欲であり、形ある現の世であるから、今一度、性根のぬけておるこの日本につらい試練もあたえ、節を越させ、国民自らが目を晒して、日本の国や世界の平和を守る道を開かねばならぬ時となったのであるぞ。

（H27 10／7）いよいよ、猿蟹合戦の大ずめの時とめぐりたぞよ。偽ユダヤの悪い猿に自在にされてはならぬのじゃ。にぎり飯を持った蟹とは日本の事じゃ。白山菊理姫の神の神使でもあるぞ。にぎり飯の元は米じゃぞ。米を食いて生命を養い、大和魂を守らねばならぬ日本人であるぞ。

米は肉体を養うだけではない。米を通して神の気を頂き、日本精神、大和魂を養う大切な物穂であるぞ。日本の国土に稔る米は、日本の火水土の神の気が入っているのであるぞ。

（H27 10／13）沖縄は龍宮神界の縁《ゆか》り深い大事な国であるぞ。先の大戦には、アメリカ兵が上陸して、真に大勢の者が犠牲となり気の毒な事でありたぞ。この事、日本人は決して忘れてはならぬぞ。アメリカは、まず沖縄を落とし我物となし。アジアを抑える基地といたすのが始めからのもくろみでありたぞよ。先の神示に、塩土翁には、深い思惑があると申してあるが、これからその事が現れてくるぞよ。アメリカや日本の御偉方が、都合勝手に事を運ぼうといたしても、なかなか思い通りには事は運ばず、最後は、神界が決めることであるぞ。塩土翁は、因縁の御魂の者を使いて大芝居の始まりであるぞよ。沖縄は、龍宮の国、守らねばならぬのじゃ。

（H28 4／6）富士と鳴門が結ばれたら、阿蘇へ神氣通るぞ、ちと荒事じゃ。火と水結びなるぞ。丹生都比売神、瀬織津比売神、力合せて、世の浄化に勇むぞよ。次々、封じ込めてありた五八十（岩戸）開けるから、神、厳しくなるぞよ。神、厳しくならねば、人民、おとなしくならぬぞよ。

（H28 4／13）三河は、表の世の仕組を立直すにつきて、大事な四九三のいたしてあるところであるぞよ。富士から三河通りて、阿蘇へ神氣結ぶぞよ。

（H28 4／29）富士、鳴門、阿蘇と結ぶ神線は、富士より東へも延びるぞよ。

（H28 5／19）戦後七十年経ち、いまの日本人は、先の戦争の辛さも忘れ、平和惚けして性根ぬきとなり、堕落いたして居るが、この国が腑抜けとなりては、世界が動《うご》かぬから、しゃんと性根を入れ、世界平和の要の国の自覚をさせる為、これから、大きな試練や焼入れの荒事もやむえずあるぞよ。

（H28 5／24）この度、伊勢のサミットには、草薙の神剣の神氣を発動せねばならぬのじゃ。……人を切る剣ではないぞ。剣とは、〇九十の九十〇（言霊）の型じゃ。荒ぶり逆う者を言向け和《や》わし、大和の道を開く、真の日本魂《やまとだましい》の言霊の発動の事であるぞ。国の頭もしっかりといたしてくれよ。我身の利害損得で争う者等の中に、〇九十の九十〇（言霊）の剣を打立てて、世界を大和と結ぶ道を開かねばならぬのじゃ。

（H28 6／22）富士、鳴門、阿蘇の線を東に延ばせば、東京も通るが、東京は未《ま》だ先、これより東は注意せねばならぬぞ。……今、日本金龍体の時となっておるのであるから、……地震ばかりで無い、地獄の釜の蓋が開きて、どっと因縁が浮び上りて、巷に狂人が荒ぶる如き事も起こるぞよ。

（H28 6／24）艮の門の閂《かんぬき》は外れ、艮金神国常立大神の神氣発動の世となれる。肥（火）の国、熊本の地震は坤《ひつじさる》の門の開きであり、いよいよ。艮坤《こんごん》の氣結ばれて、伊豆能売《いづのめ》の神業の始まる時となりたぞよ。……

その実現は世界恒久平和の道開きであり、その道を開いてゆかねばならぬのが、この日の出の国、日本の神命であるぞよ。……

その末、世界は戦い疲れる日が来ると申してあるのに、戦争の出来る普通の国となり、武器、弾薬を売り金もうけをいたさんとする施策でありて、大きな回り道をいたして居るぞよ。

（H28 7／6）武をもって武を制する道は、その末に我身も武の為に滅びるのじゃ。くどい程申してあるが、この日本の国は世界平和の要の国でもあるぞ。この事に目醒めさせる為の先の大戦であり、あの辛い敗戦であった事を忘れてはならぬぞ。今、世界の様をしっかり見て、道を踏み外すでないぞ。我が我がの御偉方の話しではらちがあかず、世界は、益々あぶなくなるから、神界は、庶民をして国と国との交流をさせ、下から和の道を開いてまいるぞ。

（H28 7／10）扨《さて》も、艮坤厳端の神気結ばれ伊豆能売の神気立つ時、伊豆能売とは、真の融合調和なる水晶の神気であるから、その神気に照らし、人の世の改めの時代であるから、利己主義の仕組みは次々と崩れてまいるぞよ。古き家は、解体せねば新しき家は建たぬが如しで、解体し、使える材料は使いて組み直してまいるのであるぞ。世界に大浄化の嵐吹けば、その嵐の影響を日本もやむえず受ける事になるぞ。経済の事、世界に広がるイスラム国のテロの嵐は容赦なく迫れども、この日本の国は台風にたとえれば目とあるべき国じゃ。しっかりと真澄の道、中道の和の道を守り通して世界恒久平和の要とならねばならぬ事を決して忘れてはならぬぞよ。

そのような大神命のある日本の国が世界の嵐に振り回され、何とかその嵐からのがれんと、世界の真似をいたし、戦争の出来る普通の国になり下がる如きは、真に残念な事であるぞ。あのつらく悲しい先の大戦や原爆の事もう忘れてしまいたのか。金儲けの経済発展や、我《わが》権力や地位を守る事ばかりに走る御偉方や大企業にばかり任せておいては、争いは益《ま》すばかりで、らちがあかぬぞ。世界の嵐にこの国も潰れてしまうから、庶民の交流によりて、この日本の良さや、和の大事さを世界に示してまいるから、下から世は変わりてまいるこれからの世界であるぞよ。

この年、世の仕組みの基本である、艮《うしとら》と坤《ひつじさる》の神氣結ばれ融合調和、明白清浄なる、伊豆能売の神氣立ちた事を、それぞれの人民も世界の国もしかと覚《さと》り、これまでの利己主義のやり方を改めてまいらねばならぬが、清浄なる神氣立つ程、これまで世を自在にしてきた、思凝神や上に立つ御偉方の荒ぶりは激しくなり、段々世の中悪くなりてくるように見えてくるが、芋《いも》子を水車で洗う如く、ぶつかり合って皮をむき、砂や泥を篩《ふるい》にかけて、砂金や宝石を選《よ》り分ける如く、荒れる世界に、御魂の選り分けが激しくなるぞよ。荒事、自然界に又、人の世に激しくなる程、真の御魂の醒ざめとなり、新しき神の世は近まるのであるぞ。

（H28 7／18）世の元《もと》の神の深き四九三は、世界に掛けて、網目の如く、蜘蛛《くも》の巣の如く張りめぐらせてあるぞよ。修理固成の噴火や地震で神の動きは判れども、それだけでは世は替らぬから、世界にめぐらせてある蜘蛛の巣のような、神線奇路を使いて世界の氣を変へ、時節と共に世を変えてまいるぞよ。大宇宙の氣を変へてまいるのであるぞ。

（H28 7／25）人民では日当もとれぬ四九三がいたしてあるこの日本の国を要として、世界の神山霊地に神線が通してあるぞよ。先はどうなるかも知れぬ、今の世界の様であるなれど、神界の四九三が成り奇路の道が蘇生りたら、仕上げを五六四六であるぞよ。アメリカや中国のことも、その末に、ロシアを使いて治めてまいるぞ。耶蘇十字軍の国、イギリスやアメリカの改心がなりたら、イスラム国も静《しずま》るぞよ。

（H28 8／2）神界では、世の元からの女神の働きを活発にいたし、現《こ》の世でも女性進出の動きとなりているのであり、弥勒の世の到来も女が先に知ると申してあるぞよ。優しく温《あたたか》き誠実なる母の愛によりて、荒びた世を立直してまいるのであるぞ。時は流れ、人民の知らぬ間に世の氣は替りて来るのであるぞ。厳しいばかりの父神だけでは、世は治まらぬ。……優しき母の愛と結びなりて、世界は生れ替るのであるぞ。

（H28 10／7）世の元の国常立大神、時節まいりて御現れの時となり、封じられて居りた三千年の岩戸を開き、世の立替、立直しをなさるにつけては、善き事ばかりで無く、三千年積み重ねて来た悪しき因縁も皆浮び上りてまいるのであるぞ。大事な御地場程、浄めが激しいから、いろんな事が浮び上りてまいるから、よほど、腹をすえて、真中の心で見ておらぬと、最後のあがきの思凝霊《しこりがみ》の荒振りも激しくなるから、その渦に巻き込まれてしまうぞよ。

（H29　1／8）扨も世界の荒波寄せる日本の国、世界を相手に大戦争をいたし敗れ悲惨な目に遭い原爆まで落とされて焼け野原になりても、ここまで立ち直りた事をあたりまえと思いてならぬぞ。国民の努力の裏に神の守りあり。アメリカをはじめ世界の国々の助けあっての今日であるぞよ。これまで通り甘えっぱなしの日本ではゆけぬ事となるぞよ。世界相手の大戦を起こした反省と、世界に助けられてきた事の感謝をいたし、その末戦い疲れる日の来る世界の将来を見すえて、如何に世界の荒波寄するとも、その中で日本自立の道を開いてまいらねばならぬのであるぞ。

神国日本と申せ、国民の自覚なければ、神氣の発動出来ぬのじゃ。不戦の誓いを守り通しその末に世界の恒久平和の要とならねばならぬのが、この日本に課せられた大神命である事を国民一人一人がしっかり自覚し、これまでのような今さえ良ければ良いの腑《ふ》ぬけの日本人でなく、国を守り世界平和を守る確たる信念の柱を打ち立てねばならぬのであるぞ。天理、大本等の宗教の型で示した理想境を世の実地の様と実らせてまいらねばならぬぞよ。まず、日本を和と治め亜細亜の国々を環と結び世界大輪《だいわ》の道を開くのであるぞ。

（H29　4／9）三十年一節の神四九三、平成三十年からが、又新しき四九三の始まりとなり、一段と龍宮界の働きが活発となり、世界の目は陸上から大海原に向いてくるぞよ。生命の原点に帰る動きであるぞよ。大海原の底津に貯めてありた、龍宮の御宝が段々と現れてくるぞよ。荒れる世界も通らねばならぬ大禊ぎ、大浄化の節である事を忘れぬよう、うろたえ騒がず、三千世界を天照らし、地の三六九と現れる、天照国照日の出の神の守護のもと、それぞれに授けてある、御魂の使命の果たしに、日々誠で勤めなされよ。

日本六十余州の国魂の神々も御現れであるから、誠の者を守護いたし国魂の花を咲かすぞよ。男島女島に昇る日に、天地の神の通い路、天橋立も、世に輝く時節とめぐりたぞよ。本ありて末ある道、根のありて幹も枝葉も栄えゆき、花咲き実る世の始まりであるぞよ。荒れて荒れて、新しい世の始まりとなるぞよ。

（H29 5／8）扨も世界は、エベス大黒（英、米、ソ、中国）大車輪、西の御寺の和尚（仏・フランス）も、ねじり鉢巻き、虎視眈眈《こしたんたん》と、世界を自在にいたさんと策をめぐらせており、反発を繰り返す北朝鮮を悪魔の如く言うておるが、北朝鮮やイスラム国を生み出したのは、大国の表は良い顔をしながら、裏の策謀は悪魔の如き強い者勝ちのやり口でありたから、そう易く北朝鮮は潰させぬぞよ。脅す程反発は強くなるぞよ。北朝鮮を潰せば、アメリカ、ロシア、中国の国取り合戦の始まりとなるぞよ。武力では潰させぬぞよ。脅し合いでは事は治まらぬのじゃ。大国が力を合わせて、何としても話し合いの道を開かねばならぬぞよ。国々の頭達がその気になれば、北朝鮮の白頭山には白山菊理比売の神の氣が通してあるから、悟りの道、和の道も開けるぞよ。

北朝鮮もイスラム国も抑えつけるばかりでは、反発が強くなり、多くの人民が苦しまねばならぬ事となるのじゃぞ。話し合う事もむずかしいが、鬼神も泣かすのは誠の愛じゃぞ。どの国も権力者だけでない、善良なる人民がいるのじゃぞ。権力者の力で人民を自在にしてきたこれまでの世でありたが、人民の生命を守る精神に世界の頭達がならねば、世界は益々荒れてくるぞよ。

さあ、日の出の神の守護の世となり、何事もありやかに見えてくるぞよ。荒れる世界に、和の道を開く業は話《わ》の道じゃ。上辺飾《かざ》りの言葉でなく、真実の言霊による話し合いをせねばならぬぞ。話し合いの仲取り持ちは日本の使命であるぞ。言霊の助くる国、日本の目醒めを神は待つぞよ。嘘偽りのない言霊の中に神は宿る。真実《まこと》の言霊の幸倍に清く安全な美わしき国と為し、世界に神国の鑑を示さねばならぬぞよ。

（H29 5／8）先の大戦であれだけ無惨なつらい悲しい目に遭い、その上に広島、長崎に原爆を落とされ、現の世の地獄を体験した日本の人民であるぞ。近くは、福島原発の損壊で、この日本にも人の住めぬような所が出来たではないか。今、原発を稼働させている廃棄物を、十万年も、二十万年も地の底に埋めておくと申しておるが、大地も生き物、修理固成はこれからも続くから、そう易く人民の都合通りにはまいらず、危ない事であるぞよ。核兵器や原発は人類が自ら滅亡の道にさそう、悪魔の業であるぞよ。悪魔に自在にされている事に早く気づかねばならぬぞよ。

日本の頭よ。先の大戦で三百万人に余りある犠牲を出し、日本の各都市は焼け野原となり、その上に、広島、長崎に原爆を落とされ、言うに言われん無惨、悲惨な体験を日本にさせたのは、今も戦争に明け暮れる世界の中、中道を守り、核兵器や原発等、人類を滅ぼすようなものは一日も早く止めにして、世界人類共に助け合う恒久平和の道を開く要の国と成る為の試練でありたぞよ。その日本が世界の国と同じように軍隊を作り、その末は、核兵器を持ちたいような有様で核の廃絶にも同意せぬような事で何とするのじゃ。

それでは、戦争や原爆で犠牲になった者も浮かばれぬぞよ。アメリカの核の傘下に守られている日本と言い訳したいところであろうが、それは神の意には通じぬぞよ。北朝鮮には核兵器を持つなと制裁を加え、自分の国は核兵器をどんどん造り世界を威嚇し自在にせんとする、強い者勝ちの流れであるが、そのような事を続けておれば、如何なる大国もバベルの塔の如く内から崩れてゆく事になるぞよ。

（H29 11／8）世界大相撲の始まりであるぞよ。世界の御偉方土俵に上がりて相撲を取るぞよ。善の役悪の役、虎視眈眈の面々御役に立たせて世の立て替え立て直しの経綸を進めてあるぞよ。真の善悪は人民には判らぬが、世界の御偉方が華やかな土俵入りや、相撲が取れるのは、名もなき庶民の築きた土俵あっての事であるぞ。御偉方だけでは相撲も取れぬ芝居も打てぬのであるぞ。御偉方の自在にされている人民であるが、土俵や舞台を築いているのは人民である事の自覚や責任を持たねばならぬぞ。この酉《とり》の年大節を越え、日本も世界も大きな切り替えの流れであるぞよ。…今の世は、人知人学、弥益《いやま》して、まかり間違えば、人類の滅亡ともなる、核兵器や原爆が出来、人類はもう遊んでばかりおれず、幼稚園から一歩成長し、表は天国のように見えても、如何に恐ろしい世になっているかに氣づき、世界の行末を真剣に考えねばならぬ時となったのであるぞ。…
共に助け合い和を尊ぶ縄文の精神は取りもどさねば、利己主義《われよし》の流れのまま世が進めば、百鬼昼行、狂人巷に満つ世となると申してあるぞよ。天之御中なる十文字の真ん中に立つ白山菊理比咩の神御現れの大事な事、度々記してきたが、大霊界大宇宙に遍満する生命の氣の源の氣の源《もと》の神は、大元、豊宇氣の神であり、その豊かな宇宙の気が日月星辰、この地球の万物の姿と現れるのであるが、日月地をはじめ、宇宙の満天の星、又、地球の万物の均衡調和を司りておるのが菊理（九九理）比咩の神であり、菊理比咩の神は総てが和と治まる事を願いておるが、あまりにも人民の勝手氣ままが過ぎると、堪忍袋の緒を切りて、大いなる分裂破壊の神力を発する事も出来る神であるぞ。天《あ》（海《め》）の御中主の神の御現れであるぞよ。

日（霊）の本　日本

この神示を降されたのは、塩土（水火土）の翁である。この神は神話では、天孫天津彦彦瓊《に》瓊杵《にぎ》の尊に国（土地）を奉った神という。次にこの神は、海幸彦と山幸彦（彦火火出見尊）という兄弟の物語に登場し、弟の山幸彦を海神の宮に導いたとされ、また、神武天皇の時代にも現れて、「東に善き地《くに》あり」と大和の話をし、神武天皇は舟師を率いて東征を志したという。

（H23／13）元津神は……此の大宇宙、大霊界が宮であり、体であるぞ。此の元津神の神権を天照坐大御神様御受けなさり、神幽現の三界を治め給うのじゃ。天照坐豊受の大神と申すぞ。国常立の大神と申すぞ。三六九の神と称うなり。

（H9 11／15）塩土の神は元のあま（天・海）の神の御現れでありて、神代の昔から此の日本の大事な時には指図して、四九三を進めてまいりたぞよ。

（S60 3／1）日の本は百十一《もとつ》の神の気が降る元の国。黄色の顔の人民は気の民の現れぞ。元の神の気を顕《あら》わして、世界を丸く治めてゆく○九十を顕わしてゆかねばならぬ国。……神の鏡に世を照らし、悪事のできぬ国といたして、世界に真澄の鏡を見せてまいるなり。アメリカは龍宮が開きた国であるから、アメリカにも早く気づけいたすぞよ。

（S60 12／4）世の要（⊛）は日の本じゃ。せかい六すびの⊛がいみ籠りで隠されておりたのが丹波の籠《こもり》の宮でありたぞ。天の橋立は神の通り路、天の浮橋、……世界では日本が天の橋立の型であれど、神の通る天の橋立は光の橋ぞ。天地八方に⊛の光の橋が掛りておるのであるぞ。その⊛を九九理結びてあるのが菊理姫の神であるぞ。この⊛の橋が五四五四活動を始める時と巡りたのであるぞ。

（S61 12／28）日本の国は世界の神を祭る聖地となる。世界の民が神国へ集いて、来る時が来る。イスラエルと表裏の聖地となるのじゃ。……日本は霊《ひ》の国であり、木の国ぞ、豊受の国じゃ、……世界の九四六日本へ集いてくるぞ。

（S61 7／16）今の世は火の洗礼の世であるぞ。火は霊なり。世界人類なべて三千《みち》年の御霊調べ、御霊の浄めを受ける世であるぞ。火の洗礼の世は水が○九十たいせつとなるのであるぞ。水気は月より下る。十四受の神は月の御霊と申せるぞ。豊受の神の天降る所○七五《まない》（真名井）と申すのじゃ。

（S62　8／5）三千世界一度に開く梅の花。長らく埋もれておりた神々が再び如意の神力を得て表に現れ、因縁の身魂の神民に……知らぬ間に神懸りて、政治、経済、教育を改めてまいるのじゃ。……これまでのままでありたら、世界は亡びてしまう。三分でも残して、天華敷《あたらし》き世を開かねば、神の約束が成就せぬ。艮の金神の念願であるぞ。

（H1　5／16）今の文明は火の文明のゆきづまり、一つあやまれば世界火の海となり、壊滅の一歩前となりておる。それ故、水気の根源、豊受大神の世に現れて水気で世を浄め、水火からみて調和せる火水の国と開くのじゃ。

（H1　8／1）○九十の天の親神、主神の気は天の橋立真名井ヶ原に天降り、万劫末代此の世の一切を構うのであるぞ。神も仏も人民も皆其の所を得さしめる三六九の御世の開きであるぞ。

（H4　3／25）愈々、立直しの四九三現す時となり、これを日の出の神業と申すなり。……桃太郎の御霊は日の出の神であり、さあいよいよ、犬、猿、雉を供につれ、世界の鬼退治が始まるのじゃ。此の世界の中津国、日本の立替立直しが世界立直しと写るのじゃ。一寸法師の出番じゃなー。此の国の立替立替の波は外から来る。立直しは内から起こる。

（H4　8／7）龍宮の経済は奉仕の経済であるから、我が我がの求めるやり方から、恵みを与えて共に栄えていくやり方に変わるのであるぞ。恵み与える事が一粒万倍の実りの経済となるのが龍宮の経済であるぞ。御互いに受けた恵みを万倍にして御返しする報恩の経済じゃ。

（H4 8/26）これまでのような利己主義のやり方では、亜細亜からのけものとされてしまうぞ。豊かな親心と言うぞ。これからが日本の使命を果たす時じゃ。しっかりとつとめてまいれよ。アジアとな、アメリカとな、この結びが最後世界を救う要であるぞ。

（H5 11/12）⊙《ス》の神は千々に姿を変え、言葉を変えて道を説けど、天と地、宇宙、大自然の神理の一道……それ生命の一道は万の宗教、思想を変えて一つなり。是を大元の道という。……神も仏も越えた元の大元の一道を現し……それを要として、あらゆる人々も活かしてゆくのが三六九の道なり。

（H6 2/20）人の身は、大元の神の意を実らせんために現の世に現した、神の現《う》そし身《み》であるぞ。さればいよいよ、人の身は心いたして、浄く正しく直く、真澄の鏡の神心を磨かねばならぬ。天も地も海山河野も野獣や草木も石ころも、同じ生命の通る同朋として……優しく和やかな心でいだきかかえて共に生きてゆかねばならぬ。

此の日本の国は神と仏が十文字となりて守りてある国。……神仏異なれど結び十文字に栄えてゆく。これが日本の国にあらねば開けぬ、まこととまことの神道の大和心の現しじゃ。……宗教を越えた根本が神道じゃ。総てを結ぶ真道じゃ。

（H6 5/4）現の世の岩戸開きの時節とめぐり、次第に世界の国魂がよみがえると申してありたぞ。これまでの世は、力の強い国が弱い国を次々に征服して、宗教まで変えさせてきたが、是はアク（体主霊従）のやり方でありたぞ。これからの世は国魂の気を受けて生まれた人民に元の国を返すぞよ。元の国に返して、世界の国々が国魂の特徴は活かして調和してゆくのが三六九の世であるぞ。

（H6 6/29）日の出の神、大日の本の神、世界に出現の時であるが、それを押えんとアクも九分九厘の力を振いて迫りてくるから、一度は出る杭を打たれて苦しきことになるが、龍宮のいいつけを守りて、○九十を尽くしていけば、此の大峠を越えて世界に日の丸を輝かせることができるぞよ。

物より金より生命が大事、魂の清きがありがたいとつくづく思える時がくるぞよ。

（H9 2/8）世界の大戦で負けたる日本じゃぞ。是も日本の大禊でありたぞ。戦いに負けた後、日本の人民の手枷、足枷をはずして、自由にさせてある。長らく白人に押えつけられ、自在にされてきた、亜細亜の国々の解放の火の手を上げたのも日本であるぞ。皆、神世の昔から神国日本の使命を果さんための神計りでありたぞよ。

（H9 8/12）明治天皇の御霊を通し、国常立大神は十万余首の歌を読ませ、日本の大和心、世界の基となる神意を伝え、宗教の世界では出口直殿に神意を筆先と現し、世界平和の要なる道を伝えたなれど、政治も軍部も、真の大神心に従わず、まんまと外国のやり方にまどわされ、その末には、世界大戦の渦に巻き込まれたのであるぞ。

是も大きく見れば、白人に植民地とされていた亜細亜の解放の糸口となり、二度と世界が戦わぬための戒めに、日本は広島、長崎と二発もの原爆を投下されたのであるぞよ。大戦の大禊を受けたこれからこそ、○九十、大和の道を興して、世界平和の要と立たねばならぬのであるぞ。

（H10 1／5）一寸法師は一度鬼のユダヤに呑まれて腹の中で針の刀をぬきて鬼を退治し、鬼の持ちてありた打ち出の小づちで立派な若者となると申してあるな。お伽話には皆、理が秘めてあるのじゃぞ。

今のままでは大和魂まで鬼に食われてしまうから、一度は此の日本も地に落として、此の国土や御土や水の大切さ、国柄の尊さを身にしみて感じさせねばならぬのじゃ。末は霊的に世界を治めねばならぬ、天地世界八百万の神仏の祭祀と斎《ゆにわ》の此の日本じゃ。それ故、これまでの世から仏もキリストもあらゆる宗教が日本にまいりて、それぞれ栄えさせてあるのじゃ。

（H10 3／13）霊主文明（精神文化）の道は東洋から起こり、体主霊従（物質文明）の道は西洋から起こる。此の東西の仕組は末に、精神物質調和の真・善・美の世を開かんとする、大元の神の大きな計り事でありたぞよ。

（H10 7／5）人の道の程を知る、足を知る、是が今の人民に一番大切なことでありて、神に生かされておる感謝と喜び、生きてゆく勇気、その中に芽ばえてくる思いなり、足るを知るは真の富の元なり。……むさぼり合う心を捨て、思いやる心を興《おこ》し、よくよく道の理を見極めて、改神第一と霊主体従の道に帰るべし。神や自然への畏敬の念忘れては日本の道は立たぬぞよ。

（H11 3／17）○九十の剣とは、破邪顕正、正義の言霊の義であり、祭政の基本であるぞよ。此の理が新しき世を生む基であるぞよ。

剣を持ちて、その象徴と為すと申してあるぞよ。鏡によりて総て公平に写し出し、剣によりて正邪を分け道の基と定め、五十津之美須麻流之珠《いおつのみすまろ》と結び、治平天下大和の道を開けゆく、日の本の道の要であるぞよ。

（H11 4／5）外国から攻められては大変と軍備することは真とみえて、外国から攻める口実を作らされておるのじゃ。……さあ、これからの世を守るのは、物金の力でも武力でもない。一番大事は、日本の人民ぐるりと海に囲まれたこの国土に生かされている有難さ、尊さをしかと覚り、肝に命じて国守る大和魂を興さねばならぬことであるぞ。

これからはますます荒れる世界にあるとても、四海治まるまで、くれぐれも其の渦に振回されぬよう、人民は心静かに手を合せ、世界平和を祈ることが大事となるぞよ。……それぞれの者心鎮めて安らかとなることが世の平安の要であり、騒然たる渡りの世を迎える為の心構えであるぞよ。……たとえ、外国から寄せ来る波は荒く、すでに霊的戦さの中にあるとても、日本は振り回されてはならぬぞ。……日本の国煽動し、振り回し、わなにかけ、打倒せむとする悪の仕組が判らぬか。

（H11 7／20）世の経済も報道も○○の自在にされ、振回されている日本……

日本の国はこれまで他国から侵略されることなく神代より一系の道を守ってきた歴史がある。世界の国々も、他と比べることのできぬ歴史がある。それは各国の国魂の神より発せし風土によるものであり、その風土によりて国々の人民の気質、特性も異るものであるぞ。……これからは世界平和の要と立たねばならぬ日本として、アジアにも責任ある立場を守り、日の丸の旗をかかげて、一歩も二歩も成長いたさねばならぬのであるぞ。

今のままの思いでありたら、物金の力で世界を自在にいたさむとする○○○のために、日本も全く性根ぬきになりてゆくぞよ。○九十の世界の平和とは、まずそれぞれの国が今住う国土、風土の歴史を知り、先人の苦労を知り、その有難さをかみしめ、他の国もかくもありなんと自らを尊ぶ者は他を尊ぶ道を起こすことであるぞ。

（H12 8／5）大和魂は、七十五音を活用する……日の本の九十○（言霊）とも現れ、その九十○の活用自在なるが故に、あらゆる宗教、文化も見事に融合させたのであるぞ。……総てを融合調和して新らしき物を生み出してゆく、これが日本に伝えてある。産霊《むすび》の神の道であるぞよ。……

この産霊の道の要を梅（産）一輪の奇しき四九三と申してあるぞよ。……大宇宙大霊界あまねく生命、天之御中主大神の御意をそのままに写す大和魂は、……日本の国の国魂であり、日本人……子々孫々に伝えてまいりたのであるぞ。

（H13 5／9）中国も朝鮮も日本の出る杭を押えんと迫りてくるぞよ。日本には中国も朝鮮もつらくあたるなれど、日本も中国や朝鮮（韓国）の人民を痛めつけたこともありたから、その反省をいたさずばなるまい。日本は大和の精神で各国の言い分を聞きて、まずアジアの和を計り、末に世界平和の道を開かねばならぬ使命であるから、総てをのみほし、しっかりと大和魂を磨いてまらいねばならぬぞよ。

（H13 8／17）世のため、人のため、私を捨て公に尽すことを要とし、美徳とし、喜びとして来た日本人であるぞよ。皆で助け恵みあう和の精神は、この日本の国の神代からの御宝であるぞよ。

　戦後ユダヤの御宝の自由、平等、博愛、物金さえあれば何でも自在になる体主霊従（外国魂）の精神が入り込みて、……今は皆利己主義になりて、神代からの御宝を忘れておる人民であるぞ。正義のためには生命もおしまぬ武士の精神も大事なお宝で、その潔《いさぎよ》さには外国人も敬意を表したが、さあ、今の世はどうじゃ、……権利ばかり主張して責任を忘れた今の世を民主主義などと思いておれば、大きなまちがいであるぞよ。

（H14 2／23）大霊界、大宇宙は新しい気の世界に入りておる。自然の春夏秋冬は神の衣替え、季節が変われば人の身も衣替えをする如く、大いなる時の流れの気が変われば、人の思いも自然と変わりて来るのじゃ。自然と利己主義の通らぬ世となりてゆくのじゃ。地球の温暖化、南極の氷の溶けるのも、地球の水を浄め水気を増して、空気の汚れを浄める浄化作用でもあるのじゃぞ。今は大いなる切替の時であるから、旧き世の思凝を打ちくだき、汚れ穢れを浄めるためさまざまの浄化がある。そのことは、……その末に常春の素晴しき世を開くための神計りであることを忘れてはならぬのじゃ。

（H14 5／6）沖縄は龍宮の国……アメリカと縁が切れぬのはアメリカも沖縄と共に龍宮の縁によるものであるぞ。龍宮は世界の財宝を司る神と申してあるぞよ。沖縄は日本の一部であると共にアジアの中心の地場でもあるのじゃぞ。此処に龍宮が財宝を構う四九三がいたしてありて、その玉の神力がこれから現れてまいるのじゃ。一朝には事ならぬが、沖縄の人民に苦労をかけたそのつぐないは神がいたすぞよ。沖縄、琉球の四九三が浮び上りてまいる時節とめぐりたぞよ。

（H14 8／15）今日は大東亜戦争の終戦記念日であるぞ。あの大戦は亜細亜の人民にも言うに言われぬ悲惨な苦労にあわせたなれど、あの大戦のありて植民地となりた亜細亜の国々の解放の火蓋を切る事になりたぞ。又、日本も軍国主義では末に亡びてしまわねばならぬから、二度と戦争を起こさぬところまで大禊《みそぎ》を受けたのであるぞよ。

不戦の誓（憲法九条）は、この日本が生き残り、末に戦い疲れた世界を救い、真の平和を開く為に神国日本に授けた神勅であるぞよ。世の変わり目には荒事（現事・新事）あるが現の世の定め。大戦の裏には、旧き世を変えてゆくための九九理姫（菊理姫）の神の大いなる神策がありたのであるぞ。……

あの大戦は九分九厘と一厘の大戦でありたぞ。……武力では負けたなれど、今も、九分九厘と一厘の戦は続いておるぞよ。猿蟹《かに》合戦であるぞよ。体主霊従《からたまひのもと》と霊主体従の戦であるぞよ。……九分九厘の物金の力が勝つか、一厘の神仕組、至純至粋の大和魂が勝つか……

ユダヤの物金自在にあやつる九分九厘の仕組は、日本の人民を性根ぬきにし呑み込まむと迫りておるぞよ。テレビもあらゆる通信も自在にあやつられ、真実のことは隠され、日本人総白痴にされておることに気づかねばならぬぞよ。その原因は、先の大戦は日本が悪事を働いた如く教えられ、甘い汁をすわされて、生命を捧げて国を守らむとした戦前の日本人の苦労を日本人でありながら笑い、自由平等の思想に酔いしれて、何でもかでも外国やアメリカのやり方が良いように思い上りておる、日本人そのものの大きな取り違えにあるぞよ。……

今のままでありたら、再び菊理姫の神、厳しい神力を振いてドンデン返しの大禊があるぞよ。さても、これからの世は、九分九厘（物質）、一厘（神、精神）の戦を治めて結び為し、百（桃）の実りの世と開く、大望の時節のめぐりとなりておるのであるぞ。これ、三六九の世開き、日の出の世開きの神業であるぞよ。そのためにも、日本の人民、歴史の流れの真を見極め、目を開き、何故の大東亜戦争でありたか思わねばならぬぞよ。

（H16 11／14）　元の道に人類帰らぬと世の浄めの火は消えず、ますます荒神の警告も厳しくなるぞよ。……アメリカや中国等の大国が世界を自在にいたさむとして居る事も愚かな事であり、……思い上れば内から崩れ亡びの道を歩まねばならぬこととなるぞよ。

鬼と化《な》り、大蛇と化した世界の大国が一番目ざわりになるのが、神代から聖き霊主体従の道を伝える日本であり、……日本を呑み込まんと迫り、あまやかして性根ぬきとせんと迫り来るぞよ。ここが九分九厘と一厘の勝負であり、一寸法師が呑まれて、八理の剣をぬきて鬼や大蛇を退治する大芝居が愈々これからの仕組であるぞよ。

我知らず、この地球を壊滅せんとする悪魔に見入られた大国を目醒ませるのが又、日本の使命であり、天照国照日の出の神桃太郎の神業であるぞよ。

（H18 7／15）　何度でも申すぞよ。今が日本の性根の入れどころであるぞ。……ミサイルの一つや二つ飛んで来てもうろたえ騒がず、どんな時も、愛・善・誠の言霊で大義を通す大和魂を磨いておかねばならぬこの時であるぞよ。日本はどんなことにも動ぜず平和の一道を貫き通す国である事を世界に示さねばならぬのであるぞ。その覚悟の出来た時、真の日の出の神の守護があるのであるぞ。……

日本は……外国からいろいろ挑発されたり仕掛けられても、それに動ぜず、万世大平世界平和のため一に一筋の道を貫き通す姿を見せてこそ、世界の国々も修羅の世から抜け出す道を見出すのであり、……外国と同じようなことをいたしておるようでは、この日本は守れぬぞよ。

(H19 7/29) 東西東西、さあ大芝居の幕開けぞ。……さあ、富士は晴れたり日本晴と申してある事は、国常立尊三千年の念願が現の世に実りて、天照国照日の出の神が治《しら》す世になるのであるぞ。この日本の国が世界の闇を晴らす国と輝く時代の開きじゃぞ。それがために、この日本すっくり改めねばならぬのじゃ。さあ、その渦巻き掻きまぜの音ぞするこの日じゃな。さあ、ドンドン、さあ、ドンドン。

(H20 2/29) 神代からの霊主体従の道は、日本人の霊血《たまち》の中に四九三て今日迄伝えてあり、大和魂と申すぞよ。……天地の神の恵みに感謝して、米一粒、豆一粒でも粗末にせぬように大切にいたす道でありて、物にも霊や心のあることを尊ぶ道であり……何よりも誠信《まこと》を大切にいたす道であるぞよ。……

いかに体主霊従が世界中九分九厘まで自在にいたしても、御霊《みたま》の因縁まで変えることはできぬぞよ。天照国照日の出の神が地の弥勒と現れて日の出の光が世を照らせば、体主霊従の偽善の四九三はぼうぼうと崩れ落ちて、誠信《まこと》の霊主体従の道でないと現の世は続かぬ事が世界中に判りて来るぞよ。それが、待ちに待った弥勒の世の始めであるぞよ。

（Ｈ20　８／５）緑豊かに水清き日本の国、是一番の御宝であるぞよ。自然は神の御現れの惟神《かむながら》の道によりて守られて来た、この日本であるぞ。自然即神。古き代からこの思いを日本人が忘れた時、この国も終りとなるぞよ。いかに物金山とあるとても自然が荒廃いたしては、神は現の世に居れぬぞよ。緑豊かな神の森、清き水、神の鎮る神籬《ひもろぎ》であるぞ。

世界のさまざまの古代文明も栄えて居る時は、緑も水も豊かでありたぞ。栄耀栄華の暮らしの時を経て、人間は次第に思い上り神を恐れぬようになり、自然を破壊し豊かな緑の森も林も消えた時、その文明も荒廃したのであるぞ。この日本の国は真に有難く、尊い国、今も豊かな森の中で、神代ながらの祭祀《まつり》が今を昔と続いて居るのであるぞ。是ぞ御宝、国宝であるぞ。神代からの根が今を生きて続いておるのじゃ。

（Ｈ23　９／10）明治維新、昭和二十年の大東亜戦争の敗戦、大きな節目の岩戸を開きて、その度新しい道を歩みて今日まで生き延びた日本であるぞよ。今や第三の岩戸開きとなり、是を乗り越えて真の日本の国を打ち立てねばならぬ時に入ったのであるぞ。アメリカや中国等の大国にぺこぺこ頭を下げて振回されるだけが日本の道でないぞ。大志をいだけ日本の人民……この国は神代から大海の龍宮の守る国であるぞよ。今後日本の生きてゆく道は、未発展途上の弱小国と、世界の大国に自由自在にされて居る東亜細亜の国々と、手を結び輪となりて龍宮の国を開くことであるぞ。南海より起る黒潮洗う国々は龍宮の縁も深き国々であるぞよ。

（Ｈ23　２／16）今は未だ未だ強い者が金力をにぎりて世界を自在にいたしているが、その金を新しき世の建設のために出してもらわねばならぬ時が来るぞよ。力の強い者が金力や権力で人民を押えつけている国は内から崩れてまいるぞよ。……世界の大国が宗教や思想を越えて、金力で結託して世界を自在にいたさんとする様も、また、世界の国々の庶民が武力や金力による権力を打崩してゆく様もはっきり現れてまいるから、世界の動きをしっかり見てごられよ。

日本人の性根を入れねばならぬこの時であるぞよ。山は噴火し気づけしてあれど、自然の中に神の意が写して見せてあることに気づかぬ者ばかり、地球の修理固成のために荒神の守護であるから未だ未だ荒事起こるぞよ。日本は世界を治める扇の要の国であるから、しっかりと真を立てねばならぬのであるぞ。

（H23 7／16）3月11日、東北の艮の門開け、五四五四国常立尊、龍宮乙姫の世に現れて、三千世界を構い立替立直しいたさねばならん時とめぐりたぞよ。世を元に返すぞよ。返さねば現の世が終わりとなるぞよ。日本は世界に真澄の鏡を（鑑）の型を示さねばならぬ国。この日本からすっくり立て直さねば、アメリカも良くならんぞよ。何事も無く人類の改心ができたなら良いなれど、言うても聞かせても、欲にくらみてしまいて改心ができぬから、やむえず荒事も起こさねばならんのであるぞ。

アメリカも今のままでは危ないのじゃ。金勝要の神が厳しく働きたら、如何なアメリカもねを上げねばならぬ世界の経済《しくみ》であり、日本もよほど腹をくくっておかぬと大波をくらうこととなるぞよ。金権主義も行きづまりておる世界であり、経済的に底をつき、行きづまりて何ともならん世界になりてから、真の日本の立て直しとなり、日本魂の発動となるぞよ。

（H23 10／19）今、生きる者だけの幸いを願い恵をむさぶる道は、必ず行きづまり止だえてしまうぞよ。後に続く者、後から来る者の為に種を残さねばならんぞ。日本の神の道の要であるぞ。それで日本も今日迄続いて来たのであるぞ。神の森は縄文の昔から日本人の魂の故郷であるぞ。森を守り、神の祭祀絶やさぬよう大切に続けねばならんぞ。それが人の命の種を残し伝えることとなるぞ。

日本の民の身魂は神代からの神の霊筋《たますじ》、生命が伝えてあるぞ。今今の栄えだけに走る体主霊《からた》従《ま》の道はそのことを忘れさせ、神代からの生命の道を断ち切らんとするものぞ。日本の人民よくよく心いたされよ。物金山と積むより大切な、昔も今も後の世も変らぬ天地の神に根ざす、霊主体従《ひのもと》の霊血の生命の道を伝え残さねばならぬぞ。そこにいかに外国の荒波寄せ来るとも、不滅の日本魂の幸倍《さちは》いがあるぞよ。神国日本弥栄の道の要であるぞよ。今の世に生きる者の役目であるぞ。

（H24 10／31）境いというものは小さな家の境いでもむずかしいものであるぞ。我物我物と取り合いをいたせば、その末は戦いとなることは、昔から見せてあるぞよ。北方四島も竹島も尖閣諸島も我物と申せば、相手の国も我物とゆずらぬらちのあかんことであるぞよ。無理やり押し進めれば戦争となることが日本の周りにもあるのじゃ。日本の周りを取り囲む離島は龍宮が日本を守り、末は世界平和の道を開く御地場であるぞよ。是は神界の計りによることであるから、人民、国取合戦に無理いたすと怪我のもとであるぞ。

島々を我物我物ということは神に任せて、御宝があれば分け合う心も大事であるぞ。元は国々も島々も神のものであるぞよ。

（H25 6／26）富士山が世界遺産となりた事は目出度い事であるぞ。富士山は日本の象徴の山であり、世の元の神の御柱が立つ〓《みせん》であるぞよ。このことを忘れて観光のみにうつつをぬかしておれば、この山も火を噴くぞよ。富士の山が世界遺産に登録されたことは、世の元の神の意を芯と立てて、世界平和の要の日本とならねばならぬということであるぞよ。

　憲法を改めその末に戦争をいたすような国造りを目ざしておるようなことでは、富士の御山の面目が立たぬぞよ。縄文の時代より、日本の人民が御山とあがめて来た富士の山であるぞ。

　国の頭や政治家が金もうけに目がくらみ、経済の発展のみに走りて、ユダヤや中国に自在にされて尻の毛までぬかれてしまうようなことで何とするのじゃ。……この日本は原爆を二つも落とされ、戦争の辛さ悲しみは身にしみておろうがな。熱さ喉こしや忘れるようなことでは神国の誠が立たぬぞよ。国の頭も国民も外国から寄せ来る波に振りまわされぬよう腹帯を締め、少々辛抱いたしても、世界で一番安全な、清き美わしき国と立直し、世界に恒久平和の鑑を示してまいらぬと、富士の山の面目が立たぬぞよ。

（H27 1／2）中東や朝鮮の事には常に気をつけておらねばならず、日本はいかなる時も和の一道を通し、世界の平和の要である信用を失いてはならぬぞよ。調子に乗っていると思凝霊に足下をさらわれて、泥沼に足をつっこむことになるぞよ。

　無始無終の○《れい》なる世界に神魯岐《かむろぎ》、神魯美《かむろみ》の渦（〓）まきて、産霊によりて万の物の霊体を成らせる如く渦は巻く。世界には新しき世を生む為に渦は巻く。産霊という事はこれまであったものを融け合さねばならぬ。大空の無数の星も、その昔大爆発によりて成りたチリが融合して成りた如く、人民は穏やかに平和にあることを願えども、長い年月によりて凝り固《かたまり》は、やむえず、天災や戦争の荒事で打砕かねば、地上の天国も来ぬということを腹の底に止めておかねばならぬぞよ。

（H27 1／24） 大きな時代の替り目となりたぞよ。この度はイスラム国のために日本も世界振回されたな。昔なら遠く離れた国の事等仲々判らぬが、今は情報化の時代であるから、何事も世界中に広まるのであるぞ。人殺し等何とも思わぬイスラム国や北朝鮮の思凝霊《しこりがみ》の国を作ったのは、金力や武力で世界を自在にせんとする大国のやり方であるぞ。武力で抑圧し、それでも従がわぬ者等は、金力を使いてさまざまの策を謀りて従わせんとして、刈っても刈っても草は生え、反発は増し、思凝の念は固くなるばかりであるぞ。これから日本もしっかりといたさぬと、アメリカの言うなりになっておれば、テロから敵国とみなされて、真に危きこととなるぞ。

武力や金力で自在になる強い者の世は済みていることをしっかり覚り、皆が和となり、日本は世界平和の要の国であるという芯をしっかりと立ててまいらねばならぬぞ。日本が言向け和す言霊の力で、平和の道を貫き通さねば、今のままでありたら世界は滅ぶぞよ。人智弥益して自から滅亡の道を歩まんとする人類を救うのは、宗教思想を越へて世界大和の世を開く大元の神の神命を受ける、この日本の使命であるぞよ。真に伸《の》るか反《そ》るかの大節に到りた世界の様であるぞよ。

（H22 3／22）今の世界は石油文明と申せるのであり、石油の利権を持ちておる者等が世を自在にいたして居るが、……石油の文明は今の華やかな物質文明を築きたが、空気も水も御土も汚し穢し、あらゆる生物の生命の種を弱らせておるぞよ。

世が行きづまり、どうにもならぬようになった時さあどうじゃ。龍宮が大事に守りてきた、大海の生命の宝が光り出すのじゃ。天に天津日太陽が輝く如く、大海の水火水《しおみず》の中から出る海津日の光と力が石油文明に行づまりた人類を救う日が来るのであるぞ。この日本から世界に恵むのであるぞ。今は、石油によりて金もうけいたす者等によりてその力（エネルギー）が世に出ることを押えられて居るが、日本の人民が世界一海に恵まれた日本の国柄の尊さ有難さに気づき、海の水火水に秘められた世界を救う無限の御宝、海津日のある事に気づかねばならぬのであるぞ。このお宝を現すのは、日本の正しき科学者の役目であるぞ。

（H23 4／2）核兵器を持たずとも、核燃料を使えば同じことであるぞよ。人民には怖い目に遭わせたが、身にしみてその恐ろしさを思わねばならぬぞよ。金もうけどころでないぞよ。人民改心出来たら、龍宮は世界を救う御宝があると申してあるぞよ。されど、金権主義や合理主義の人間の都合勝手の体主霊従のやり方に振回されて居る間は、その御宝を世に現すことはできんぞよ。水火満、水火干の玉のからみたその御宝を現して、核兵器には成らぬ、その力で世界を救いてまいるぞよ。その力は日の出の国、龍宮の国、この日本から現してまいるのであるぞ。禍いの転じて福と為す道を開いてまいるのが、神の四九三であるぞよ。

日本とユダヤの結び

（S60 12／28）石がものを言うと申すのは、石油のことであるぞ。……石油はユダヤの四九三……石油よりもっと大事な石がものを言う事節が来るぞ。其の時とめぐれば、ユダヤが石油にかけた九分九厘の御宝を百十《もと》の一《かみ》にささげて、それぞれが九ぶ九りん百《もも》となりて、五《い》きて九《く》る一厘の四九三がいたしてあるぞ。

（S61 9／12）サルはユダヤと型取り、カニは日本と見せてある。猿蟹合戦此の時ぞ。柿の実うばいあい、早く気づきて和解せよ。種は日本の内にあり。

（S62 2／3）☸の百十《もも》の国だけでは○《かみ》の世と開けぬのじゃ。✡の四九三が七《な》らぬと一厘と九分九厘結びて百の四九三が成十せぬのであるぞ。七七七《みろく》の三四と開けぬゆえに、一度は日本も九分九厘の✡の四九三にのまれてゆく型が現れ始めるのが此の歳からの世界の四九三じゃ。鬼の腹に一寸法師が呑まれて鬼を退治する。鬼は宝を持っているのじゃ。一度のまれて末は結びとなる大芝居であるぞ。末は✡の印となるのじゃ。

（注）

（S62 9／13）日本は九十○の国、ユダヤは数霊の国、ユダヤは数の力で世界を九分九厘まで自在にいたすのじゃ。……されど、その末は一厘の仕組で、言霊と数霊の結び七り、○《かみ》の世と開けるのじゃ。日の本とユダヤの四九三がしっかりと結ばれる時が来る。

(H1 2/27) 昭和天皇の大喪の礼も済み、さあ、五四五四猿蟹合戦の最後の段となる。此の四九三は三河の国の型で、見せてある。猿はユダヤじゃ。蟹は日本の型……にぎり飯には大和魂の心を示し、柿の種は木の市と書く。商売じゃ。経済じゃ。金の力じゃ。太平洋戦争終わりて、ユダヤは日本の中心の精神、にぎり飯を取り上げ、柿の種と交換いたし、……愈々、秋の実りとなりた柿の実を猿の子等がうばいに迫りてくるのであるぞ。

(H2 3/13) 金勝要の神は日の出の神の命を受け、世界の経済の立直しに働くなり。日の出の神は直々に世界の経済をにぎるユダヤを言向け和す神策によりて、此の日本を守らんとするなり。

(H2 4/27) 梅松竹の神四九三、梅も開きた、松も芽ぶきた、後に残すは竹の四九三……さあ、竹の籠なる、籠の宮の四九三の起こるはこれからぞ。これが判りて日本世界の要が立つ。ユダヤもびっくりいたすなり。✡は籠目の紋という。三六九の神(▽△)の記しなり。ユダヤが元にあらずして、此処籠の宮が元なるぞ。✺を表に裏に✡、菊と籠を結ぶ地場、これで世界は見事治まる結構な四九三がいたしてあるのじゃ。

(H3 7/18) 日本の働きは一寸法師と申してある。又、日本一の桃太郎とも申してある。いずれも、世界の宝を一人じめいたしておる鬼退治、即ち、ユダヤとの○九十の和解をいたしてゆかねばならぬ役目であり、此の鬼を言向け和すことができねば、ただの話し合いでは、何時までたっても平和の実りとならぬのじゃ。

（Ｈ３　９／21）愈々、新しき世のはじめ、天地創造の神話の天の浮橋は天の橋立と写し見せ、真名井原で天照大御神と素盞嗚尊の受霊の様が現れる時が来たり、その時が、世界の人類の復活の日となるのであるぞ。……其の時には、天照大神を日本として素盞嗚の尊をユダヤとして固き結びが成るのであり、……此の時、梅一輪の真の開きとなり、物質文化九分九厘の四九三に霊の本の一厘の神気が入り、百となり、完成（神成）の世となるのであるなり。これを弥勒の世、地上天国と申すのであるなり。

（Ｈ７　７／６）ユダヤにもな、○九十のユダヤと偽のユダヤとがあるのじゃ。それで世界の大芝居がさせてある。○九十のユダヤは籠宮が使いてあるのじゃ。○九十の○九十が真と申してあるが、ガ（我）がつけば邪曲事《まがいごと》となる。どんな者でもわれがわれがの利己主義となりたら、邪曲事となる。それで○九十の○九十を磨けと申してある。

（Ｈ４　６／28）台湾には○九十の宝の蔵があるのじゃぞ。時節が来れば開くのじゃ。この高砂島はな、今はひそみておれど、これから力現すぞ。北と南を結ぶなり。ユダヤの結びともなるぞ。

（Ｈ５　１／21）さあ、どうじゃ。真のユダヤと偽のユダヤとの戦い始まるぞ。波寄せ来る日本の国、元寇の役、ロシアの海戦龍宮守りたのじゃぞ。外から攻め来る時は龍宮が守り、日本から攻めて出ると負けるのじゃ。日本の国はな、神代の昔から外を攻めてはならぬ国じゃ。……此の日本の内にも真のユダヤと偽のユダヤの戦いが始まる。……仲をとりもたねばならぬのが日本の使命。

（H７３／１）今日まで、アク（体主霊従）の四九三は石屋の四九三と申してある。されど、これまでの世は悪の仕組も御役目でありた。……利己主義の我《が》が岩戸と申してある。岩戸があるから岩戸開きの御用がある。石屋の仕組は悪と申してありたが、それで五四（石）が芽をふく。石のものを言う世が来ると申してある。悪が五九六でありたな。九分九厘まで石屋の自由にさせて世を構わせ、後の一厘で百の実の三六九の世と開くのじゃ。

（H７３／５）さあ、どんどん、世界の石屋《フリーメーソン》の四九三が変わるぞよ。これからはかけ引では通れぬ。まことで通りてくだされよ。目先の損得でかけ引きいたすと、神国日本といえどもきびしき気づけをいたすぞよ。その時節がまいるなら、ユダヤの仕組に振り回されている日本の経済が〇九十の道に立直るのじゃ。

国々と世界のゆくえ

（H１５／20）中国は内から割れると申してありたぞ。革命で築きた国は革命で亡びるのじゃ。人間の智のゆきづまりであるぞ。次々に世界は渦まくのじゃ。……中国は今、元の国魂が鳴り起りつつある。次々に世界は渦巻くのじゃ。……中国は今、元の国魂が成り起りつつあるのじゃ。cf.１９８６．６天安門事件。

（H？９／20）現の世に神の国地上天国を開くには、アメリカと日本が固く手を結ばねばできぬのであり、それにより、中国又ソ連へと和の道が開け、中国もソ連も新生の気が立つのであるぞ。今は、アメリカは……真の国霊が蘇生しておらず、それ故、アメリカと日本の結びもゆがみておるが、それが段々と正されてゆくと、日本がアメリカを助けて、霊主体従の〇九十の姿にいたすことができるのじゃ。

（H11 12／26）共産主義の国は内から崩れると申してありたぞ。人間の思凝の世はこの平成元年を切として、崩れてゆくのじゃ。

（H13 4／13）ソ連はこれまで八岐の大蛇の型を見せてありた。……これからはそれぞれ頭を持ちあげて争いを始めるのじゃ。

（H13 8／16）ソ連はこれからは大変じゃ。住み処を追われた赤い辰が千々に分かれて世界に散り、因縁の者に憑いて再起をねらうなり。……

日本の国、アメリカの国、しっかり致してくれよ。世界の〇九十の平和に導びく大使命、ソ連の神代の昔から秘めてありた神剣（霊的）、いかにあつかうか。これからこそ、世界大芝居の始まりであるぞ。北の門の門はぬき取られ、北の頭が向きを変えたのであるぞ。

（H13 8／17）北と南の結びは仲々難しい。されど道は通るのじゃ。後に朝鮮の北と南が結ばれる時、世界も治る道の開かれて参るのじゃ。

（H13 8／20）ソ連はな、とんとん拍子では変わらぬのじゃ。……打って打って錬って、型をこしられる、此の四九三じゃぞ。ソ連には世界を変えてゆく神剣の四九三が秘めてあるのじゃ。無法な事をさせねば、立替もできぬのじゃ。

善だけでは立替はできぬ。悪の仮面を着けて大役を果たさせる者もあるのじゃ。……ロシアに秘めた神剣出るまでにはいろいろあるぞ。ソ連には大きな役目があるのじゃ。無法のこともさせねば立替はできぬのじゃ。

（H5 8／26）中国には心せよと申してある。其の末に日本を助けてくれるのも中国なれど、今、体主霊従の仕組が中国に移りたから、これから科学よ工業よと中国が進みたら、其の公害は空をおおい、河を汚し、それがそのまま日本へ飛び来たり、日本海はヘドロの海、毒の海とも化さん。

（H5 5／31）見よや九（現）の世は大芝居、米の餌をば食いあきた鶏、かけ鳴きさわぎて中国に渡ると言うぞよ。その末中国は二つに分かれ、日の本の〇九十の働きにより、一つに結ばれる。

（H5 10／8）ロシアも中国も動きを現したぞ。……中国の核実験、其の末に中国は二つに割れることになるのじゃ。外から割ることできずとも内から割れてくるのが理。それが又、真の中国の国魂の蘇生となるのじゃ。

（H8 4／8）朝鮮は鵲《かささぎ》の橋と申してある。大陸と日本、仏と神結びの橋であるが北と南で切れておるぞよ。早く結びては四九三が成らぬ。世界の改めができぬ四九三があるのじゃぞ。南北の朝鮮の人民何時の世も御苦労なれど、〇九十を尽くして時節を待ちてくれよ。必ず七色の橋が掛りて結構があるぞよ。

（H8 4／16）中国の元の神霊の霊代は今台湾に渡りて鎮めてあるぞよ。今の中国が内から割れて立替の後、新しい真の中華の国と生まれ変る時、台湾に遷《うつ》してある霊代を元の宮殿に鎮めて中国は一つになり、日本の国と手を合わせ世界平和の要と立つのじゃ。その結びの中に立つのが韓国の国土と言うぞよ。アメリカと日本を結ぶ龍宮の掛橋が沖縄の役であるぞ。沖縄とアメリカの事、アメリカも元の国魂は龍宮であるから道はつくぞよ。

（H12 8／23）扨ても、朝鮮の九十も和の兆《きざし》ではあるなれど、その裏は求めるばかり、真の和はまだまだじゃ。九九理姫の神徳輝き、〇九十の南北の朝鮮の和となる時、アメリカもロシアも中国も心一つに世界が治まる四九三であるがそこまでには未だ時節がかかるぞよ。

（H15 2／20）扨てもこの日本、当に猿蟹合戦そのままの憂き目となりておるぞよ。人民が汗水流して一生懸命蓄えた金も、アメリカはじめ外国に吸い取られ未だ敗戦国の名は消えず、世界に出ても何も言えぬ今の有様。〇九十に腑甲斐無い事であるぞ。

アメリカとは龍宮の因縁で縁は切れぬ。されど将来のためにも正しいことは言って通らねばならぬぞ。今のままで、世界を我自在に為さむとすれば、アメリカも必ず内から崩れる時が来るのじゃ。……一国で世界を自在にせんとするごとき思い上りは神は許さんものなるぞ。……アメリカとて末に力の弱まる時が来る。その時、一寸法師の日本が金剛不壊の大和魂を振いて助けねばならぬ時が来るのじゃぞ。……

何度も申す如く、昭和二十年八月二十五日、日本の敗戦の時、神は日本をして武で治める世は済みたことを示したのであるぞ。

（H15 6／29）現の世のことは、国も人もそれぞれ御役を持っての大芝居……北朝鮮も悪の役であれど、世界人類が利己主義を捨てて真の大和の道を開くための気づけの役でもあるのじゃぞ。北朝鮮がすんなり岩戸を開きては日本も性根が立直らず、又、アメリカ等の大国の思い上りも改まらぬぞ。是はイラクやアフガニスタン等中東の国々の有様にも言える事であるぞ。朝鮮のことを見れば、世界のことが判ると先々から申してあるが、北朝鮮や中東の国々の反抗や固執をいかに和らげ治めてゆくかに、アメリカや日本の磨きがあり、それによって中国も世界の平和になびきて来るのであるぞ。

(H16 2／26) ロシアを追われた八頭八尾の大蛇がアラブの国々に巣くいて、悪態をいたしておる今の世であるぞよ。八頭八尾の大蛇の巣くう国は頭が何人もあり、それぞれ神の名を騙って人民を惑せて苦絶がたえず、治まる事なき渦が巻くぞよ。八頭八尾の大蛇を腹の底から改心させて、世界のために役立ててまいらねばならぬのが、神素盞鳴尊の働きであるぞよ。

(H17 6／28) 今、世界に頭角を現した中国は……今の中国を築く為に共産主義に逆らう者等をどれだけ多く殺戮いたしたか……未だ逆らう者を抹殺して主義主張を守らんとするがごときでは、殺戮された者の怨念は浮び上りて、貧富の差が激しくなる中……あちらにもこちらにも暴動が起りて如何な中国も内から崩れる事にもなりかねぬぞよ。中国だけのことでなく、アメリカも日本も思い上りこそ我身を亡ぼす元であり……原因結果の神法により必ず身に報うのであるから、何処の国も人民も悔い改めて、新しき歴史の一歩を踏み出さねばならぬこの時であるぞよ。

(H18 7／8) 大きく世の気は変わりたぞよ。……北朝鮮のミサイル発射は日本やアメリカへの挑発であれど、一つには日本の覚醒のためであるぞよ。……北朝鮮のような国が生まれたのも、エベソ大黒大車輪と申してある如く、世界の大国の荒振、横暴の故であるから、……神は悪も使いて世界中の人民の改心の四九三を進めてまいると申してあるぞよ。……未だ未だ世界中の荒事は序の口でありて、武力でも物金でもどうにもならぬ困窮の時が来るのであるから……途中で音を上げぬよう性根を入れねばならぬこの時であるぞよ。言霊の幸倍う国、言霊の助くる国、この神国日本より、万世大平の世を開く大言霊を発せねばならぬこれからの道であるぞよ。愛・善・真の言霊の力こそ、世界平和を開く要であるぞよ。

おわりに

私たちはどのような時代を生きているのだろうか。小豆島で玉光神社の留守役・宮掌をしている間も常に念頭にあったのがそのことであった。

ここに、世に広く知られている聖書やノストラダムス、エドガー・ケイシー、あるいは大本神諭や日月神示に加えて、ごく限られた人たちの間でしか知られていない、スフィンクスの聲《こえ》、三六九神示、玉光神示などを収録でき、それが鮮明になったことと思う。

さらに、三六九神示は、この時代を平和に導く重大な使命が日本にあることと、その自覚をもって進むべき道を示している。

縁あって、本書を手にされたあなたの人生に実り多かれと念じつつ筆をおく。

わが日の本をはじめ四方の国々護り賜え　幸倍《さちはえ》賜え
宇宙創造の神　玉光大神守り賜え　幸倍え賜え

中村編集長はじめ皆様ありがとうございました。

平成二十九年十二月吉日
小豆島において

河合浩三

〈著者プロフィール〉

河合 浩三（かわい こうぞう）

昭和17年生まれ。京都大学土木工学科卒。

建設会社におよそ10年勤め、この時代の特殊性に気づき定職を去る。

その後７年間、本田技研㈱にて季節工として働く。その間、宗教・精神世界、生活共同体などを遍歴。

冬の滝行、断食、坐禅、巡礼などを試みつつこの時代の意味を探究。

縁あって小豆島にある玉光神社本宮の留守居役宮掌として約30年間奉職。

◎主著
『大予言の謎は解けた！～アクエリアス・エイジへの道』（大陸書房）

神示に学ぶ日本の天命

2018年２月５日　初版第１刷発行

著　者　河合 浩三
発行者　韮澤 潤一郎
発行所　株式会社たま出版
〒160-0004　東京都新宿区四谷4-28-20
☎ 03-5369-3051（代表）
FAX 03-5369-3052
http://tamabook.com
振替　00130-5-94804
組　版　一企画
印刷所　株式会社エーヴィスシステムズ

ISBN978-4-8127-0413-4　C0011